现　代　教　育　管　理　论　丛

丛书主编　张茂聪　李松玉

现代小学教育管理新论

葛新斌　等著

山东教育出版社

丛书编委会

序　言

教育管理学作为研究和阐明科学管理教育事业的一门学科，在我国已经经历了近百年的发展历程。但自其产生以来，并未真正引起社会各界足够的重视。毛礼锐先生就曾说过，“过去，我们对历史上的教育实践取士制度和教育家的研究比较注重，在管理体制方面从文教政策和学校教育制度方面也有许多探讨，而对教育管理体制、学校管理的经验教训、教育家的教育管理实践与思想等的研究，则较薄弱，至于近现代教育管理方面的重大问题，几乎没有作出专题研究”。直至改革开放以来，教育管理学在恢复与重建的基础上得到了一定程度的快速发展，对这门学科的研究也呈现出良好的态势，表现为研究人员逐渐增多，研究领域逐渐扩展，研究主题也越来越丰富。然而，随着社会与教育改革的不断深入，教育管理学在其发展过程中逐渐暴露出了一些弊端，不得不引起我们的重视。

就现代教育管理学的发展来看，其研究主要存在以下三个方面的问题。首先，国际比较视野的研究仍较薄弱，现有的对国外教育管理学的研究多数仅停留在简单的理论介绍层面。国外教育管理学起步较早、理论流派较多，借鉴他们的理论对于我国教育管理学的发展具有重要作用。然而，理论是难以简单移植的，必须结合我国的实际。其次，单调的研究方法限制了我国教育管理学的发展与进步。目前的研究多采用思辨方法，解释性和经验性研究较多，实证研究与实地研究较少。第三，研究主要以个体形式进行，缺乏合作性研究，不利于教育管理的创新与突破。

《国家中长期教育改革和发展规划纲要(2010—2020年)》强调教育管理

体制的改革，提出要完善中国特色现代大学制度、中小学学校管理制度，健全统筹有力、权责明确的教育管理体制的要求。山东师范大学教育管理与政策研究团队主持完成的《现代教育管理论丛》，以现代教育管理为研究对象，选择一些教育管理与政策研究中的前沿问题展开针对性的专题研究，并借鉴一些国家的经验，以解决制约我国高等教育管理、义务教育管理以及学校管理中的问题，是具有很大进步意义的。

该丛书由《现代大学管理制度改革与创新：国际比较的视野》《宽基教育：呈现学校价值力》《公平与均衡：义务教育管理体制改革及制度保障》《学生社团生活：一种学习的新视野》《现代小学教育管理新论》《中小学教师激励与管理》六册著作组成。研究内容涉及现代大学管理制度、义务教育管理体制、学生生活与发展等多个方面。虽侧重点有所不同，但均为我国教育管理领域中的热点问题。在把握当前社会发展趋势的基础上，深刻分析了我国现代教育管理领域所面临的一些新变化和新挑战，并结合了当代大学生和中小学生的需求变化，论证了完善我国现代教育管理方法与措施的必要性。借鉴国外先进的教育管理经验，并与我国的实际情况相结合，探寻适用于我国的改进高等教育与义务教育管理的有效路径。

总的来看，该丛书的特点在于问题意识强，论证观点明确，严谨且清晰，研究内容紧紧围绕国家教育发展中的热点问题，具有一定的科学性、系统性和应用性。该丛书还及时总结现有的研究成果，并吸纳了新颖的管理理念和方法，是教育管理学领域的一次探索和创新。当然，丛书的内容比较分散，尚不够集中、系统，有待进一步研究与完善，但其研究成果值得从事教育管理领域的研究者、决策者和研究生、本科生们阅览，相信对于促进现代教育管理的发展会有所帮助，这也正是丛书作者们力求达成的愿望。

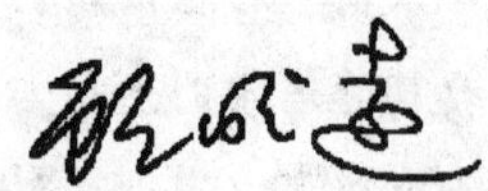

前　言

目前，在我国大陆地区，所谓的“教育管理学”其实就是“中小学教育管理学”。而对学前教育管理和高等教育管理问题的探讨，则被分别纳入“学前教育学”和“高等教育学”的学科建构之中。

上述看法绝非向壁虚构之言，而有以下三项事实为证：其一，披览所谓的“教育管理学”（内含“教育行政学”、“学校管理学”甚或“班级管理学”）著述，其中鲜有论及幼儿园管理和高校管理者；其二，综观每年度各大学术机构的研究生招生专业目录，就会发现在“学前教育学”和“高等教育学”专业之下，往往设有“幼儿教育管理”和“高等教育管理”一类的研究方向；其三，大陆地区国家和省一级教育类的学术团体，不仅建有“教育学会”，而且往往还有“学前教育学会”和“高等教育学会”之设。

这种幼儿园、中小学和高校管理研究“分道扬镳”的局面，就使我国“教育管理学”在实质上“内缩”于“中小学校管理”的门墙之内。有鉴于此，我们过去积累起来的教育管理学知识，其实大都是关于中小学教育管理的知识，只是教育管理学者们并不明确区分“小学教育管理学”与“中学教育管理学”而已。然而，进入新世纪以来，由于高校小学教育本科专业和教育硕士（小学教育方向）陆续招生，其培养方案大都开设“小学教育管理概论”或“小学教育管理研究”之类的课程，于是，“小学教育管理学”就跟“教育管理学”不得不“另立门户”、“分灶吃饭”了。因此，也就有了“另起炉灶”、编撰“小学（教育）管理学”之类教材的现实需求。

本书就是在上述背景下，经几年延宕之后，在多方关切之中，经多人努力结撰而成的一部小学教育管理类教材。盖因可资借鉴的材料实在太少，加之编撰者水平所限，故本书难免显其稚嫩之态。不过，尽管如此，我们还是力求在以下四个方面有所贡献：

首先，本书力求满足小学教育专业培养的知识需求。“小学教育管理”往往是小学教育专业开设的唯一管理类课程，因此，本书必须考虑如何有效满足小学教育专业学习者对管理类知识与技能的需求问题，而非追求在教育管理学上的理论建构成效。其次，本书力求面向小学教育管理的鲜活实践。毋庸置疑，本书各章作者皆在其专业领域内学有所长，研有专精，但在本书的编写中，他们仍以探讨小学教育管理过程中的实际问题为主，以期能为从事小学教育管理的工作者提供具体而微的切实帮助。其三，本书力求融汇教育行政与学校管理两大领域。在我国教育管理学界，一向有把“教育行政”与“学校管理”分科建设的传统。尽管进入新世纪以来，亦不乏融会贯通两大分支学科之举，但在新兴的小学教育管理研究领域内，尚少见到这方面的著述。本书之所以命名为“现代小学教育管理新论”，即为彰显我们在此领域的再次努力和尝试。最后，本书力求能够写出些微新意来。教育管理学界的同仁也许早有同感：教育管理学的教材十分难写！难处不外乎来自以下几个方面：一是教材理应传达某一学术领域内的共识，然而，作为应用性学科的教育管理学本来就较难形成稳定的知识系统；二是若要追求较为稳定的教育管理学“共识”，那就只有把它“原理化”，但这样则会招致“不实用”的批评；三是若一味贴近实际，又会带来容易“过时”、缺乏“理论品位”的现象。尽管如此之难，本书作者对于写出“新意”，仍是锲而不舍，孜孜以求。这不仅体现在全书的体例安排和章节设置等形式上，更表现于材料取得和观点凝炼等方面。这种对“标新立异”的求索，也是本书被冠以“现代小学教育管理新论”的原因之所在。

本书由我负责提出全书的编撰主旨、撰稿体例、章节架构以及全书的统稿工作，并担负前言、第一章、第三章第三节和参考文献的撰稿任务。其他各章分工如下：吴开华副教授（广东第二师范学院）负责第二章、巫斌讲师（广东食品药品职业学院）负责第三章、尹姣容负责第四章、郑航教授（华南师范大学)负责第五章、曾文婕副教授(华南师范大学)负责第六章、刘良华教授(华东师范大学)负责第七章、吴宏超副教授(华南师范大学)负责第八章、方征副教授(华南师范大学)负责第九章、阎德明教授(广东第二师范学院)负责第十章的撰写工作。

本书最终能够面世,首先要感谢我的老同事、老上级黄甫全教授。多年以来,他一直像兄长般的关心着我的工作和生活,这本书即是在他的主持、指导和督促之下才终得成稿的。其次要感谢本书各章作者,感谢他们能够在百忙之中慨允加盟并如期完稿。此外,我的学生黎青慧、尹姣容、李楠和刘莎莉为我起草了部分文稿,我的同事曾文婕副教授和我的学生尹姣容协助我校勘了部分文字,拙荆舒娱琴女士勤劳持家、精心育童以解我后顾之忧,在此一并致谢!

本书编者虽求有引必注,但是依然难免挂一漏万。此在,谨向本书所引文献的作者们表达深深的谢意,并请学界同道和读者诸君多提宝贵意见!

目　录

第一章 小学教育管理概述

小学教育管理是以小学教育作为管理对象的一种社会活动。作为全书绪论，本章主要讨论小学教育管理的基本概念、小学教育管理的历史变迁、中外教育管理学的发展演变以及小学教育管理的研究对象和学科属性等问题。通过上述内容的学习，使本书读者形成关于小学教育管理问题的一般概念和认识。

第一节 小学教育管理的基本概念

明晰概念是探讨问题的起点。要探讨小学教育管理的相关问题，就应首先明确“小学教育管理”这一最基本的概念。下面就在界定“小学教育”和“教育管理”等概念的基础上，再来界定“小学教育管理”这一基本概念。

一、小学教育的概念

（一）教育的概念界定

美国分析教育哲学家谢弗勒(I. Scheffler)提出了三种定义方式，即“规定性定义”“描述性定义”以及“纲领性定义”。规定性定义即作者自己创制的定义，它的内涵在作者的某种话语情境中始终是同一的；换而言之，不管他人如何定义该词，作者始终在自己的定义下使用这个词。描述性定义是指对定义对象的适当描述或对如何使用定义对象的适当说明。纲领性定义是一种有关定义对象应该是什么的界定。① 上述观点为我们探讨教育的定义提供了一个可供参考的理论视角。事实上，任何一个关于“教育”的定义往往同时具有“规定性”“描述性”和“纲领性”，这也凸显了教育定义的多样性、复杂性以及歧义性。这就造成了从古至今，人们对教育的定义始终无法达成一个统一的结果。下面略举一些具有代表性的教育定义：

1. 中国关于“教育”的定义

在《中国大百科全书·教育》中，把广义的教育定义为：凡是能够增进人们知识和技能、影响人们思想品德的活动；而狭义的教育则是指学校教育，即教育者根据一定的社会或阶级的要求，有目的、计划、组织地对受教育者身心施加影响，借此把他们培养为一定社会或阶级需要的人的活动。顾明远教授主编的《教育大辞典》则认为：广义的教育泛指影响人们知识、技能、身体健康、思想品德的形成与发展的各种活动。项贤明教授在《泛教育论》中，把教育定义为作为主体的人，在共同的社会生活过程中开发、占有和消化人的发展资源，从而生成特定的、完整的、社会的个人之过程。②

2. 西方对于“教育”的界定

古希腊柏拉图以隐喻的方式定义教育。他认为，教育是心灵的转向，是为以后的生活所进行的训练，它能够使人变善，从而高尚地行动。捷克教育学家夸美纽斯以“生长说”来阐释教育。他主张，人人具有知识、德行和虔信的种子，但这些种子不能自发生长，需要凭借教育的力量，只有受到恰当的教育之后，人才能成为一个真正的人。英国思想家斯宾塞则从生物学的角度来界定教育。他认为，从这方面来看，教育可看作是一个使有机体的结构臻于完善并使它适应生活事物的过程，教育的目的即在为未来人的完满生活而做好准备。法国学者涂尔干把教育划归为活动。从社会学的角度出

① 陈桂生著：《学校教育原理》，湖南教育出版社 2000 年版，第 86—101 页。
② 项贤明著：《泛教育论：广义教育学的初步探索》，山西教育出版社 2002 年版，第 6 页。

发，他认为：教育是一种成年人作用于后代的活动，这些后代还没有为参加社会生活做好准备。美国现代思想家杜威，则直接把教育定义为人的生活、生长、经验的改组或改造。

(二) 教育概念的内涵和外延

披览中外教育史，虽然对教育的解说多种多样，各有不同，但各种定义中存在着共同的特点，即都是把教育看作一种有意识的培养人的活动。这就是教育区别于其他社会现象的根本特征，也是教育概念的基本内涵和特殊规定性。从教育概念的外延看，我们还可以根据不同的标准对其进行分类。例如，按教育机构的不同，可以把教育分为学校教育、家庭教育及社会教育；而根据正规化程度的高低，可以把教育分成正规教育和非正规教育等。

(三) 小学教育的概念界定

所谓“小学教育”，一般是指初等教育。在现代社会中，初等教育是为公民奠定科学文化知识基础的教育，它对提高一个国家的民族文化水平和国民素质具有重要意义。作为初等教育机构，小学(小学校)是实施义务教育和普及教育的重要场所。具体而言，全日制小学教育主要是对适龄儿童实施的初等教育，旨在培养儿童基本的读、写、算技能，公民基础道德素养和一定的基本生活能力。在世界各地，一般年满 5—6 周岁的儿童即可进入小学接受初等教育，小学学制多为 5—6 年。

二、管理及其相关概念

(一) 管理

若从字面上理解，“管理”一词即是管辖和处理的意思。《现代汉语词典》把管理的一个义项，解释为“负责某项工作使顺利进行”。在管理学界，许多学者也对这一管理概念进行了不同的界说。现把其有代表性的观点简介如下：

1. 特殊职能说

这一观点的提出者，是古典管理理论的三大代表人物之一、法国管理学家法约尔(H. Fayol)。在他看来，管理是一种具有特殊职能的活动。他把当时的大企业作为一个整体研究对象，认为企业的经营包括技术、商业、财务、安全、会计和管理六种基本活动;而管理活动本身又包括计划、组织、指挥、协调和控制五种基本职能。

2. 达标活动说

行为科学理论把管理理解为协调人际关系,激发人的动机,以达成共同目标的一种组织行为。在行为科学家看来,人的行为是由动机决定的,动机又是由需要引起的,所以,管理就是要解决行为、动机和需要这三者之间的相互关系问题。

3. 决策活动说

管理决策学派的代表人物、诺贝尔经济学奖获得者西蒙(Herbert Simon),把管理看作是一种围绕着组织决策而展开的一系列活动。他提出,一般管理过程中的计划就是决策,组织是落实决策,检查是监控决策的执行情况,总结则是对决策执行结果的评估,并为下一轮的决策打下基础。因此,西蒙明确主张:某种意义上,可以说"管理就是决策"。

4. 行动艺术说

作为经验主义学派的代表人物,美国管理学家德鲁克(Peter F. Drucker)认为,管理是一种工作,有其技能、工具和技术;管理是一门学术,具有可运用的系统化知识;管理是一种文化,包含在价值、风格、信仰和传统之中;管理是一种任务,有知也有行。因此,从总体上看,管理是一门如何行动的艺术。

5. 协作技能说

孔茨(Harold Koontz)是美国当代最著名的管理学家之一,也是西方管理思想发展史上管理过程学派重要的代表人物。他认为,管理是通过他人并同他人一起完成工作的技能,是使集体成员相互协作完成工作的技能,也是清除障碍有效实现组织目标的技能。

6. 系统过程说

从系统论的角度出发,苏联学者阿法纳西耶夫认为,管理是对一个具有客观规律的系统施加影响,从而使其呈现一种新状态的过程。从这种观点看，管理即是一种促使组织系统不断自我更新的过程。①

我们认为：首先，管理是一种组织行为；其次，管理是一种目标行为；第三，管理是一种协调行为；第四，管理是一种效能行为；最后，管理是一种依附于主体性活动之上的行为。综上所述，所谓“管理”，即指通过协调组织内部资源及其与外部环境之间的关系，以有效地达成组织目标的活动。

（二）经营

在《现代汉语词典》中，“经营”被定义为“筹划、组织并管理”。在学术界，对于“经营”主要有以下不同理解：

1. 包含说

在《工业管理与一般管理》中，法国管理学家法约尔提出：企业经营包括技术、商业、财务、安全、会计、管理六种活动，而管理其本身又包括计划、组织、指挥、协调、控制五种职能。所以，在法约尔看来，企业经营包括了管理活动。

2. 层位说

在《领导哲学》中，加拿大学者霍金森（C. Hodgkinson）指出：经营属政策执行层面的活动，包括动员、实施、监督三个过程；而管理乃政策制定的过程，涵盖哲学、规划、政治三个环节。这样一来，经营即成为一种从属于管理的下位性的概念。

3. 对象说

在《学校管理》中，日本学者安藤尧雄指出：经营乃充分利用设施设备进行的有组织的活动；而管理则属于一种间接性的活动，它以经营为自身的对象。在这种理解中，经营与管理的区别不仅在于其对象不同，而且管理也成了经营的上位概念。

综上所述，我们认为：首先，对“经营”和“管理”两个概念的使用，中文里的确有习惯上的不同。一般而言，使用“经营”一词时，更重物质性和营利性；使用“管理”时，更重精神性和专业性。其次，在一般的语境下，两者并无

---

① 齐振海主编：《管理哲学》，中国社会科学出版社 1988 年版，第 23—24 页。

纵向层位上的差异。最后,中文的“经营”和“管理”概念,在外延上更多是交叉而非包含的关系。

(三) 行政

1. 政治学的角度

在政治学领域里,中外学者都习惯于把“行政”看作是国家政治运作的一个领域。譬如,在西方政治学中占据主流地位的“三权分立说”,即把行政看作是与立法和司法分立而又相互制衡的一个领域。西方行政学的创立者、美国第28任总统威尔逊及其追随者古德诺倡导“二分法”,他们把国家的运作划分为政治与行政两个基本领域。古德诺在其代表作《政治与行政》一书中,率先阐述了政治与行政分离理论,他认为,政治是国家意志的表达,行政是实现国家意志的方法和技术,行政不应受到政治权宜措施及政党因素的影响。近代我国的孙中山先生则提出了“五分法”的观点。他借鉴西方政治学说,结合中国传统政治的特点,把国家的治理划分为立法、行政、司法、考试、监察五个不同领域,这就是孙中山先生的“五权宪法”思想。

2. 管理学的角度

也有一些学者,尤其是英语国家的学者,更倾向于从管理学的视角理解“行政”概念,认为对“管理”和“行政”两个概念不必加以区分。受此影响,自20世纪90年代中期以来,我国也有一些学者,开始不加区别地使用“行政”和“管理”概念。譬如,在王连昌主编的《行政法学》中,就把“行政”界定为:“在一般的意义上,行政是指社会组织对一定范围内的事务进行组织与管理等活动。”①吴志宏教授认为:“行政既可指国家事务的管理,也可指一般企业、机构和学校的管理活动。”②

我们认为,无论是从我国的学术传统来看,还是就给概念下定义的目的而言,都有必要区分“行政”与“管理”这两个概念。有鉴于此,我们把“行政”界定为:指国家为实现自身所代表的统治集团的意志和利益,而对公共事务的组织和执行活动。这种活动与国家的出现相关联,乃国家公共管理活动

① 王连昌主编:《行政法学》,中国政法大学出版社1994年版,第1页。

② 吴志宏著:《教育行政学》,人民教育出版社2000年版,第4页。

的一个重要领域。就行政与管理的关系而言，行政是一种特殊的管理活动，它被包含在管理活动之中。行政的特殊性就在于，它是国家的一种组织或执行性的活动，行政活动的主体是政府，行政活动的性质乃组织或执行。

(四) 领导

对于“领导”这一概念，古今中外不少学者都对其展开了广泛而又深入的探讨。目前，根据相关文献，对于“领导”概念的理解，主要包括如下几个方面：首先，领导是一种解决问题的初始行为；其次，领导是对制定和完成组织目标的各种活动施加影响的过程；第三，领导是指挥下属的过程；第四，领导是在机械地服从组织常规指令以外所施加的额外影响力；第五，领导是一个动态的过程，该过程是领导者个人品质、追随者个人品质和某种特定环境的函数。① 概括而言，我们可以说：领导是一种指挥、带领、引导和鼓励下属为实现目标而努力的管理活动。就领导与管理的关系来看，领导乃管理的一种重要职能，它在管理中居于十分重要的位置；或者说，领导即是一种高层次的管理活动。

三、教育管理

“教育管理”的层面十分复杂。我们要准确把握这个概念，必须把它按一定标准划分成不同层面，然后逐层去进行阐释。

(一) 教育管理

从微观到宏观，教育管理可以分成以下三个层面：第一个层面是班级管理，即班级组织层面上的教育管理；第二个层面是学校管理，即学校组织层面上的教育管理；第三个层面是教育行政，即教育制度(系统)层面上的教育管理。“教育管理”是对上述三个不同层次的教育管理活动的概括和统称。

(二) 教育行政

若从管理学的角度理解“行政”概念，“教育行政”可以等同于“教育管理”；而从政治学的角度看，“教育行政”则专指政府对本国教育系统所进行的领导与管理。这种管理活动又因对象的差异而划分出不同的层次：首先，

① 周三多等著：《管理学：原理与方法》，复旦大学出版社 2003 年版，第 483 页。

政府对某所学校的管理可称为政府与学校(政校)关系;政府对某一地区学校的管理可称为区域(地方)教育行政;政府对本国学校教育系统的管理可称为宏观教育行政。"教育行政"即是对上述三个不同层次的教育管理活动的概括和统称。

(三)学校管理

学校管理是对作为一个教育组织的学校所进行的管理。在这种情况下,学校管理等同于学校内部管理。学校管理是学校通过一定的机构和人使学校沿着一定的方向维持学校按教育规律进行正常运转,使其获得不断发展和提高的手段。其功能是对学校教育总过程的一切活动和资源进行计划、组织、指挥、监督和调节,以便实现全面提高教育质量的目的。①

(四)班级管理

班级管理是对作为一个学校基层教育教学组织的班级所进行的管理。班级管理虽然也是教育管理的一个重要领域,但在我国教育学学科体系建构过程当中,它却被当作"教育学"之下"德育论"的一个组成部分加以发展和讨论,从而未被纳入"教育管理学"的学科体系建设之中。所以,我国的教育管理学一般只涵盖"教育行政学"和"学校管理学",而不包括"班级管理学"的内容。

四、小学教育管理

小学教育管理是指对一个国家或地区全部的小学教育活动所进行的管理。根据上述对"教育管理"概念的定义,我们不难发现:小学教育管理至少涵盖如下两个方面的基本内容:其一,小学教育行政,即一个国家的各级政府对本国小学教育系统的管理活动;其二,小学校管理,即小学管理者对作为初等教育组织的小学校所进行的管理活动。所谓"小学教育管理",就是上述两方面管理活动的总称。

根据小学教育管理实践,我们也可从不同角度对其加以划分。譬如,从小学教育管理的层次出发,可以把它划分为小学教育行政、小学校管理和小

① 江孙月、赵敏主编:《学校管理学》,广东高等教育出版社 2000 年版,第 6 页。

学班级管理三个不同层次；从小学教育管理要素入手，可把它划分成小学师资建设、小学经费投入和小学装备条件等领域；根据小学教育管理的不同职能，可以把它分成小学教育立法、小学教育规划、小学教育政策和小学教育督导等过程；依据小学教育管理的对象，亦可把它分为小学课程与教学管理、小学德育管理、小学总务后勤管理和小学体育卫生管理等方面。所有上述对小学教育管理实践的划分，皆可成为我们探讨小学教育管理问题的切入点。

第二节 小学教育管理实践的演变

一、西方小学教育管理活动的产生与演变

(一) 萌芽阶段

从奴隶社会开始，西方各文明古国都先后出现了学校。为了实际需要，这些古国对教育阶段和学校进行了初步划分，形成了各具特色的学校管理制度，继而出现了早期专职的学校管理人员，建立了一些管理学校的法规和制度。就小学管理而言，这一时期为其萌芽阶段。在较为成型的教育制度之下，教育管理往往与政治密切相关，国家也借此控制教育活动。这一时期的小学教育管理活动，以古希腊的城邦国家斯巴达和雅典最为典型。

斯巴达是希腊最大的农业城邦，经济相对落后，奴隶主贵族专政，国内外战争频繁。该国政治经济形势决定了教育管理活动的进行方式，尤其是初等教育管理活动必须运用军队管理的方式、体育集训的方法，并由国家控制。这种小学教育管理方式，主要是强调学生对教师的绝对服从。斯巴达男孩 7 岁以后，就要进入城邦举办的军营式体育竞技场接受单调的军事体育训练、强制的道德灌输和严酷的身心磨炼，以求形成勇敢、坚毅、顺从以及爱国的品质。

雅典多为山区，不宜耕作，但它拥有良好的港湾，工商业十分发达，城邦以奴隶主民主政治著称，国内外战争频繁。雅典特殊的经济和政治环境，促使其国内对人的培养模式与斯巴达不同。初等教育管理活动初步倾注了人的和谐发展的理念，但依然与城邦需求、贵族利益紧密相关。雅典男孩 7 岁后进入私立文法学校和音乐学校学习，以读、写、算等初步知识为主，还有一些音乐方面的学习。12—13 岁进入体操学校进行体育的学习和体能训练。在对学生的管理方面，雅典出现了职为“教仆”的人员。“教仆”在学生成年之前，负责训练其举止行为和德行，并督促检查其学业。学校每周 7 天均为授课日，学生极少有假期。

总之，在古希腊时期，初等教育的管理活动主要是根据当时城邦的需要而进行，不太考虑和关注教师和学生等人的因素。教育管理活动主要依据经验和法律法规，具有很强的强制性。教育管理思想和理论较为贫乏，并且很少被运用到实际的管理活动之中。

(二) 发展阶段

进入中世纪之后，欧洲各国由于社会、政治和经济发展以及人口的增长，对学校教育尤其是对初等教育的需求迅速增加。伴随着初等教育机构数量的增多及其结构的变化，社会上对初等教育管理的要求也越来越高。这一时期，欧洲各国的学校管理在体制、人员、规章制度和方法技术上，都有了较为明显的进步；与此同时，教育管理理论也在逐步形成之中。在中世纪的欧洲，小学教育管理的变化也表现得较为突出。现就其基本情况简述如下：

中世纪初期，欧洲的教育领导权掌握在教会手中。基督教会创办学校，将传教和教育融为一体。教会学校是当时唯一的正规教育机构。神职人员充当学校管理者和教师。初等教育完全在教会的控制之下，其中的管理活动采取教堂管理的方式。学校对学生的管教极为严格，经常使用体罚等不人道的管理措施。

中世纪中期，世俗教育兴起，初等教育逐渐脱离教会组织的控制。世俗学校出现并取得一定程度上的自治权和自主权，小学教育管理有了较为稳固的基础。当时的宫廷学校就是一个典型的例子，它是贵族子弟接受世俗教育的机构。譬如，著名学者阿尔琴（Alcuin）就曾协助法兰克国王查理曼大帝兴办宫廷学校，以供其子女及其他显贵的儿童接受教育。

到了中世纪后期，随着商业发展和人口快速增长，欧洲开始形成了以手工业和商业为中心的城市。这些以手工业者和商人为主的城市居民构成了一个新的特殊阶层即市民阶层。为了满足自身经济利益和政治斗争的需要，新兴的市民阶层对教育尤其是初等教育产生了强烈的需求。相对教会学校，城市学校作为一种新型的世俗教育机构应运而生。由于城市学校针对的是培养职业人才的需要，因而它具备一定的职业训练性质。城市学校肩负着提供初等教育的任务，从而使小学教育管理得到了较大的发展。这类学校逐渐由市政当局接管，并由其决定收费标准、教师聘任及儿童入学资格等。这一时期，班级授课制被广泛应用到教学管理之中。一些新的教育和管理理论，如夸美纽斯的《大教学论》等也对学校教育管理产生了重要影响。特别是当世俗统治者兴办的国民学校体系形成以后，中世纪晚期的小学教育管理理论和实践便有了进一步的发展。

（三）完善阶段

近代是西方小学教育管理由发展趋向完善的黄金时期。这一时期，许多相关的教育管理体制逐步成型，相关的教育管理机构日益成熟，教育管理理论也被广泛应用于小学教育管理之中。下面简要介绍西方主要国家的初等教育管理的进展情况：

英国于1870年颁布了《福斯特法》即《初等教育法》。该法确立了国家资助初等教育经费的基本模式。该法还明确规定了教育管理的权责划分：全国划分不同学区，由选举产生的学区委员会负责监管本学区的学校教育；各学区有权实施5—12岁儿童的强制性初等教育；把教会学校纳为国家教育机构加以监督；普通教育与宗教教育分离。这一法案的颁布，不仅确立了英国初等教育管理体制，而且大大提升了初等教育管理的规范化程度。

在法国，工业革命改变了初等教育管理发展缓慢的局面。1833年法国颁布了《基佐法案》。该法案确立了法国的初等教育格局：每个乡设立一所初等小学，每个城市设立一所高等小学；地方有权征收特别教育税作为教育经费，学校照常收费，不足之处由国库拨款补贴；教师教育和培训应遵循严格的流程和标准，并保障小学教师的最低薪酬。1881 年颁布了《费里法案》。该法案规定取消初等教育学费和书杂费，取消公立小学的宗教课。上述两大法案，共同奠定了法国初等教育义务、免费和世俗化三大基本原则，促使法国初等教育管理得以迅速发展。

19 世纪初叶，出于政治和经济考虑，普鲁士政府十分重视发展和管理初等教育。由于普鲁士的对外扩张政策，该国在教育管理中体现出较强的军国主义色彩。这一时期，初等学校教师的培训工作也得到政府的极大重视。19 世纪后期，在普鲁士统一德国后，德国在教育管理上实行中央集权制，1887 年帝国政府颁布了《普通学校法》。该法规定 6—14 岁的 8 年初等教育为强迫教育阶段。在此阶段，德国基本上实现了对 6—14 岁儿童的普遍的义务教育。德国政府的上述系列措施，有效地推动了该国初等教育管理不断走向完善。

综上所述，近代以来西方的小学教育管理逐渐得以发展和不断完善。这一时期的基本特点是：小学教育管理的相关法律法规逐步建立健全，教育管理理论思想被更为广泛地运用到日常的教育管理活动之中。各国都十分注重依法治教，小学教育管理已经步入法制化、民主化和科学化的崭新阶段。

二、中国小学教育管理活动的起源与替嬗

（一）萌芽阶段

我国小学教育管理最早可以追溯至商代，那时就有所谓“小学”的出现。由于学段的划分也是教育管理的一种手段，以便对不同年龄特点的受教育者开展教育与管理，所以，“小学”作为一个阶段从教育整体中分化出来，即标志着我国小学教育管理活动的最早萌芽。西周时期，学校教育开始形成体系，即对小学教育的划分更为明确。小学教育管理活动就表现为对小学教育的各种标准的建立和具体化。

(二) 发展阶段

进入秦汉以后，我国教育体制不断得以完善，这也促使小学教育管理得到进一步的发展。到了隋代，隋文帝沿袭北齐“国子寺”之设，使之管辖国子学、太学和四门学等教育机构。再到公元607年，隋炀帝把国子寺改为“国子监”，同时置祭酒一人，专掌全国教育。这是我国历史上中央政府设立专门教育行政机关和专门教育长官的开端。

到了唐代，从中央到地方形成了相当完备的官学教育体系，堪称我国传统社会学校教育的典范。相对于汉代，唐代中央官学制度更加完备与规范，管理标准也有所提高。唐代地方官学也有了较为完备的制度。例如，当时州、府、县皆设立规模相当的州学、府学、县学等地方学府，并由专职的官员长吏管理，地方官学制度在唐代得到了充分发展。

在上述教育管理体制不断完备的背景下，“小学”教育管理虽然尚未自成体系，但也得以不断完善。隋唐时期，私学比较发达。作为一个专门的学术传授机构，私学在社会上越来越受到人们的重视。唐朝政府鼓励私学和家学作为早期教育的形式，以补充官学体系对初等教育重视的不足。在整个传统社会中，官学系统中蒙学即“小学”教育是较为薄弱的，那时只有极其少数面向官绅贵族的官办“小学”。

及至宋代，官学得到了空前的发展。中央和地方官学管理规模宏大，学生众多，其管理制度颇具特色。以当时官学的经费管理为例，经费来源渠道多样，具体包括政府拨款、学田收入、专项捐税、官府建房、宗教费用移用以及刻印书籍盈利等。到了元代，蒙学发展迅速，这对初等教育管理提出了新的要求。明清时期，初等教育机构和教育管理体制则更加完善了。

(三) 完善阶段

一般认为，我国教育现代化的历史轨迹始自洋务教育。教育管理活动一直与教育活动相伴而行，所以，可以认为，我国教育管理的现代化也随之而来。洋务运动时期，洋务派先后创办30多所新式学堂，并采用当时西方较为先进的教育管理模式。在教学组织形式上，洋务学堂普遍制定了分年课程计划，确定了学制年限，并采用班级授课制度，部分学堂还建立了实习制度。虽然洋务教育管理已经基本具备现代教育管理的某些特点，但同时存在着较大的缺陷。当时的洋务学校分布零散，缺乏全国性的整体规划和完善的学制系统。

维新运动时期，维新派创办了近百所新式学堂。其中，1898 年创立的京师大学堂既是全国最高学府，又是国家最高的教育行政机关，各省学堂均归其统辖。1901 年清政府部分恢复“新政”，如科举考试中废除八股文，改试策论，将各地书院改为大、中、小学堂。1904 年清政府正式颁布《奏定学堂章程》即“癸卯学制”，这是我国第一个比较完整、正式公布并于全国范围内实施的新型学制。作为近代以来学习西方教育及其管理的系统性成果，该学制在我国教育管理近代化过程中具有标志性的意义。1905 年，晚清政府废除科举制度，鼓励各地兴办新式学校。当时，小学主要基于旧有的义学和私塾改建，分级为简易小学、初等和高等小学堂。京师则把原来的八旗学校改为八旗高等小学，同时配套初等小学堂，保证在八旗子弟范围内率先普及初等教育。同年，中央政府建立学部，作为统辖全国教育的中央教育行政机构。1906 年各省建立提学使司，府、厅、州县设立劝学所，专管地方教育事务。这就形成了从中央到地方统一的教育行政系统。1922 年，我国颁布美国式“六三三”分段的“壬戌学制”，成为中国近代史上实施时间最长、影响力最大的新型学制，其分段标准一直沿用至今。

南京国民政府时期，教育发展更为符合国情，促进了我国小学教育管理的进一步完善与发展。1928 年 5 月，南京政府大学院召开会议对“壬戌学制”略加调整，其中提出的原则就反映了上述倾向性。为了加强对初等教育的控制，南京政府颁布了《小学法》《小学规程》和《小学课程标准》等法律法规，使小学教育管理步入法制化轨道，民国初等教育管理体制至此已基本定型。为了保证对全国教育的有力控制，南京政府还采取了一系列的管理措施。例如，通过“整饬学风”，在学校建立训育制度；普遍推行童子军训练制度；颁布课程标准，实行教科书审查制度和毕业会考制度等。

与南京国民政府同时，小学教育管理在中国共产党领导下的革命根据地表现出明显不同的特色。在苏维埃根据地，实施的正规学校教育主要是小学教育,所以,苏维埃政府对小学教育管理十分重视,并规定“要对一切儿童不分性别和成分差别,施以免费的义务教育”。根据地小学学制最初规定为6年,1933年后学制改为5年。学校根据入学对象的差异,分为半日制和全日制两种形式,管理方式灵活多样。在解放战争时期,解放区的小学教育逐步实现正规化,这意味着小学管理活动逐渐步入正规化阶段。正规化的主要要求包括为教育制定长期发展规划,普及小学教育以及学制系统化等方面。所有上述尝试,都为新中国成立以后我国的小学教育管理积累了有益经验。

(四) 变革阶段

新中国成立以后,中央政府首先颁布了一批与教育管理相关的政策与法令。譬如,1951年政务院颁布了《关于改革学制的决定》,初步体现了我国学制由学校教育机构系统向现代教育机构系统的转变。1958年中共中央和国务院联合颁发《关于教育工作的指示》,其中明确指出:“各省、市、自治区党委和政府有权对新学制积极地进行典型试验”。与小学教育管理相关的学制改革内容主要包括:小学入学年龄提早至6岁和中小学制缩短为十年一贯制的试验等。

改革开放以来,我国小学教育管理体制屡经调整。1985年5月,《中共中央关于教育体制改革的决定》明确规定:中央把发展和管理基础教育的责任和权力交给地方,地方各级政府的管理职责划分则由省级政府决定,由此形成“分级办学、分级管理”体制。1995年通过的《教育法》第十四条规定:“国务院和地方各级人民政府根据分级管理、分工负责的原则,领导和管理教育工作。中等及中等以下教育在国务院领导下,由地方人民政府管理。”2001年5月,《国务院关于基础教育改革与发展的决定》明确提出,要进一步完善农村义务教育管理体制,保障教师薪酬,整顿收费制度,规范义务教育学制等,由此引发了初等教育管理体制的连续调整过程。

2006年修订的《义务教育法》第七条规定:“义务教育实行国务院领导,省、自治区、直辖市人民政府统筹规划实施,县级人民政府为主管理的体制。县级以上人民政府教育行政部门具体负责义务教育实施工作;县级以上人民政府其他有关部门在各自的职责范围内负责义务教育实施工作。”到此为止，我国的小学教育终于形成“中央统一领导、地方分级管理、以县为主”的管理体制。

第三节 中西方教育管理学的演进

一、西方教育管理理论的历史演变

关于西方现代教育管理学的发端时间，目前，国内外学术界主要有三种不同的观点：一是认为西方教育管理理论，最早产生于19世纪后半期的德国，代表人物是行政法学家施泰因(L. V. Stein)。根据是在1865—1868年间，施泰因发表7卷本巨著《行政学》，在其中第5—6卷中，他详尽阐述了自己的教育行政学理论。① 第二种观点认为，教育管理学最早产生于20世纪之初的美国，代表人物是教育管理学者达顿(S. T. Dutton)和斯奈登(D. Snedden)。这两位学者于1908年发表了《美国公共教育管理》(The Admi nistration of Public Education in the United States)一书，被后人视作世界上第一本教育管理学的专门著作。② 第三种看法指出，西方教育管理学虽然发轫于19世纪末至20世纪初，但其获得独立的学科地位和学术声誉，则是在20世纪50年代。持此观点者，在美国、中国大陆及台湾地区学者中都不乏其人。③ 我们认为，之所以会产生上述分歧，其原因在于不同学者对

① [日]久下荣志郎等著，李兆田等译：《现代教育行政学》，教育科学出版社1981年版，第22页。

② 吴志宏、冯大鸣编著：《新编教育管理学》，华东师范大学出版社2000年版，第21页。

③ 刘付忱等编：《教育行政与学校管理》，人民教育出版社1982年版，第180页；[美]D. E. 奥洛斯基等著，张彦杰等译：《今日教育管理》，春秋出版社1989年版，第9页；王如哲著：《教育行政学》，台湾五南图书出版公司1998年版，第29页。

于“理论是什么?”存在着认知差异。这就要求,我们在对西方教育管理理论演变进行分期之前,必须首先确立一种可以用作分期标准的“理论观”。

(一) 西方教育管理学的历史分期

1. 西方教育管理理论诞生的判断标准

如上所述,上述第三种观点,之所以把教育管理理论诞生的时间推延至20世纪50年代,主要原因在于,这些学者坚持一种十分严格的“理论观”,从而不把20世纪50年代之前教育管理方面的著述,视作合乎他们严格标准的“理论”。因为,在20世纪50年代,西方尤其是美国行为主义的社会科学方法论兴起之前,教育管理学的研究成果几乎都是采取一种事实与价值不加区分的方式,乐于为教育管理工作者提供一些规范性的行为准则,即注重告诉他们“应该怎样”从事教育管理活动。直到行为主义科学方法论兴起之后,教育管理学的研究者才开始注意“实际如何”的问题。从此,一些学者开始热衷于使用实证方法,通过对教育管理过程的实地观察,以描述、分析和解释相关事件的原貌,预测事件的发展趋向,然后再建立相关的理论体系。由此,就发生了影响深远的教育管理“理论化运动”。

在“理论化运动”的倡导者看来,当时教育管理界对“理论”含义的认识存在着混乱。譬如,有些人把理论看作是“个人的事情”,是“一种思考或猜想”;有些人把理论看作是一种哲学或一种分类学。而在管理学界,一个普遍的错误观念则是把管理理论看作是一套“应该”,一套告诉人们怎样管理的原则。“理论化运动”的旗手之一格里菲斯(D. E. Griffiths)就明确指出:必须弄清理论与哲学的关系,它们之间的根本区别为“是”与“应该”的区分,也即事实与价值之间的区别。理论只是“是—应该”中的“是”,它的功能就是描述和解释。那么,究竟“理论是什么”呢?哈尔品(A. W. Halpain)和格里菲斯等人明确主张,为了使术语不陷入混乱,可以引入逻辑实证主义关于“理论”的定义,即把理论看作一系列假设,从这些假设中,通过纯逻辑和数学程序能够推导出更大的经验原理的系统。实际上,这里的“理论”概念就等同于“科学”。也正是在这种意义上,“理论化运动”区分了“社会科学”与“社会哲学”的差异,认为只有依靠实证主义理论和经验性的探索,教育管理学才能成为一门真正意义上的“科学”。显然,这种观点此时出现在教育管理领域,正好反映了当时美国整个社会科学领域都在趋于实证化的潮流。所以,从这种“理论观”出发,“理论化运动”的倡导者认为,当时教育管理界根本就无理论可言,倡导“理论化运动”就是对无理论状况的一种补救。①

然而,上述“理论观”早已受到来自理论与实践两方面的严重质疑,而不再显得那么“天经地义”。来自教育管理实践领域的主要批评是,按照上述“理论观”构建出来的所谓“教育管理理论”,充斥着精深难解的术语和概念体系,远远脱离于教育管理实际。来自理论界的批评则认为,上述“理论观”对理论的定义,无疑过于武断和狭隘。主观主义教育管理学者格林菲尔德(T. Greenfield)就曾指出:我们看到的组织并不是客观事实,而是社会的构造物。在这样的组织中,管理者决不是仅仅合乎工具理性,只承认客观事实的人,而是积极的、有兴趣的和有意志的行动者。组织中时时处处充满着价值,而价值就在我们内心深处,是最终的主观现实性。对组织理论的探讨不能与人类的目的相分离,这就要求对价值问题进行探讨。而价值处于内心深处,对它的探讨必须允许个人进入组织理论之中,因为价值不可能存在于周围的自然世界当中,它只存在于“人造的”非自然秩序中,在形成这种秩序构造的自我及他人的信念、态度和评价中。他认为,真正的至理名言所具有的模糊性和不确定性,比根本上错误的科学中精细的谬误要更好一些。总之,格林菲尔德运用现象学方法,把教育管理看作是主观构造的、充满价值的、极其神秘的过程,因此,他主张,不应该勉为其难地接受一种显然不足以了解其研究对象的基本事实的所谓“科学的”理论。②

另外,西方批判理论也对教育管理“理论化运动”的“理论观”展开了严厉批评。批判理论的重要代表人物之一霍克海默(M. Horkheimer)曾把理论分为“传统的理论”和“批判的理论”两类。他认为,传统的理论是由基本命题及其推出的命题组成的有逻辑联系的推理系统。这样的理论只是一种

① 杜育红:《西蒙管理思想及其对教育管理的影响》,北京师范大学教育管理学院硕士学位论文,1996年5月,第22—23页。

② 张新平著:《教育组织范式论》,江苏教育出版社2001年版,第268—276页。

描述事实的工具，它所起的是肯定和维护社会现实的作用。而批判理论却认为，理论的本质不在于它是事实与价值分离的科学命题体系，而在于它是把握社会现实的辩证的思维方式。批判理论关注的是人的存在的本质，它关注人的自由、幸福、潜能以及这些理想的实现，而这一点必须通过改变社会现实，建立合理的社会结构才可能达到。因此，批判理论认为，理论的本质不是对支离破碎的事实的描述，而是对现实的超越，对现实的批判和否定。理论不完全派生于逻辑和数学的智力源泉，它更重要的是社会活动的组成部分，对理论的理解也只能放到社会过程的脉络中才能实现。从这种观点出发，教育管理批判理论家福斯特(W. P. Foster)就曾批判教育管理研究中的"背景淡化主义"。在他看来，"理论化运动"把教育管理行动从其发生的广泛的背景中剥离出来，追求一种所谓纯客观的、独立于文化和历史偏见的命题和解释，这样一来，教育管理理论从来就不用再去处理性别问题、人际冲突、反文化团体、对核威胁的恐惧和吸毒等现实问题。而福斯特主张，教育管理理论必须植根于教育管理活动过程中，并对教育管理活动中的不平等、不人道等问题严加批判，从而实现人的平等、公正、自由和解放。

从上可见，对于究竟什么才能称得上是"理论"，实在是一个"见仁见智"的话题。不过，经过上文分析容易看出：教育管理"理论化运动"的理论观，显然是一种基于逻辑实证主义哲学观之上"科学化"的理论观。而教育管理活动，从来都不是一个纯粹"客观性"的领域，所以，对于何谓"教育管理理论"的判定标准，更宜采取一种较为开放和宽松的态度。有鉴于此，我们愿意接受如下观点："理论就是用系统方法解释某些现象的陈述(归纳)。理论的包容面很广，可能是一个简单的归纳，也可能是一套复杂的规则，可能是哲学性的，也可能是科学性的。"①从此出发，我们倾向于把一切言之有理、合乎逻辑和能够自圆其说的一套教育管理知识(体系)，都看作"教育管理理论"。这样，我们就可以把西方教育管理学产生的时间，追溯到19世纪60年代德国学者施泰因发表7卷本《行政学》之时。

---

① ［美］F. C. 弗伦伯格、A. C. 奥恩斯坦著，孙志军等译：《教育管理学：理论与实践》，中国轻工业出版社2003年版，第2页。

2. 西方教育管理理论演进的历史分期

根据对“教育管理理论”的宽松定义，我们把西方教育管理学的发展进程划分为五个历史阶段，即古典管理理论时期的教育管理理论、行为科学理论时期的教育管理理论、理论化运动时期的教育管理理论、理论多元化时期的教育管理理论以及尝试整合时期的教育管理理论。

(二) 西方教育管理理论演进概览

1. 古典管理理论时期的教育管理理论

这一时期，上起自1865—1868年德国学者发表7卷本《行政学》论及教育行政学问题，下止于1954—1957年，全美教育管理教授委员会和大学教育管理委员会分别举办两次关于教育管理的学术研讨会。前者开启了以德国为代表的从公法学和行政学角度研究教育行政问题的教育管理学派，后者形成了以美国为代表的从管理学和其他社会科学角度研究教育管理问题的教育管理学派。前者主要影响到欧洲大陆国家、日本和中国，后者则影响到一些英语国家和地区。下面仅对古典管理理论时期美国教育管理理论的发展情况略作评述。

(1) 古典管理理论简介。一般认为，西方的古典管理理论主要包括美国泰罗(F. W. Taylor)的“科学管理理论”、法国法约尔(H. Fayol)的“一般管理理论”和德国韦伯(Max Weber)的“科层组织理论”，它们共同构成了现代管理理论发展的第一个历史阶段。

泰罗是一位从事技术工作的工程师，曾任美国机械工程师学会主席。1911年泰罗发表《科学管理原理》一书，被认为是现代管理学创立的标志，他也因此被后人誉为“科学管理之父”。科学管理理论的主要观点包括以下内容:第一，科学管理的中心问题，是提高劳动生产率；第二，为了提高劳动生产率，就必须为各项工作挑选和培训“第一流的工人”；第三，要使工人掌握标准化的操作方法，使用标准化的工具、机器和材料，并使作业环境标准化；第四，为鼓励工人努力工作，而实行具有激励性的工资报酬制度；第五，把计划与执行职能分开，把传统的经验型工作方法转变为科学工作法；第六，为提高工作效率，实行分工负责的“职能工长制”；第七，在组织机构的管理控制上，实行“例外原则”；第八，为解决劳资纠纷问题，需要在劳资双方中间开展一场“精神革命”。①

法约尔长期从事矿业方面的经营与管理工作，曾任一家大型矿业公司的总经理。1916 年法约尔发表《工业管理和一般管理》一书，从而创立了后来影响极其深远的“一般管理理论”。他的主要观点包括以下几个方面：第一，法约尔区分了“经营”与“管理”这两个不同的概念，认为经营包括技术、商业、财务、安全、会计、管理 6 种基本活动；第二，管理活动本身，又包含计划、组织、指挥、协调和控制 5 种基本职能；第三，法约尔根据自己长期的管理经验，创造性地提出了 14 项管理原则，即劳动分工、权力与责任、纪律、统一指挥、统一领导、个别利益服从集体利益、合理的人员报酬、集权与分权、等级系列、秩序、公平、保持人员的稳定、首创精神和团结精神；第四，他阐述了进行管理教育以及建立管理理论的必要性。②

韦伯是一位百科全书式的学者，他曾经担任过德国多所著名大学的教授。韦伯的管理学思想主要散见于《经济与社会》和《社会与经济组织理论》等著作之中。他从“理想型”方法论出发，建构起一种作为规范典型的理想的“科层组织理论”。这种理论在中国也被译成“官僚组织理论”“行政组织理论”或“层峰组织理论”。科层组织理论的主要观点包括：第一，任何组织都要建立在一定的权威基础之上。从权威的存在形态看，主要有传统权威、超凡魅力权威和法理型权威等三种基本类型。在这三种类型的权威中，只有法理型权威适合作为科层组织的合法性基础。第二，法理型权威具有以下特征：一个按规则行使正式职能的持续性组织；有明确的职权范围；组织机构按等级系列的原则被组织起来；由经过专门训练的人员，按明确的规则来指导组织的运行；管理权必须与生产资料的所有权相分离；组织成员完全不能滥用其正式职权；管理行为和决定必须以书面形式加以规定和记载；合法性权力能够以不同方式来行使。第三，建立在法理型权威基础上的理想的科层组织中，每一位管理人员都应按以下原则被任命和行使职权：他们在

① 孙耀君著：《西方管理思想史》，山西经济出版社 1987 年版，第 75—88 页。
② 孙耀君著：《西方管理思想史》，山西经济出版社 1987 年版，第 142—166 页。

人身上是自由的，只是在与人身无关的管理职责方面才服从上级权力；他们按照确定的职务等级组织起来；每一职务都有明确规定的法律意义上的职权范围；职务是通过自由契约关系来承当的；绝大多数的管理人员，系具有专业技能通过考试选拔胜出者来担任；他们享有固定的薪金作为报酬，很少受到解职威胁；这一职务是任职者几乎唯一的工作；存在着一种按年资与成就或二者兼而有之的升迁制度；管理者同管理资料所有权相分离，并且不能滥用其职权；他在行使职权时，受到严格而又系统的纪律约束和控制。第四，科层组织内部可以区分为三个基本层次，即最高领导层、中间管理人员层和基层一般工作人员层。他们各司其职，分别担负决策、贯彻上级决策和从事具体工作等职能，从而维持科层组织的良好运行。①

通过上述简要介绍容易看出，古典管理理论关注的焦点是：通过改进管理方法和技术，遵循相应的管理原则，以及建构理性化的组织制度等途径，最大限度地达成提高组织效率这一管理的最高目的。

(2) 古典管理理论时期的教育管理理论。在古典管理理论的影响下，最早引入科学管理理论探讨教育管理问题的，是美国新泽西州牛顿学区督学斯鲍尔丁(F. Spaulding)。他把泰罗理论运用到学校财务、经济计划以及对教育成本的测量和控制方面，特别主张运用数据记录、分析和比较教育产出与成本的重要性。在他看来，对教育成本的控制是提高教育效率的关键所在。学校组织的总体效率直接与学校工作人员的工作效率相关，通过对教师工作任务的分配和教学支出的调整和控制，就可以控制学校工作人员乃至学校的总体效率。在此时期，更全面地把科学管理理论运用到教育管理中去的人物，则是芝加哥大学教育管理学者博彼特(F. Bobbitt)。他主要阐述了如何运用泰罗的理论方法，来解决城市学校所面临的管理落后问题。博彼特引入泰罗的标准化方法，确信只要对教育产品或结果实行标准化，管理人员就能对学校成本进行有效控制，并发现完成学校各项任务的良好方法。另外，他也要求教师们要按照管理人员的指令开展教学工作，这样就有

① 孙耀君著：《西方管理思想史》，山西经济出版社 1987 年版，第 177—183 页。

助于实现教育效率的最大化。博彼特还根据泰罗培训“第一流的工人”的观点，阐发了挑选和培训教师的重要性。他认为，教育和工业生产一样，也需要选择合适的人员担任特定的工作。只不过挑选和培训好的教师，远远难于工人的选择和培训而已，其原因在于，对于教师而言，要远比工人更重视文化知识和个性品质方面的要求。① 受到美国科学管理理论的影响，欧洲一些资本主义国家，也开始关注教育管理的效率问题。在这些国家，往往通过财政控制和定期观察以确保学校能够有效地开展工作。例如，比格(Searl Beagle)曾经主管英国教育，他在《教育局》一书中提出：国家教育官员的主要职责是促使投入教育的资金能够产生最大的效能和价值；而达到这一目标的方法，则是制定和实施合适的条例，并在督学人员的配合下，对学校进行认真的检查和监督。因此，教育主管部门的主要任务，就是要保证学校供应、学习资源的有效利用、最低限度的效能、投资获得相应的价值，以及教育组织的系统化运行。②

应该说，除上述直接把科学管理理论引入教育管理过程中之外，目前还未能看到，同一时期人们直接运用一般管理理论和科层组织理论讨论教育管理问题的相关文献。但从总体上看，整个古典管理理论对于组织效率的追求，无疑对后来的教育管理理论的发展产生了重大而深远的影响。具体而言，泰罗的科学管理理论，对美国的教育管理发展起到了重要的推动作用，它激发人们以科学的观点来看待教育管理问题，而不再把管理看作是教学工作的附属物。为此，教育界付出了巨大努力，并取得了以下重要成就：

其一，培养了一批教育管理专家和学者。这些人为后来的教育管理理论建设做出了很大的贡献。例如，1905 年卡伯莱(E. P. Carberly)和斯特尔(J. D. Star)同获哥伦比亚大学师范学院博士学位。他们虽然攻读教育类的课程，却侧重于教育管理方面的研究。博士毕业后，斯特尔留校任教，卡伯莱则到斯坦福大学任教，并在后来担任该校教育学院院长。他们作为两所

---

① 黄崴著：《教育管理学：概念与原理》，广东高等教育出版社 2002 年版，第 111—113 页。

② [英]W. F. 康内尔著，张法琨等译：《二十世纪世界教育史》，人民教育出版社 1990 年版，第 56 页。

大学教育管理专业的创始者,共同为美国东西两岸教育管理研究奠定了最初的学术基础。①

其二,推动了科学管理理论在教育管理中的运用与研究。在1916年和1920年,美国全国教育协会成立了中学校长分会和小学校长分会,以鼓励中小学校长们开展科学管理方面的研究。1936年美国全国学校事务人员协会创办《学校事务管理》杂志;从1913年到1915年,俄克拉何马大学、印第安纳大学、艾奥瓦州立大学和堪萨斯州立师范大学等高校,都成立了管理效率研究所,至1926年全美共成立26个效率研究所。这就表明,在20世纪的前20年间,泰罗的科学管理理论已经深入地影响着教育管理实践。像工业界一样,教育界的关注焦点已经放在教育效率的提高之上。②

其三,引起了人们对教育管理经济效益的关注。当时,很多教育管理专家和学者热衷于引入评价和测量技术,希望通过对教育经费核算、预算编制、档案管理和年度报告等具体事务的改进,来控制学校成本,提高教育效率。另外,法约尔一般管理理论对于管理原则的探讨,也引发后来者对于教育管理原则及其在提高教育管理效率问题的兴趣。韦伯科层组织理论对理想型组织制度及其特征的阐述,在20世纪50年代被译成英文后,开始引起教育管理学者关于学校组织特性的相关讨论,并直接激发了关于学校组织是一种"松散结构"或"模糊性组织"的新观点。

(3) 理论评价。古典管理理论充溢着理性精神,十分关注组织效率问题。作为现代管理理论初创阶段的代表人物,古典管理理论家们或强调改进管理技术方法的重要性,或注重探寻普遍适用的一般管理原则,或探讨建构理想类型的科层组织体制,他们无疑更多地关注到了组织与管理中的"制度—技术"因素,而尚未触及组织中"社会—心理"问题。加上古典管理理论尤其是对教育管理影响最大的科学管理思潮,主要是在工业管理的基础上发展起来的,这在当时,很容易使之受到一些批评。例如,与泰罗同时代的

① [美]R. F. 坎贝尔等著,袁锐锷译:《现代美国教育管理》,广东高等教育出版社1989年版,第239页。

② 陈孝彬主编:《外国教育管理史》,人民教育出版社1996年版,第286页。

达顿和斯奈登，就在1908年出版的《美国公共教育管理》一书中，明确提出教育管理应该讲求社会效益的观点。他们认为，学校是社会控制的一种重要机构，所以，要制定有效的教育计划就应从社会的需求出发，利用工作分析的方法，正确分析工作成功的因素。显然，这一看法是与强调以金钱来衡量教育管理效率的观点大相径庭的。又如，当时正在美国蓬勃开展中的“进步主义教育运动”，也明确反对泰罗的管理职能专业化立场。进步主义教育协会主张，学校管理者首先是一位教师，管理职务仅是其一项附加的工作。进步主义教育家贝克(F. Baker)认为，在美国的公立学校中，一种灾难性的发展趋势就是把教学职能和管理职能分开。如果教育能够提供更大的自我表现机会，学校管理人员就不会以雇佣的态度对待管理工作。① 后来，美国学者卡拉汉(R. E. Callahan)在评价这一时期的教育管理问题时也曾指出：教育界屈从于工商业和科学管理运动的影响，导致学校领导者在处理学校事务时，将经济效益放在教育目标之上，这种运动发展的最终后果造成了“美国在教育方面的一个悲剧”。在他看来，这场悲剧的主要表现，就在于当时美国的学校管理人员不再把自己看作是知识的捍卫者和教育的领导者，而仅把自己当作反文化的企业经理那样，对掌握知识的深远意义漠然处之，却对生产率和效率的浅薄标准趋之若骛。②

当然，后来更有一些学者，从更高的理论层面上，严厉批评古典管理理论尤其是科学管理思想，是一种忽视人的因素、忽略非正式组织的存在、坚持封闭的组织观的理论。我们认为，这种批评是有失公允的。作为现代管理理论最初形态的古典管理理论，所要解决的正是开发管理方法与技术、探索一般性的管理原则，以及创设合理化的组织架构之类的“制度—技术系统”内的“硬问题”。很难期望一种理论在其初创之际，就能面面俱到地顾及该学科领域的全部重要课题。所以，对于上述批评者而言，也许重温列宁的下面一段话是极为有益的：“判断历史的功绩，不是根据历史活动家没有提

① 陈孝彬主编：《外国教育管理史》，人民教育出版社1996年版，第287页。

② [美]R. F. 坎贝尔等著，袁锐锷译：《现代美国教育管理》，广东高等教育出版社1989年版，第48页。

供现代所要求的东西,而是根据他们比他们的前辈提供了新的东西。”①据此评判古典管理理论对教育管理的影响,容易发现,在当今教育管理实践与理论中起到重要作用的管理框架及其“底色”中的理性精神和效能目标,乃是由古典管理理论所贡献的前无古人、遗惠来者的理论遗产。

2. 行为科学理论时期的教育管理理论

(1) 行为科学简介。行为科学是一门研究人类行为规律的科学。到了20世纪,随着科学的发展,学科越分越细,而它们之间的联系也更为广泛,由此许多边缘学科相继产生。1949年,一次跨学科的科学会议在美国芝加哥大学召开。在这次会议中,各学科的专家集中讨论了应用现代科学知识来研究人类行为的一般理论。与会者给这门综合性的学科命名为“行为科学”。1953年美国芝加哥大学专门成立了行为科学研究所。跟泰罗的科学管理把人看作“活的机器”不同,行为科学认为,影响工人生产效率的因素除了物质条件外,还有工人的心理和社会因素的影响。管理学家试图通过对员工行为的研究,以掌握其行为规律,找出提高工作效率的新途径。

行为科学最早起源于人际关系理论。梅奥(E. Mayo)是人际关系理论的代表人物。从1924年起,美国西方电气公司在芝加哥附近的霍桑工厂进行了一系列实验,后被统称为“霍桑实验”。霍桑实验是心理学和管理学史上最著名的事件之一。该实验的最初目的是根据科学管理原理,探讨工作环境对劳动生产率的影响。后来,该实验转由哈佛大学心理学教授梅奥参与并主持,以研究人的心理和社会因素对工人劳动过程的影响。霍桑实验共分成如下四个大的阶段:

其一,早期实验(照明实验)(1924—1927年)。当时,在生产效率理论中占统治地位的是“劳动医学”的观点,它认为,影响工人生产效率的可能是工人的疲劳和生产环境的单调感。于是,当时的实验假设便是“提高照明度有助于减少疲劳,从而有助于提高生产效率”。可是经过两年多的实验发现,照明度的改变对生产效率并无直接影响。这一结果使得研究者感到十分茫

① 中共中央马克思恩格斯列宁斯大林著作编译局编译:《列宁全集》(第2卷),人民出版社1984年版,第154页。

然。从 1927 年起，梅奥开始加入该项实验并把实验工作接管了下来。

其二，实验室实验（福利实验）（1927—1932 年）。实验目的主要是考察工人福利待遇的变化和生产效率之间的关系。可经两年多的实验却发现，不论福利待遇如何改变，都不会影响产量的持续上升，而工人自身对生产效率提高的原因也不清楚。后来，经过分析发现，导致生产效率上升的主要原因，是参加实验的光荣感以及成员之间良好的相互关系。

其三，访谈实验（面谈计划）（1928—1930 年）。这一阶段，研究者在工厂中开展了广泛的访谈活动。该计划的最初设想，是要工人回答管理当局的规划和政策、监工的态度和工作条件等问题，但这种访谈计划在进行过程中却获得了意想不到的结果。工人们谈到了许多访谈提纲以外的事情。于是，访谈者把访谈计划改为事先不规定内容，延长访谈时间，并且做详细记录。访谈过后，研究者发现工人的产量得以大幅提高。研究者经过分析认为，这是由于工人们利用此访谈为契机发泄了不满，从而提高了士气，而使产量得到了提高。

其四，群体实验（观察室实验）（1930—1932 年）。在此阶段，研究者选择 14 名男工在单独的房间里从事工作，并对这个班组实行特殊的工人计件工资制度。原来的研究设想是，实行这套奖励办法，会使工人为得到更多的报酬而更加努力工作。但观察结果显示，工人的产量一直保持在中等水平，每个工人的日产量相差不多，而且工人不会如实地报告自己的产量。后续研究发现，这个班组的工人为了维护他们群体的利益，自发地形成了一些非正式的规范。这一实验表明，为了维护内部团结，工人可以放弃物质利益的引诱。由此出发，梅奥提出了“非正式群体”的概念。他认为，在正式组织中存在着自发形成的非正式群体，这种群体有着自己的特殊行为规范，能够对人的行为起到调控作用。

在上述研究基础上，梅奥于 1933 年出版了《工业文明的人类问题》一书，提出了著名的“人际关系学说”。他的主要观点包括：其一，员工不是经济动物，而是“社会人”；其二，正式组织中存在着非正式群体，它对正式组织可能起到积极或消极的作用；其三，对生产率起到主要作用的因素是员工对人际关系的满意度,而非物质刺激和外部监控;其四,管理者的主要任务是做一个人际关系的探访者和协调人,而非监工和指挥者。应该说,梅奥的上述观点,为行为科学的后续研究奠定了扎实的理论基础。

在行为科学早期理论发展过程中,做出过重要贡献的学者还包括巴纳德(C. I. Barnard)等人。巴纳德是美国著名管理学家,近代管理理论奠基者之一,其代表作为1938出版的《经理人员的职能》。他开创了组织管理理论研究的先河,揭示了管理过程的基本原理。其理论经后人进一步发展,形成了管理学领域的组织管理流派,对当代管理学体系产生了重要影响。作为社会系统学派的代表人物,巴纳德最早提出了"协作系统"的概念,并指出管理的基本职能在于保持组织同外部环境之间的平衡状态。

美国心理学家马斯洛(A. Maslow)提出的需要层次理论,为行为科学的后续发展奠定了又一块重要的理论基石。马斯洛认为,个体成长发展的内在力量是动机,而动机则是由各种不同性质的需要所组成。各种需要之间有着顺序层次之分,每一层次需要的满足,决定了个体人格发展的程度与水平。人的需求层次由低到高分别是生理需要、安全需要、社交需要、尊重需要和自我实现需要。每个人都具有这五种不同层次的需求,但在不同的时期表现出来的各种需要的迫切程度是不一样的。人的最迫切的需要,则构成激励人的当下行动的主要驱动力量。人的需要是从外部获得的满足逐渐向内在得到的满足转化,在人自我实现的创造性过程中,人才能获得最高层次的满足感。

美国行为科学家赫茨伯格(F. Herzberg)提出了双因素理论。他认为,有两种因素对员工的工作心理起作用,即保健因素和激励因素。保健因素的满足对职工产生的效果类似于卫生保健对身体健康所起的作用,这些因素包括公司的政策、管理措施、人际关系、物质工作条件和工资福利等。当保健因素得不到满足时,员工就会对工作产生不满;当其被满足时,也只是暂时消除了不满,而不能导致员工积极的工作态度。相对而言,那些能够带来满意和激励作用的因素就是激励因素,它包括成就、赏识、挑战性的工作、工作责任以及成长和发展的机会等。若是具备了激励因素,就能对人们产生更大的激励作用。赫茨伯格指出,一方面,保健因素是必需的;但另一方面,只有激励因素才能使人们获得更好的工作绩效。赫茨伯格的上述观点,在很大程度上颠覆了传统理论对激励问题的看法。

在美国《管理评论》1957年11月号上,美国行为科学家麦格雷戈(D. McGregor)发表了《企业的人性方面》一文,从而提出了"X—Y理论"。麦格雷戈把传统的管理观点称为"X理论",他把"X理论"的要点概括为:一是大多数人是懒惰的,尽可能地逃避工作;二是大多数人都没有雄心壮志,不喜欢负责任,而宁可让别人领导;三是大多数人的个人目标与组织目标都是自相矛盾的;四是大多数人都是缺乏理智的,不能克制自己,大多数人都是为了满足基本需要选择那些在经济上获利最大的事去做;五是只有少数人能克制自己,这部分人应当负起管理的责任。按照这种人性假设,管理者只能依靠金钱收买与刺激,依靠严密的监控和惩罚,从而迫使员工为组织目标而努力。

相对于"X理论",麦格雷戈提出了自己的"Y理论"。其主要内容包括:首先,一般人并不是天性就不喜欢工作,工作正如游戏和休息一样自然;当工作被当成一种满足时,执行就是自愿的;而当成处罚时,员工才会选择逃避工作。其次,外来的控制和惩罚阻碍了人的成熟。人们愿意自我管理和自我控制来完成的目标,只要提供适当的机会,个人目标和组织目标会统一起来。其三,人不仅可以学会接受职责,而且还能学会谋求职责。逃避责任、缺乏抱负并非人的本性。其四,大多数人解决困难问题时,都能发挥较高的想象力、聪明才智和创造性。现在的条件下,一般人的智慧潜能只能发挥小部分。根据Y理论,麦格雷戈认为,管理者需要创造一个使人得以发挥才能的工作环境,并作为辅助者给职工以支持和帮助。管理者应让员工接受更具有挑战性的工作,担负起更多的责任,在管理制度上给予员工更多的自主权,并让其参与管理和决策,共同分享权力。

美国组织心理学家利克特(R. Likert)提出了领导风格理论。该理论把领导者分为"以工作为中心"(job-centered)和"以员工为中心"(employee-centered)两种基本类型。前者的特点是注重任务分配的结构化,对员工的严密监督和工作激励，依照详尽的规定而行事；而后者则重视人员行为反应及其问题解决，以及利用群体实现目标，并给予组织成员较大的自由选择范围。从此出发，利克特提出了自己的“管理风格理论”。根据决策权的配置、监控方式、信息流通渠道等因素，他把领导风格分成专制权威式(exploitative authoritative)、温和专制式(benevolent authoritative)、协商式(consultative)和参与式(participative)四种类型，并分别讨论了各种领导风格的特点及其有效性。

(2) 本阶段的教育管理理论及所受影响。在行为科学理论的影响下，教育管理学在此方面也有所建树。譬如，1949 年，美国教育管理学者约奇(W. Yauch)出版了《改善学校管理中的人际关系》，主张在教育管理中融入行为科学的人本管理思想。1956 年，格里菲斯发表了《教育管理中的人际关系》，探讨了教育管理中的人际关系问题。这一时期，教育管理论接受人本管理思想的影响，主要表现在以下几个方面：

其一，引发了教育管理中人性假设的变化。行为科学管理理论在相当程度上克服了古典管理理论忽视人的因素的弊端。这一时期的教育管理学者认为，教育人员的工作动机和行为并不仅仅为金钱收入等物质利益所驱使，他们不是“经济人”而是“社会人”，他们的工作更多的是受社会性需要的推动。

其二，教育管理研究开始关注非正式组织问题。这一时期的教育管理学者认为，教育中的非正式组织对教育工作者起到两种作用：一是保护其免受内部成员疏忽所造成的损失；二是保护其免受非正式组织以外的管理人员干涉所形成的损失。非正式组织通过影响教育人员的工作态度来影响教育机构的教学效率和目标的达成，因此，教育管理者应该正视非正式组织的存在，并利用非正式组织为正式组织的活动和目标服务。

其三，逐渐形成了教育民主与参与管理的思想。这一时期，由于受到行为科学的影响，教育管理方式开始发生了微妙的变化。高层单独决策、主管下达指令强制下属机械执行的管理模式开始转变为全部教育人员参与政策制定、对决策主动提建议，并为高层参考和采纳的民主管理方式。

其四，形成了关于“教育领导新作用”的思想。这一时期，教育管理界普遍认为，教育领导的主要作用，就是创造一个使人可以发挥才能的工作环境，从而发挥出教职工的潜力，并使教职工在为实现学校组织的目标贡献力量时也能达到自己的目标。此时的领导者，已不再是指挥者、调节者或监督者，而是发挥着一种辅助者的作用。

(3) 理论评价。行为科学理论的基本特征是注重人本(非理性)精神与满意度目标。在研究方法上，行为科学理论吸收了心理学、社会学和人类学等相关学科的养分，应用社会调查、观察测验、典型试验和案例研究等方法研究人的行为，提出了一些调动人的积极性的学说和方法，从行为特点、环境、过程和原因等角度开展对人的行为的研究，形成了一系列的相关理论，从而使行为科学成为现代西方管理理论的一个重要流派。行为科学现在已被广泛应用在教育管理实践之中，成功改变了管理者在科学管理时期惯有的思想观念和行为方式。行为科学理论把以“事”为中心的管理改变成以“人”为中心的管理，由本来对“规章制度”的研究发展到对人的行为的研究，推动了监督型管理向民主参与型管理的过渡。行为科学理论重视对人力资源的开发和利用，提倡以人道主义的态度对待员工，注重调动人的积极性，进而提高劳动生产率。然而，行为科学理论也存在着一些不足之处。譬如，它过于强调人的情感等非理性因素的重要性，忽视制度规范对组织正常运行的重要性和必要性；行为科学把组织作为一个独立封闭的单元单独加以研究，忽视了周边环境对组织内部的影响；行为科学把管理重点放在人的行为上，而忽略了对组织目标的探讨。

3. 理论化运动时期的教育管理理论

(1) 理论化运动简介。1954 年，全美教育管理教授委员会在丹佛城举办了一次教育管理学术研讨会。研讨会邀请了不属于该委员会的三位心理学教授哈尔品(A. W. Halpin)、盖茨尔斯(J. W. Getzels)和科拉达西(T. Coladarci)作为主要发言人。这三位发言人竟相批评教育管理研究缺乏科学方法论，并建议开发一套新的理论方法解释当时教育管理的现实问题，主张借鉴相关学科的方法建立一套概念框架指导教育管理研究与实践。这次研讨会拉开了教育管理理论化运动的序幕。1957年，全美大学教育管理委员会在芝加哥大学举办了第二次学术研讨会。参加这次研讨会的人员包括了几乎所有后来被公认的将学校作为组织来进行科学研究的理论先驱者，如帕森斯(Parsons)、海姆费尔(Hemphill)、格里菲斯、盖茨尔斯、坎贝尔(Campell)和哈尔品等人。这次研讨会的目的是研讨“教育管理理论的作用”，会后出版了坎贝尔主编的《教育管理理论》论文集，由此掀起了教育管理理论化运动的热潮。

(2) 主要代表人物及其观点。心理学家哈尔品可谓教育管理理论化运动的开山鼻祖。盖茨尔斯、古巴(E. G. Cuba)提出了开放的“社会系统观”。在教育管理理论多元化时期，格里菲斯坚定地捍卫了理论化运动的理论遗产，并在与主观主义学者格林菲尔德展开“双G之争”过程中，对理论运动的局限性进行了反省和调整。这一流派的当代传人包括霍伊(W. K. Hoy)和米斯克尔(C. G. Miskel)等人，他们合著的《教育管理学：理论·研究·实践》一书，代表了这一学派的最新成就。具体而言，理论化运动以实证主义作为方法论基础，强调在教育管理研究中，必须坚持事实与价值相分离，教育管理学应该研究事实而非价值问题。理论化运动的倡导者和追随者认为，教育管理理论应该建成为一系列客观、可靠、可供检验的假设系统，并且形成可操作性的定义。从理论发展范式看，教育管理理论的建构，应该遵循着从系统概括到广泛概括的路线，经由提出敏感性概念、整合性概念最终到科学性理论的发展过程。他们在组织观方面，秉持着“开放的社会系统观”，强调要把教育组织当作一种开放的社会系统来对待，以探讨该系统与环境之间的输入、转换和输出关系。理论化运动所建构的教育管理学理论，主要涉及对组织与效率、决策、领导、冲突与变革等范畴的理论探讨。

(3) 理论简评。为了使教育管理学成为一个规范的学术领域，并改变教育管理学的“无理论”状况，教育管理理论化运动以严格的科学理论观看待教育管理学的理论建构，以期教育管理学能够形成一套科学系统的理论体系。这套理论体系至今仍在教育管理领域内占据着主导地位。① 然而，理论化运动也存在着不足之处：譬如，它竭力排斥价值观等非事实因素，以至于难以说明教育组织的复杂性。而且，它并没有完全实现自身的目的，即通过对教育组织行为的客观描述，进而解决教育组织的问题，以提高学校效能。尤其是它从根本上忽视教育组织中迫切需要解决的问题，如教育不平等、性别歧视、性与吸毒等。针对这种局限性，从 20 世纪 70 年代中期开始，理论化运动便遭到了越来越多的批判。正是在这种批判声中，教育管理学发展进入了一个多彩纷呈的新阶段。

4. 理论多元化时期的教育管理理论

(1) 背景分析。理论多元化时期的来临绝不是偶然现象，它有着特殊的社会历史文化背景。这一时期，西方哲学思潮主要流行后现代主义，其思想主旨就是一个鲜明的口号："怎么都行！"(Everything goes)在形式上，后现代主义是源自现代主义但又反对现代主义的一种广泛的社会思潮，它与现代主义之间是一种既继承又批判的关系；从内容上看，后现代主义是一种源于工业文明，并对其负面效应的批判性反思。这种思潮注重批判西方现代化过程中出现的剥夺人的主体性，压制人的感觉丰富性的死板僵化以及机械划一的整体性等现象。在精神实质上，后现代主义"反中心主义"、"反本质主义"和"反基础主义"，而主张理论多元化和"去中心化"。再从西方管理理论的发展来看，管理学当时也进入了一种多元局面。美国当代管理学家孔茨曾把这种现象描述为"管理理论丛林"，并分析了管理学流派林立的复杂原因。上述西方社会思潮和管理理论的发展状况，为西方教育管理学进入理论多元化局面打开了"思想闸门"。

(2) 多元化时期的教育管理理论简介。在此阶段，除实证主义的理论运动继续得以发展和自我修正外，最值得注意的现象，乃是站在人文主义立场的教育管理价值理论的异军突起及其对理论运动的勇敢挑战。此一理论流派的先驱者，为著名教育管理学者格林菲尔德；其集大成者则是加拿大教育

① 杜育红：《美国教育管理研究理论化运动的方法论及其批判》，《国家高级教育行政学院学报》1999 年第 2 期，第 76 页。

管理学家霍金森(C. Hodgkinson)。在1978年至1996年之间,霍金森陆续发表了《走向管理哲学》(Towards a Philosophy of Administration,1978)、《领导哲学》(The Philosophy of Leadership,1983)、《教育领导:道德艺术》(Educational Leadership: The Moral Art,1991)和《管理哲学:管理生活中的价值与动机》(Administrative Philosophy: Values and Motivations in Administration Life,1996)四部著作,系统阐发了自己的教育管理价值理论,并据此确立了他在当代国际教育管理学界的重要地位。霍金森的教育管理价值理论,是在其追随格林菲尔德发起的对实证主义教育管理理论的批判过程中逐渐成型和不断完善起来的。也正因此,他的理论才能在吸纳格林菲尔德理论合理性的基础上,又尽可能弥补其不足,从而把教育管理学对价值问题的探索向前推进了一大步。此外,这一时期的社会批判理论的教育管理学对学校建制内权力、压迫和解放等社会结构问题的关注,文化模式理论对教育管理过程中文化资本问题的解析,以及女权主义理论对教育管理之中性别平等的追求等,虽然难免有所偏颇,但皆有发人深省、予人启迪之处。

(3) 理论简评。在教育管理学理论多元化时期,教育管理学发展的基本特征是流派众多,众声喧哗,异彩纷呈。多种不同的理论立场和观点,同时呈现在同一个教育管理学术殿堂上,各种教育管理理论相互辩难,有助于推动不同流派的教育管理学理论博采他家之长,以丰富和完善自身。虽然各家各派的理论体系会有不够完善之处,各种立场观点不无极端偏颇,然而,这种百家争鸣局面,无疑有助于从整体上推动教育管理学的进一步发展。

5. 尝试整合时期的教育管理理论

(1) 自然融贯主义的教育管理学。从1991年到2000年,澳大利亚学者埃弗斯(C. W. Evers)和拉科姆斯基(G. Lakomski)连续出版了《理解教育管理学》(Knowing Educational Administration)、《探索教育管理学》(Exploring Educational Administration)和《建构教育管理学》(Doing Educational Administration)"三部曲"。他们在美国当代哲学家奎因(W. V. Quine)"整体主义认识论"的基础上,提出了"自然融贯主义"(naturalistic coherentism)的教育管理学理论。他们希望建立一门新型的、"整体合法"的"教育管理科学”,这门科学必须同时具备经验的充足性和理解性等超经验的特征。他们认为,这样一种“后实证主义”的教育管理科学,既能够包含价值论题,又可以涵盖主观性的伦理道德命题。他们十分注重引入认知神经科学的“压缩规则”等新概念和新方法,用以探讨教育管理过程中人的主观性和知识属性问题。他们倡导教育理论与管理理论之间的整合与统一,主张摆脱仅从管理角度看学校教育的固有流弊。从这种立场出发,他们系统探讨了教育管理实践中的组织、决策、领导和培训等问题,并且得出了很有启发意义的新颖结论。应该看到,上述整合的尝试虽然尚不成熟,并已受到来自各方的批评和责难,但却反映出西方教育管理学者为发展教育管理理论的不懈努力。①

(2) 莫尔根的综合模式。为把纷纭繁复的教育管理理论用于教育管理实践之中,莫尔根(G. Morgan)等人提出了一种整合性的教育管理实践框架。在莫尔根看来,在教育管理实践过程中,政策的形成一般要经过四个不同阶段,每个阶段都需要一定的时间加以保障。跨越相关阶段,就会导致政策失败。政策形成的第一阶段是“模糊阶段”,此时政策问题、政策参与者以及各种机会之间发生相互作用,政策议题呈现很强的模糊性;到了第二阶段即“政治阶段”,通过谈判和协商,政策参与者达成初步解决问题的方案;到了第三阶段即“社团阶段”,政策参与者通过说服其他成员接受前一阶段达成的方案,从而使方案获得合法性;最后是第四阶段即“正规阶段”,要求从管理的角度对上述方案加以修正和规范,从而形成可供操作的政策实施办法。而在上述政策过程的不同阶段,可以分别借助教育管理理论中的“模糊模式”“政治模式”“社团模式”和“正规模式”,用以指导相应阶段政策问题的解决。② 这样一来,莫尔根通过“综合模式”,不仅把教育管理理论整合在一起,而且还把教育管理理论与教育管理实践活动整合了起来。

(3) 理论简评。在尝试整合时期,教育管理学理论的整合努力,反映了

---

① 孙绵涛、罗建河著:《西方当代教育管理理论流派》,重庆大学出版社 2008 年版,第 150—198 页。

② [英]托尼·布什著,强海燕主译:《当代西方教育管理模式》,南京师范大学出版社 1998 年版,第 229—233 页。

人类固有本性中追求理论统一性的坚定信念。教育管理学的整合虽然最终难以完满地得以实现,但它毕竟有助于教育管理学知识的整理和创新。同时,这种理论上的梳理与整合,也非常有助于教育管理实践工作者对教育管理学知识的理解、鉴别、选择和应用。

(三) 西方教育管理学的演进特征

通过上述梳理,我们发现,西方教育管理理论的历史演进,不外乎沿着以下基本线索展开:首先,从研究内容看,在不同历史时期,西方教育管理理论或重视对人的社会心理问题之研究,或注重对组织制度、物质和技术问题之探索;或强调管理过程中的理性因素之重要,或强调人的情感意志因素之关键;或把管理系统当作整体来探讨,或把它作为要素来解析。其次,从研究取向看,西方教育管理理论或注重对教育组织内部问题之研究,或重视对教育组织与环境关系之探讨;或重视对教育组织实体性要素之分析,或注重对教育组织中关系性因素之分析;或从静态角度去观察,或从动态立场去思考。最后,从研究方法看,西方教育管理理论对教育管理问题之研究,或从单一变量入手,或注重复杂的多变量分析;或以定量方法为主,或以性质阐释为重。回望西方教育管理理论一个多世纪的风雨兼程,不难发现它走着一条畸轻畸重、矫枉而常过正,终究蹒跚前行的发展道路。

二、中国教育管理学的传入与发展

(一) 发轫期(1900—1920 年):输入东学

20 世纪初叶,各种西方教育管理学说开始传入中国。当时,我国主要是从日本学习西方各国相关的教育和社会理论学说,这些学说在当时被称作"东学"。这一时期,我国从日本输入的教育管理类著作主要包括田中敬一的《学校管理法》(1901)、寺田永吉的《各国学校制度》(1901)、木村贞长的《教育行政》(1902)、吉林寅太郎的《视学纲要》(1903)以及清水直义的《简明国民教育法》(1903)等。尤其是 1905 年晚清"废科举、兴学校"之后,随着新式学校的大规模创建及其管理需要,我国引入了更多的东西方教育管理类著作。这些著作的引入,无疑从客观上刺激了我国教育管理学理论的萌生。

(二) 发展期(1920—1949 年):初具规模

随着对外国引入的教育管理学说的学习,我国教育管理界开始不断有人结合中国国情,撰写本土化的教育管理著作。这一时期,国内研究教育管理理论的学者纷纷崛起,并出版了一批学术水平较高的理论著作。其中,比较有代表性的论著包括:张季信的《教育行政学》(1928)、夏承枫的《现代教育行政》(1932)、杜佐周的《教育与学校行政原理》(1935)、杨鸿烈的《教育之行政学的新研究》(1939)以及罗廷光《教育行政》(1943)等。尤其是杨鸿烈和罗廷光的相关著述,对教育管理理论与实际问题的研究,已经到达了十分深入程度。

(三) 中辍期(1950—1979 年):灭顶之灾

新中国诞生之后,由于国内学术环境的变化,教育管理学深受重创。囿于当时特定的社会历史条件,我国实行对苏联"一边倒"政策。在教育学术领域内,通过聘请苏联专家和派遣留学生等措施,掀起了全面学习苏联的热潮。而在苏联的"凯洛夫教育学"体系中,并没有"教育管理学"的独立学科位置,而仅有"学校的领导与管理"一章内容。因此,从新中国成立开始到改革开放之前的近 30 年间,教育管理学在我国全然丧失了独立的学科地位,从而遭遇了"灭顶之灾"而不复存在。

(四) 新生期(1980 年至今):迅速崛起

1978 年 12 月中国共产党第十一届三中全会之后,我国确立了全面改革开放的路线、方针和政策。随着教育领域内治理整顿措施的推行,我国开始以教育学院为基地开展校长培训工作。由此出发,以编写《学校管理》等教材为起点,教育管理学启动了恢复和重建工作。这一时期教育管理学的迅速发展,又可分为以下两个阶段:

1. 学科归属调整之前(1980—1996 年)

在此阶段,一些教育管理人员的培训和教育机构陆续建立。譬如,各地省级和地级的教育学院最早从 1978 年开始,就开展了校长培训活动。一些师范院校,以北京师范大学为首,则早在 1985 年就开始招收全日制的教育管理本科生。这一时期,一些相关论著也在陆续出版。其中,教材类包括:北京教育行政学院编辑的《学校管理》(1981)、萧宗六撰写的《学校管理学》(1988)、陈孝彬主编的《教育管理学》(1990)、张济正主编的《教育行政学通论》(1990)、孙绵涛撰写的《教育行政学》(1989)、萧宗六和贺乐凡主编的《中国教育行政学》(1996)等。著作类则有:陈孝彬的《学校教育管理科学》(1987)、安文铸的《现代教育管理学引论》(1995)和张斌贤主编的《现代国家教育管理体制》(1996)等。另外,这一时期翻译出版的几本教育管理学译著,如久下荣志郎等著的《现代教育行政学》(1981)、欧文斯(R. Owens)的《教育组织行为学》(1987)和汉森(E. M. Hanson)的《教育管理与组织行为》(1993)等,则为那个信息蔽塞的时代打开了几扇管窥国外教育管理学面目的"小窗"。

2. 学科归属调整之后(1997 年至今)

1997 年国务院学位委员会发布新的学科和专业目录,教育管理学与教育经济学被合并为新的"教育经济与管理"专业,并被归入"管理学"一级学科之下。此后,各种教育管理学术机构如雨后春笋般建立起来。这一时期,从事教育管理学研究与教学的专业人员,主要包括教育学院和全日制大学相关系科的专业人士。从学缘结构看,他们分别来自国内大学培养的高学历毕业生和部分留学归国人员。在此阶段,教育管理学的研究十分丰富。与此同时,还有一批学者致力于引入新知的教育管理学著作翻译工作。所有这些努力,一起促进了我国新时期教育管理学学术的进步与繁荣。

(五) 中国教育管理学未来展望

我国教育管理学的发展遇到两点困难,首先是其学科归属和定位上的窘境。从目前的学科归属来看,教育管理学与教育经济学被人为地合并成一个不伦不类的"教育经济与管理"学科(专业),且被归入一级学科"管理学"之下。这既有悖教育管理学的学科传统,也不符合教育管理学的学科特性要求。这种尴尬局面的持续存在,十分不利于教育管理学的进一步发展。此外,从事教育管理学研究与教学的人员素养参差不齐,缺乏本学科权威的公开出版物,缺乏高水平的理论著作和本土化的应用型知识的创生与积累。以上皆为我国教育管理学进一步发展过程中必须破解的难题和困局。

然而,从长远来看,我国教育管理学必将迎来一个十分光明的前景。随着时间推移，我国教育管理学的学科归属和定位必将得以适当调整，教育管理学专业人员的整体素养也将大为改善和提升。目前，国内教育管理学的研究已经呈现出西方相关成果的继续引入、研究方法的融会贯通、研究题材的不断拓展、成果表达方式的日趋多元等喜人现象。所有这些新的变化，最终都将形成一个结果——我国教育管理学研究水平的实质性提升。

第四节 小学教育管理学的对象与属性

一、小学教育管理学的研究对象

从小学教育管理实践的范围看，教育管理学无疑应该研究教育行政、学校管理和班级管理等活动。此外，关于教育管理学科建构本身的一些教育管理学“元理论”(meta-theory)问题，如教育管理学的学科性质、知识体系、历史演变等内容，亦应成为教育管理学的研究对象。

具体来看，目前学界对于教育管理学研究对象的讨论，主要有以下三种基本观点：其一，认为教育管理学的研究对象是教育管理规律。这是一种较为传统的看法，其主要根据是毛泽东在《实践论》中提出的划分科学研究领域的论断。其二，主张教育管理学的研究对象是教育管理活动或教育管理现象。这种观点指出，由于规律是事物“内在的、本质的和必然的联系”，所以，教育管理规律是教育管理学研究过程终结之后研究者才能获取的成果，它不可能在研究之初就呈现在研究者面前，故教育管理学的研究对象只能是具体可感的教育管理现象或活动。其三，提出教育管理学的研究对象是教育管理问题。这种观点较为后起，主要源自科学哲学家卡尔·波普尔和拉里·劳丹关于科学研究起于猜想或问题的观点。经过日本教育学者大河内一男和海厚宗臣等人的介绍，我国最早由教育基本理论学者接受了这种看法，从而提出教育学的研究对象不是教育规律和教育现象或教育活动，而是教育问题的新说。教育管理学界有人受此启发,转而亦提出教育管理学的研究对象应该是“教育管理问题”的“新观点”。①

对于上述争议,我们的看法是:第一种观点把作为教育管理学的“研究任务”的教育管理规律误作研究对象,显然不太适当;第二种观点无法解释为何教育管理学没有研究所有教育管理活动或现象这一问题;第三种观点虽然强调了教育管理问题在“引发”教育管理现象使其进入教育管理研究者视野之中的“中介作用”,但却把这种中介本身当作教育管理学的研究对象,显然也是很不妥当的。

那么,教育管理学的研究对象究竟应该是什么呢?我们认为,可以把教育管理学的研究对象划分为“显在对象”和“潜在对象”两大类:前者是指那些经由教育管理问题引发,从而进入教育管理学者研究视野之中的教育管理现象;后者则是那些尚未引起教育管理学者注意、未被教育管理问题“触发”的教育管理现象。教育管理学的全部研究对象,则是所有的教育管理活动或现象。由是观之,教育管理问题就成了教育管理学的逻辑起点,教育管理规律则是教育管理学的逻辑结果,教育管理现象即是教育管理学的研究对象。从此出发,我们认为:小学教育管理学的显在对象,是经由小学教育管理问题所引发的小学教育管理现象;其潜在对象则是尚未引起小学教育管理学者注意、未被小学教育管理问题“触发”的小学教育管理现象。而小学教育管理学的全部研究对象,则是所有的小学教育管理现象。

二、小学教育管理学的学科属性

所谓“学科”,在此可以被理解成关于某类知识的有机系统。目前,关于教育管理学界的学科属性问题,主要有以下四种观点:其一,认为教育管理学属于教育学的分支学科。这种观点是一种较为传统的看法,改革开放以后教育管理学恢复重建时期的教育管理学者大多持此看法。这种观点也与1997年学科专业目录调整之前的教育管理学归属相一致。其二,主张教育管理学属于管理学的一个分支领域。这种观点与1997年国务院学位委员会

① 黄崴著:《教育管理学:概念与原理》,广东高等教育出版社2002年版,第13—17页。

调整学科专业目录直接相关。在当年公布的学科专业目录中，原属教育学科独立二级学科的教育管理学和教育经济学都被取消了独立的学科地位，而被合并成为"教育经济与管理"专业，且被归入管理学一级学科之下。在此背景下，有些学者随即提出了教育管理学应该属于管理学科的新看法。其三，认为教育管理学其实是一门介于教育学、管理学等多学科交叉的边缘或综合学科。在此基础上，张新平教授明确提出了"教育管理学是一门社会科学"的新见解。① 其四，主张教育管理学是一门应用型学科。② 在上述讨论中，前面三种观点，都是从横向来划定教育管理学的学科归属；最后一种观点，则是一种从人类知识体系的纵向角度划分教育管理学知识属性的尝试。

那么，上面关于教育管理学学科属性的探讨，是否纯属书斋中的"书生论政"而"无关民生"呢？其实，事实并非如此。在这种显得迂阔无当的"书生之见"背后，却突显着教育管理学者更好地建设教育管理学科的"鸿鹄之志"。譬如，黄崴教授在论及教育管理学的学科归属问题时，就曾谈到其归属于教育学科的"三不利"局面：其一，教育管理学与教育学科甚少有共同概念，前者归属后者不利于两者交流与沟通；其二，如果教育管理学划入教育学科，很容易被教育学科边缘化；其三，教育管理学归入教育学科，就会产生既无法与教育学对话，又难以与管理学科接轨的尴尬局面。有鉴于此，黄崴教授坚决主张：教育管理学应该归入管理学科加以建设与发展。③ 而且，问题的实质恐怕还不仅如此。在上述貌似"纯粹"的学术争论当中，甚至潜藏着教育管理学的学科和学人利益问题。因为，在目前我国的"学科建制"之下，教育管理学被划入何种学科，更会影响到教育管理学当下的学术资源配置之多寡，学科前景之明暗，甚至是教育管理学者切身利益之得失。以此观之，则教育管理学的学科属性问题，就成为一个不得不辩的重要话题。

综上所述，我们认为：小学教育管理学是一门横跨教育学和管理学等多学科领域的应用型社会学科。

---

① 张新平著：《教育管理学导论》，上海教育出版社 2006 年版，第 89 页。

② 安文铸著：《现代教育管理学引论》，北京师范大学出版社 1995 年版，第 13 页。

③ 黄崴著：《教育管理学：概念与原理》，广东高等教育出版社 2002 年版，第 32—34 页。

第二章
小学教育管理与法治

法律是现代教育管理的一种重要调控形式，依法治教和依法治校是现代教育管理的内在要求。理顺政府、学校、教师及学生之间的法律关系，明晰各自的权利义务，是教育法治的基础。本章详细阐述了教育行政机关、学校、教师及学生的法律地位与权利义务，并深入分析了学生伤害事故的法律责任认定及其防范处理。

第一节　法律与教育行政

一、教育的国家化趋势与现代教育行政的产生

在现代社会以前，教育主要是一种家庭的职能和权利。父母对子女的教育，最初是通过家庭生活进行的。在出现专门的教育机关——学校和专门的教育职业——教师后，教育又部分地委托给学校和教师进行，但父母对其子女的教育仍负有主要责任，教育在很长的历史时期并没有成为国家管理的对象。从19世纪开始，欧美各国步入工业化进程，以产业革命为中心的社会生产力迅猛发展，教育在社会进步中举足轻重的作用日益显现出来。

为了适应社会经济的发展，必须普及教育。这就要求扩大国家直接干预和调整文化教育发展的职能，更有效地发挥国家管理教育事业的作用。教育随之从教师、学生、父母或监护人等主体之间的私事提升为一项需要国家干预与管理的社会化事业。因此，随着19世纪以来初等教育的迅速普及与发展，欧美各资本主义国家纷纷对原有的国家行政体制做出相应的变革，把教育管理纳入到国家活动之中，用行政手段发展公立学校体制，确立义务性的国民教育制度，这就是近代史上教育国家化趋势。① 尤其是进入20世纪以来，随着教育规模的不断扩大，教育制度的日益完善以及教育财政开支的迅速增加，教育管理的组织作用和强制作用也越来越突出，国家教育行政的职能正向扩大化的趋势发展。

当教育权从家庭的职能和权力转变为国家的职能和权力后，国家必然运用行政手段干预和管理教育。在教育国家化之前，国家行政主要包括警察行政、外交行政、财务税收行政、军事行政等方面，一般并不涉及教育。当国家试图扩大其直接干预和调整文化教育发展的行政职能时，就产生了现代教育行政。这样，国家便可以通过行政手段，建立公立免费学校，确立义务性的国民教育制度，并全面组织和发展教育事业。

二、义务教育阶段政府的教育职权

(一) 义务教育的性质

义务教育又称“强迫教育”，是根据法律规定，适龄儿童和青少年必须接受的，国家、社会、家庭必须予以保证的国民教育。义务教育具有强制性、免费性、普及性的特点。

1. 强制性

强制性是义务教育的本质特征。义务教育不仅是受教育者的权利，而且是国家的义务，国家、社会、学校和家庭必须依法予以保证。我国《义务教育法》第二条规定：“义务教育是国家统一实施的所有适龄儿童、少年必须接受的教育，是国家必须予以保障的公益性事业。”第五条规定：“各级人民政

① 劳凯声主编：《高等教育法规概论》，北京师范大学出版社1999年版，第45页。

府及其有关部门应当履行本法规定的各项职责，保障适龄儿童、少年接受义务教育的权利。适龄儿童、少年的父母或者其他法定监护人应当依法保证其按时入学接受并完成义务教育。依法实施义务教育的学校应当按照规定标准完成教育教学任务，保证教育教学质量。社会组织和个人应当为适龄儿童、少年接受义务教育创造良好的环境。”第十一条规定：“凡年满六周岁的儿童，其父母或者其他法定监护人应当送其入学接受并完成义务教育；条件不具备的地区的儿童，可以推迟到七周岁。”第十四条规定：“禁止用人单位招用应当接受义务教育的适龄儿童、少年。”

义务教育的强制性还表现在，任何违反义务教育法律规定、阻碍或破坏义务教育实施的行为都应依法承担法律责任，受到强制性处罚或制裁。《义务教育法》专列“法律责任”一章，对国务院及地方各级人民政府的相关部门、学校、教师、适龄儿童的父母或其他法定监护人等主体违反义务教育法所应承担的法律责任，做出了明确而详细的规定。

2. 免费性

免费性是指国家对接受义务教育的适龄儿童、少年免除其全部或大部分就学费用。义务教育的免费性是与强制性相伴随的。《义务教育法》第二条第三款规定：“实施义务教育，不收学费、杂费。”

3. 普及性

普及性是指全体适龄儿童、少年，除依照法律规定办理缓学或免学手续的以外，都应当入学接受并完成规定年限的教育。对于适龄儿童来说，这既是一项权利，也是一项义务。如《义务教育法》第四条规定：“凡具有中华人民共和国国籍的适龄儿童、少年，不分性别、民族、种族、家庭财产状况、宗教信仰等，依法享有平等接受义务教育的权利，并履行接受义务教育的义务。”

（二）义务教育阶段政府的教育职权

义务教育是由国家保障实施的公益性事业。义务教育的公共性决定了义务教育主要应由政府代表国家通过设立学校来举办，并建立义务教育经费保障机制，用以保证义务教育的实施。我国政府在义务教育阶段主要有

以下几方面的教育职权：①

1. 总体保障

义务教育实行国务院领导，省级人民政府统筹规划实施，县级人民政府为主的管理体制。各级人民政府负责本行政区域内实施义务教育工作的科学领导和综合规划、布置，确保本行政区域实施九年制义务教育。各级教育行政部门具体负责义务教育实施工作，其他有关部门在各自职责范围内负责义务教育实施工作。

2. 经费保障

《义务教育法》第四十二条规定："国家将义务教育全面纳入财政保障范围，义务教育经费由国务院和地方各级人民政府依照本法规定予以保障。国务院和地方各级人民政府将义务教育经费纳入财政预算，按照教职工编制标准、工资标准和学校建设标准、学生人均公用经费标准等，及时足额拨付义务教育经费，确保学校的正常运转和校舍安全，确保教职工工资按照规定发放。国务院和地方各级人民政府用于实施义务教育财政拨款的增长比例应当高于财政经常性收入的增长比例，保证按照在校学生人数平均的义务教育费用逐步增长，保证教职工工资和学生人均公用经费逐步增长。"

3. 校舍保障

《义务教育法》第十五条规定："县级以上人民政府根据本行政区域内居住的适龄儿童、少年的数量和分布状况等因素，按照国家有关规定，制定、调整学校设置规划。新建居民区需要设置学校的，应当与居民区的建设同步进行。"

4. 教师保障

为了保证有效地实施义务教育，国家负责义务教育教师培养、培训和管理。《义务教育法》第三十二条规定："县级以上人民政府应当加强教师培养工作，采取措施发展教师教育。县级人民政府教育行政部门应当均衡配置本行政区域内学校师资力量，组织校长、教师的培训和流动，加强对薄弱学校的建设。"为了鼓励和保障教师从事教育事业，《义务教育法》规定，全社会

① 余雅凤主编：《新编教育法》，华东师范大学出版社 2008 年版，第 108 页。

应当尊重教师,国家保障教师的合法权益,采取措施提高教师的社会地位,改善教师的物质待遇,对优秀的教育工作者给予奖励。

5. 保障就近免费入学

《义务教育法》第二条规定:“实施义务教育,不收学费、杂费。国家建立义务教育经费保障机制,保证义务教育制度实施。”县级人民政府教育行政部门和乡镇人民政府组织和督促适龄儿童、少年入学,帮助解决适龄儿童、少年接受义务教育的困难,采取措施防止适龄儿童、少年辍学。《义务教育法》第六条规定:“国务院和县级以上地方人民政府应当合理配置教育资源,促进义务教育均衡发展,改善薄弱学校的办学条件,并采取措施,保障农村地区、民族地区实施义务教育,保障家庭经济困难的和残疾的适龄儿童、少年接受义务教育。”

三、教育行政机关

(一) 教育行政机关的法律地位

教育行政是政府的重要职责,教育行政机关是政府的重要组成部分。国家教育行政机关是依照宪法和行政组织法的规定而设置的、行使国家在教育方面的行政职能的国家行政机关,分为中央教育行政机关和地方各级教育行政机关。①

教育行政机关作为国家教育权的行使机关,具有独立的行政主体地位,具有管理教育事务的权力。不同层级的教育行政机关,管理不同层次的教育事务。中央教育行政机关负责全国教育事务的管理和协调,以及对直属院校的直接领导、管理。这一层次的管理侧重于宏观性事务,主要涉及国家教育发展战略与规划的制定、实施与监督,教育法规、规章的起草与制定等。地方各级教育行政机关负责各自行政区划范围内的教育行政事务的管理和协调,同时管理相应级别的学校。教育行政机关的这种管理权属于典型的行政权,与其他国家机关所享有的权力并无本质的区别。②

① 黄崴主编:《教育法学》,高等教育出版社2007年版,第103页。

② 张弛、韩强著:《学校法律治理研究》,上海交通大学出版社2005年版,第14页。

(二) 教育行政机关与学校的法律关系

教育行政机关在实施对学校的管理时，与学校形成教育行政法律关系。其中，教育行政机关是行政主体，学校是行政相对人。这一关系的主体及其权利和义务都是由法律预先确定的，当事人没有自由选择的余地。教育行政机关在与学校发生关系时，以国家的名义出现并行使法律规定的职权。在学校不履行规定的义务时，教育行政机关可以强制其履行，而教育行政机关不履行职责，学校只能请求履行或通过向有关国家机关提出申诉或诉讼等方式解决。因此，教育行政机关与学校的关系具有不对等性，教育行政机关作为法律关系的一方，占据着主导地位。

虽然教育行政机关与学校之间常常表现为教育行政法律关系，但随着我国社会主义市场经济体制的逐步建立与完善，教育领域的社会关系与管理范畴发生了重大变化，学校与教育行政机关间的教育民事法律关系也不断出现，并在有关的教育法律法规中有所规定。民事法律关系的特征是双方当事人地位平等，它基于当事人的自愿而发生，并在一定程度上体现等价有偿。例如，教育行政机关与高等学校在人才培养、智力成果转让、毕业生有偿分配等领域签订委托合同，形成教育合同关系。在这种合同关系中，教育行政机关与学校的权利义务是平等的，教育行政机关应根据合同规定履行义务。可见，学校与教育行政机关的关系未必都是行政法律关系，教育行政机关究竟是行政主体还是民事法律关系主体，要具体情况具体分析。

第二节　法律与小学管理

一、依法治校与学校管理法治化

依法治教是依法治国方略在教育领域中的具体体现，依法治校则是学校管理实现依法治教的内在要求。实行依法治校，就是要在理顺政府与学校的关系、落实学校办学自主权的基础上，依据法律的原则与要求，建立合法公正、系统完善的制度与程序，健全民主管理的体制机制，形成政府依法管理学校，学校依法自主办学，学校、教师、学生合法权益得到有效保护的管理格局。

具体而言，依法治校要求学校落实以下几方面内容：

（一）依法建章立制，完善学校制度建设

制定学校章程制度，是落实学校自主权，促使学校建立和完善自主办学、自我发展和自我约束机制的重要保证，是建立现代学校制度的必然要求，也有利于政府及其有关行政部门加强对学校的管理和监督。学校还应当在学校章程的统领下，建立和完善各项规章制度，如教学常规管理制度、教育教学评估制度、教职工岗位职责、教师奖惩制度、财务制度、安全卫生制度等。

（二）落实民主管理，完善学校民主监督机制

学校要通过教职工代表大会等组织形式，切实保障教职工参与学校的民主管理和监督，保证教职工对学校重大事项决策的知情权和民主参与权。学校的招生规定、收费项目与标准等事项，要向学生、家长和社会公开。积极推动社区参与学校管理与监督，推进家长委员会的建立，明确家长委员会的职责。学校决策涉及学生权益的重要事项，要充分听取家长委员会的意见，接受家长委员会的监督，为家长和社区支持、参与学校管理提供制度保障。

（三）依法维权，建立维护教师、学生权益的运行机制

学校要依照教育法律法规和学校依法制定的各项规章制度，明确学校与教师、学生之间的权利、义务与责任，尊重教师、学生的合法权利，废除侵犯教师、学生合法权益的规章制度。建立师生维权运行机制，开设教师、学生的申诉渠道，明确受理申诉的部门和相关程序，依法公正、公平地解决学校、教师、学生之间的争议。建立校园法律服务机构，为学校、教师、学生提供法律咨询和法律服务，切实维护学校师生的合法权益。

二、学校的法律地位与权利义务

(一) 学校的法律性质与法律地位

学校是有计划、有组织、有系统地进行教育教学活动的重要场所，是最常见、最普遍的社会机构，也是教育法调整的重要对象。法律上的学校是指经主管机关批准设立或登记注册的实施教育教学活动，享有一定权利并承担一定义务的社会组织。①

学校是教育法律关系中最重要的主体之一。明确学校的法律性质与法律地位，是正确处理学校内外部法律关系，明晰学校权利义务，规范学校办学的前提。

1. 学校的法律性质

《教育法》第二十五条第三款规定："任何组织和个人不得以营利为目的举办学校及其他教育机构。"这一规定明确了学校的公益性质。学校的公益性特点使其明显地区别于社会的其他组织，特别是以营利为目的的企业组织。其一，学校从事的是一种培养人的活动，它的目标是培养社会所需要的、合格的人才，营利不是它的目标，也不能成为它的动机；而公司（企业）的目的是创造出具有商品属性的物质产品，并获取利润。其二，实施教育活动的学校与生产物质产品的公司（企业），遵循的行为准则不同。公司的运行遵循商业法规与商业伦理道德，学校则不同，它首先要遵循社会的人文道德与伦理。其三，教育投资与企业投资不同，企业投资的目的在于获取利润，而教育投资的目的在于促进人的充分发展，以获得社会效益。为了保证教育活动符合国家和社会的公共利益，确保学校的公益性，防止社会组织、个人以及教育机构以营利为办学宗旨，把教育沦为赚钱牟利的手段，《教育法》做出了上述规定。须指出的是，"不得以营利为目的"并不是说不允许学校或其他教育机构为筹措教育经费而依法从事举办校办产业、开展社会服务、收取学杂费等活动。划分以营利为目的办学的标准，不在于学校或其他教育机构是否有收入，也不在于是否高收费，而在于是否将办学和其他经营性

① 余雅风主编:《新编教育法》，华东师范大学出版社 2008 年版，第 85 页。

活动获得的收入依法用于学校或其他教育机构自身的建设和发展。凡是用于教育机构自身的建设和发展的,不属于以营利为目的办学,而将其收益归举办者所有,或在举办者中进行分配,则属于以营利为目的的办学。[①]

学校及其他教育机构的公益性特点是伴随着现代教育的普及与发展而产生的。为了创造更好的条件,促进教育的进一步普及,使更多的人获得受教育的机会,现代社会的教育必须成为社会的公共事业,学校及其他教育机构必须体现社会的公共利益。

2. 学校的法律地位

学校作为一种社会组织,与它所处的内外环境构成了一系列社会关系。这些社会关系尽管错综复杂,但依据其特征不同可以分为两类:一类是以权力服从为基本原则,以领导和被领导的行政管理为主要内容的教育行政关系;另一类是以平等为基本原则,以财产所有和流转为主要内容的教育民事关系。[②] 教育行政关系是行政机关在对学校进行行政管理的过程中发生的关系,是政府与学校之间的纵向关系。这类关系,主要受行政法调整。教育民事关系是在不具有行政隶属关系的学校、行政机关、企业事业单位、社会团体、个人之间发生的社会关系。这类关系涉及财产、人身、联合办学、成果转让等,主要受民法调整。

因此,学校在其活动时,根据条件和性质的不同,可以具有两种主体资格。当其参与行政法律关系,依法行使权利和履行义务时,它就是行政法律关系主体;当其参与民事法律关系,依法行使民事权利和履行民事义务时,它就是民事法律关系的主体。

学校在特定情形下可以作为行政主体。所谓行政主体,是指参加行政法律关系,依法拥有行政职权,能以自己的名义行使行政职权,并能独立地对自己行使行政职权的行为产生的后果承担相应法律责任的国家机关或社会组织。[③] 行政主体的认定标准为:第一,行政主体是一种组织,而不是个

---

① 国家教委政策法规司组编:《中华人民共和国教育法释义》,科学普及出版社 1995 年版,第 78 页。

② 国家教委师范教育司组编:《教育法导读》,北京师范大学出版社 1996 年版,第 77 页。

③ 张正钊主编:《行政法与行政诉讼法》,中国人民大学出版社 1999 年版,第 39 页。

人。第二，行政主体是依法享有国家行政权的组织。“依法享有”是指这种组织的行政权是由法律法规设定的，或是有关机关通过法定程序授予的。第三，行政主体依法能以自己的名义对外行使行政权力，即行政主体具有独立的法律人格。第四，行政主体能独立承担因行使行政权力而产生的法律责任。这里主要是指行政主体能够独立地参加行政复议或行政诉讼，成为行政复议的被申请人或行政诉讼的被告。①

根据行政职权的获取方式不同，可将行政主体分为职权行政主体和授权行政主体这两种基本类型。凡行政职权随组织的成立而自然取得，无须经其他组织授予的行政主体，称为职权行政主体，包括各级各类行政机关。凡行政职权并不因组织的成立而获得，而来自于有权机关授予的行政主体，称为授权行政主体，包括法律法规授权的各种其他组织。授权行政主体资格的取得必须具备如下条件：

(1) 必须有行政法规明文规定的授权依据。《行政诉讼法》第二十五条第四款规定：“由法律、法规授权的组织所作的具体行政行为，该组织是被告”。

(2) 须经有权机关明确做出授权的决定。第一，须经有权机关的授权；第二，须经授权机关做出明确具体的授权决定。

(3) 授权决定应予公告。②

学校能否成为行政主体，关键看学校是否属于法律法规授权的社会组织。对此，理论界存在不同认识。值得注意的是，在“田永诉北京科技大学拒绝颁发学历证书、学位证书案”中，北京市海淀区人民法院认为：“在我国目前情况下，某些事业单位、社会团体，虽然不具有行政机关的资格，但是法律赋予它行使一定的行政管理职权。这些单位、团体与管理相对人之间不存在平等的民事关系，而是特殊的行政管理关系。他们之间因管理行为而发生的争议，不是民事诉讼，而是行政诉讼。”③从而确认了学校作为行政主

① 姜明安著：《行政法与行政诉讼法》，法律出版社 2002 年版，第 73 页。

② 马怀德主编：《行政法与行政诉讼法》，中国法制出版社 2000 年版，第 112—113 页。

③ 案例来源：《中华人民共和国最高人民法院公报》，1999 年第 4 期。

体的资格。

（二）学校的权利与义务

1. 学校办学自主权

办学自主权是学校在法律上享有的，为实现其办学宗旨，独立自主地进行教育教学管理，实施教育教学活动的资格和能力。办学自主权具有三个基本特征：

第一，办学自主权是教育机构特有的、基本的权利，是学校成为教育法律关系主体的前提。不论学校是否具有独立财产，能否独立承担民事责任，都应具有办学自主权。不享有此种权利，也就意味着在法律上不享有实施教育教学活动的资格和能力，也即不成为教育机构。

第二，办学自主权在本质上是一种公共权力，即学校行使此种权力时，必须符合国家和社会的公共利益，必须贯彻国家的教育方针，遵守法律和国家主管机关规定的条件和程序，不得根据自己的主观意志，任意行使，但也不得放弃和转让。一旦发现学校滥用此种权力，违背国家法律和有关规定，危害社会公共利益，或者有严重的渎职行为，侵害了受教育者、教师、职工的合法权益，主管机关可以按情节轻重，予以行政处理，必要时逐项剥夺此种权利，直至勒令停办。①

第三，办学自主权是一种与民事权利既有区别又有联系的权利。区别主要表现在，民事权利是民法赋予民事主体享有的、与财产关系和人事关系密切相关的权利。民事主体可以根据自己的独立意志，行使民事权利，甚至可以放弃某些民事权利。联系之处主要表现在，学校享有民事权利，特别是享有财产权利，有助于办学自主权的顺利行使。如果学校办学经费严重困难，必然影响教育教学活动的正常进行，妨碍办学自主权的行使。另外，学校享有的使用、管理财产和办学经费的民事权利，本身也是办学自主权的具体体现。

① 国家教委政策法规司组编：《中华人民共和国教育法释义》，科学普及出版社 1995 年版，第 84—85 页。

2. 学校的权利与义务

学校的权利是指学校在教育活动中依法享有的权利，即学校在教育活动中能够做出或不做出一定行为，并要求相对人相应做出或不做出一定行为的许可和保障。根据《教育法》第二十八条的规定，学校的权利包括：(1) 按照章程自主管理；(2) 组织实施教育教学活动；(3) 招收学生或者其他受教育者；(4) 对受教育者进行学籍管理，实施奖励或者处分；(5) 对受教育者颁发相应的学业证书；(6) 聘任教师及其他职工，实施奖励或者处分；(7) 管理、使用本单位的设施和经费；(8) 拒绝任何组织和个人对教育教学活动的非法干涉；(9) 法律、法规规定的其他权利。这九个方面的权利也被统称为学校的办学自主权。

学校的义务是指学校在实施教育教学活动中必须承担的职责，即学校在实施教育教学活动中必须做出一定行为或不得做出一定行为的约束。根据《教育法》第二十九条的规定，学校应当履行以下基本义务：(1) 遵守法律、法规；(2) 贯彻国家的教育方针，执行国家教育教学标准，保证教育教学质量；(3) 维护受教育者、教师及其他职工的合法权益；(4) 以适当方式为受教育者及其监护人了解受教育者的学业成绩及其他有关情况提供便利；(5) 遵照国家有关规定收取费用并公开收费项目；(6) 依法接受监督。

三、教师的法律地位与权利义务

(一) 教师的法律地位

教师的法律地位就是通过立法确立的教师的职业地位。我国《教师法》第三条规定，教师是“履行教育教学职责的专业人员，承担教书育人，培养社会主义事业建设者和接班人、提高民族素质的使命”。它从法律上确认了教师的专业人员地位。

专业即专门职业。一般认为，判断某一“职业”是否为“专业”的主要标准有：

(1) 职业人员是否运用专门的知识与技能，具有不可替代性；

(2) 是否经过长期的专业教育和训练；

(3) 是否享有相当的独立自主权；

(4) 是否具有自己的专业团体和明确的职业道德；

(5) 是否具有重服务、非营利的观念。

教师职业是否为“专业”或专门职业，长期以来存在争议。从教师职业的产生和发展历程看，教师经历了一个从非专业人员向专业人员发展的过程。现代社会对以培养人为职业的教师，提出了新的要求，教师在培养人的过程中必须掌握专门的知识，经过专门的训练、严格的资格认定和考核，才能胜任教师职业。与普通职业相比，教师职业的特殊性越来越明显，专业性也越来越强。1966 年 10 月，联合国教科文组织发表的《关于教师地位的建议》指出：“教育工作应被视为专门职业。这种职业是一种要求教师具备经过严格并持续不断地研究才能获得并维持专业知识及专门技能的公共业务。”世界上大多数国家都采纳了这一建议，我国《教师法》也明文确认了教师的专业人员地位。

至于教师是否享有公务员的法律地位，争议更大。20 世纪 80 年代以来，我国开始实行国家公务员制度，对国家机关中行使国家权力、执行国家公务的人员依法进行科学管理。国家公务员制度把原先的“国家工作人员”中的一部分人员分离出来。《公务员法》规定，公务员是“依法履行公职、纳入国家行政编制、由国家财政负担工资福利的工作人员”。而教师不具有行政编制，是纳入事业编制的专业技术人员，特别是高等学校教师的工资福利部分是由学校自筹而来，不完全来自国家财政，因此不符合现有公务员的定义。

也有人认为，教师的主要职责是完成国家交付的教学任务，教师的这一职务行为具有浓厚的公法色彩。并且由于国家对教育仍实施严格的管理，学校在教师的任命方面仍然不享有完全的自主权，仍然要受到定编定岗的限制。在国家公务员制度实施以前，教师与国家机关工作人员适用同一类人事管理制度，因此，教师的法律地位与公务员有很大的相似之处。教师与其他许多职业人员一起并称为“国家工作人员”或“干部”。这是一个以国家编制为确认标准、依法从事国家公务的群体。因此，国家与教师的关系应属于国家公职关系，教师具有类似公务员的法律地位。

从我国现有教育法的规定来看，教师虽不是公务员，但现有的教师制度基本是比照公务员制度而定，或者是由《教师法》授权国务院或教育部立法加以强制规定，并非由学校自行决定。如《教师法》第二十五条规定："教师的平均工资水平应当不低于或者高于国家公务员的平均工资水平，并逐步提高。建立正常晋级增薪制度，具体办法由国务院规定。"第二十六条规定："中小学教师和职业学校教师享受教龄津贴和其他津贴，具体办法由国务院教育行政部门会同有关部门制定。"第二十八条规定："地方各级人民政府和国务院有关部门，对城市教师住房的建设、租赁、出售实行优先、优惠。县、乡两级人民政府应当为农村中小学教师解决住房提供方便。"第二十九条规定："教师的医疗同当地国家公务员享受同等的待遇；定期对教师进行身体健康检查，并因地制宜安排教师进行休养。医疗机构应当对当地教师的医疗提供方便。"第三十条规定："教师退休或者退职后，享受国家规定的退休或者退职待遇。县级以上地方人民政府可以适当提高长期从事教育教学工作的中小学退休教师的退休金比例。"相比之下，对民办学校教师的相关待遇，法律则不做强行规定，只在第三十二条规定："社会力量所办学校的教师的待遇，由举办者自行确定并予以保障。"公立学校和民办学校两者的区分十分明显。①

（二）教师的权利与义务

1. 教师的法定权利

教师的权利和义务是基于教师特定的职业性质而产生和存在的。教师的权利是指教师作为履行教育教学职责的专业人员，在教育教学活动中依法享有的权益，是国家对教师能够做出或不做出一定行为，以及要求他人相应做出或不做出一定行为的许可与保障。

《教师法》第七条对教师专业权利做了具体规定，具体包括：(1) 进行教育教学活动，开展教育教学改革和实验；(2) 从事科学研究、学术交流，参加专业的学术团体，在学术活动中充分发表意见；(3) 指导学生的学习和发展，评定学生的品行和学业成绩；(4) 按时获取工资报酬，享受国家规定的福利

① 申素平著：《教育法学原理、规范与应用》，教育科学出版社2009年版，第155—156页。

待遇以及寒暑假期的带薪休假;(5) 对学校教育教学、管理工作和教育行政部门的工作提出意见和建议,通过教职工代表大会或者其他形式,参与学校的民主管理;(6) 参加进修或者其他方式的培训。

关于上述教师的各项专业权利,略做阐述如下:

(1) 教育教学权。教师有进行教育教学活动,开展教育教学改革和实验的教育教学权,这是教师为履行教育教学职责而享有的基本权利和资格。它主要指教师可以依据其所在学校的培养目标组织课堂教学;按照课程计划、课程标准的要求确定其教学内容和进度;针对不同的教育教学对象,选择教育教学的形式和方法;对教育教学进行改革、实验。除了法律规定,任何组织和个人不得剥夺教师的这项法定权利。

(2) 科学研究权。教师有从事科学研究、学术交流,参加专业的学术团体,在学术活动中发表意见的科学研究权,这是教师作为专业人员所享有的一项基本权利。教师在完成规定的教育教学任务的前提下,有权进行科学研究、技术开发、技术咨询、撰写学术论文或者著书立说,依法成立或参加学术团体,发表自己的观点,开展学术争鸣等科研权。

(3) 指导评价权。教师有指导学生的学习和发展,评定学生的品行和学业成绩的指导评价权,这是教师在教育教学活动中居于主导地位的基本权利。教师有权依据学生的身心发展状况和特点因材施教,针对学生的特长、就业、升学等方面给予指导;教师有权对学生的思想政治和品德、学业水平和其他方面的发展给予客观、公正的评价;教师有权运用正确的指导思想,科学的方式、方法,促使学生的个性和能力得到充分的发展。任何组织和个人都不得非法干预教师这项权利的行使。

(4) 获取报酬权。教师有权按时获取工资报酬,享受国家规定的福利待遇以及寒暑假期的带薪休假,这是教师的基本物质保障权利,是宪法赋予公民的劳动权利和劳动者的休息权利的具体化。这一权利主要包括教师有权要求所在学校及其主管部门,根据国家法律及教师聘用合同的规定,按时足额地支付工资报酬;教师有权享受国家规定的医疗、保险、住房、退休等各种福利待遇和优惠,以及寒暑假期的带薪休假等权利。

（5）参与民主管理权。教师可以对学校教育教学、管理工作和教育行政部门的工作提出意见和建议，通过教职工代表大会或者其他形式，参与学校的民主管理。教师参与学校民主管理的权利，是宪法赋予公民的民主权利在教育领域的具体适用。保证教师此项权利的行使，能够调动教师教育教学工作的主动性和积极性，加强对学校和教育行政部门工作的监督。

（6）培训进修权。教师有参加进修或者其他方式的培训的权利。这是教师享有的接受继续教育，不断更新知识结构和发展能力的基本权利。它主要包括教师有权参加进修或者其他方式的培训，不断更新知识，调整知识结构，提高自己的思想品德和业务素质，保障和提高教育教学质量；教师有权参加达到法定学历标准和达到高一级学历的进修或以拓宽知识为主的继续教育培训等。学校和教育行政部门应当做好规划，采取各种方式，开辟多种渠道，为教师参加进修和培训创造条件，提供机会，切实保障教师权利的实现。

2. 教师的法定义务

教师的义务是指教师依照《教师法》的规定所履行的职责，表现为教师必须做出一定的行为或不得做出一定的行为。

《教师法》第八条规定的教师义务包括：（1）遵守宪法、法律和职业道德，为人师表；（2）贯彻国家的教育方针，遵守规章制度，执行学校的教学计划，履行教师聘约，完成教育教学工作任务；（3）对学生进行宪法所确定的基本原则的教育和爱国主义、民族团结的教育，法制教育以及思想品德、文化、科学技术教育，组织、带领学生开展有益的社会活动；（4）关心、爱护全体学生，尊重学生人格，促进学生在品德、智力、体质等方面全面发展；（5）制止有害于学生的行为或者其他侵犯学生合法权益的行为，批评和抵制有害于学生健康成长的现象；（6）不断提高思想觉悟和教育教学业务水平。

（1）遵守宪法、法律法规和职业道德的义务。教师应当遵守宪法、法律和职业道德，为人师表。宪法和法律是国家、社会组织和公民活动的基本行为准则。教师的职责是教书育人，为人师表，更应该模范遵守宪法和法律，自觉培养学生的民主意识和法制观念，使自己成为遵纪守法的公民。教师还应当遵守职业道德，以自己高尚的品质和行为，在教育教学活动中对学生发挥积极的影响。需要注意的是，遵守职业道德本身就是法律要求教师应尽的基本义务。2008 年 9 月，教育部和中国教科文卫体工会全国委员会联合颁发了新修订的《中小学教师职业道德规范》。《规范》对教师的职业道德起指导作用，是调节教师与学生、教师与学校、教师与国家、教师与社会相互关系的基本行为准则。

(2) 完成教育教学工作的义务。教育教学工作是教师的本职工作。在教育教学活动中，教师必须贯彻国家的教育方针，遵守法律、法规，遵守教育行政部门和学校或其他教育机构制定的教育教学管理的各项规章制度，严格执行课程标准、教学工作计划，履行聘任合同中约定的教育教学工作职责，完成职责范围内的教育教学任务，保证教育教学质量。如果教师不按聘任合同完成教育教学任务而造成工作损失，应依据《教师法》第三十七条规定，承担相应的法律责任。

(3) 进行思想品德教育的义务。这是对教师教育教学工作内容方面的规范。其基本涵义包括：第一，教师在教育教学活动中，应自觉地将思想政治、品德教育贯穿于教育教学工作全过程之中；第二，在对学生进行思想政治、品德教育时，要引导学生逐步树立科学的世界观、价值观、人生观，让学生坚持学习科学文化与加强思想修养相统一，坚持学习科学知识与投身社会实践相统一，坚持实现自身价值与服务社会相统一，坚持树立远大理想与进行艰苦奋斗相统一，把学生培养成具有坚定的政治立场和信念，具有良好的社会公德、文明行为习惯的好公民；第三，教师应当有意识地对学生进行爱国主义教育、民族团结教育、文化传统教育，弘扬中华民族精神。

(4) 关心爱护学生，促进学生全面发展的义务。这项义务是我国《宪法》等有关法律在教育领域的具体体现。我国《宪法》第三十八条规定："中华人民共和国公民的人格尊严不受侵犯。禁止用任何方法对公民进行侮辱、诽谤和诬告陷害。"我国《民法通则》第一百零一条也做了相应的规定："公民、法人享有名誉权，公民的人格尊严受法律保护，禁止用侮辱、诽谤等方式损害公民、法人的名誉。"《未成年人保护法》第二十一条规定："学校、幼儿园、托管所的教职员工应当尊重未成年人的人格尊严，不得对未成年人实施体罚、变相体罚或者其他侮辱人格尊严的行为。”国家法律之所以对人格尊严进行规定，是因为人格尊严是权利人最基本的精神权利。学生作为权利人，虽然在教育教学活动中居于受教育者地位，但同样享有人格尊严。尤其是对有缺点、犯错误的学生，教师更应给予特别关怀，使他们健康成长，决不能采取简单粗暴的办法，不能侮辱、歧视学生，更不能体罚和变相体罚学生。体罚、变相体罚学生或侮辱学生，影响恶劣，经教育不改的，或造成严重后果的，教师应承担相应的法律责任。

(5) 保护学生合法权益，促进学生健康成长的义务。教师有义务制止有害于学生的行为或者其他侵犯学生合法权益的行为，批评和抵制有害于学生健康成长的现象。保护学生的合法权益和身心健康，是全社会的共同责任。教师作为教育工作者，更负有保护学生合法权益和身心健康的义务。在教育教学工作和与教育教学相关的活动中，教师应当对侵犯学生合法权益的违法行为予以制止，保护学生的合法权益不受侵犯；也应当对社会上出现的有害于学生身心健康的不良现象进行批评和抵制，这都是教师义不容辞的义务。

(6) 不断提高思想觉悟和教育教学水平的义务。教师应不断提高自己的思想政治觉悟和教育教学水平。教育教学工作是一项专业性较强的工作，担负着提高民族素质的使命。随着社会的进步，科技的发展，知识的更新速度不断加快，作为一名教师，要想胜任工作，跟上时代的发展步伐，就需要不断学习，加强自身的思想道德修养，提高业务水平。

(三) 教师申诉制度

教师申诉制度是指教师对学校或其他教育机构及有关政府部门的处理不服，或对侵犯其权益的行为，依照《教师法》的规定，向主管的教育行政机关申诉理由，请求处理的制度。教师申诉制度是由《教师法》确立的一项保障教师与教育教学有关的权利的法律救济手段。《教师法》第三十九条规定：“教师对学校或者其他教育机构侵犯其合法权益的，或者对学校或者其他教育机构作出的处理不服的，可以向教育行政部门提出申诉，教育行政部门应在接到申诉的三十日内，作出处理。教师认为当地人民政府有关行政部门侵犯其根据本法规定享有的权利的，可以向同级人民政府或者上一级人民政府有关部门申诉，同级人民政府或者上一级人民政府有关部门应当作出处理。”申诉人对主管机关不受理申诉或不作出处理以及对处理结果不服，可以提出行政复议或依法提起行政诉讼。

四、学生的法律地位与权利义务

（一）学生的法律地位

在教育领域，学生（此处及以下特指未成年学生，主要是中小学生）具有双重身份：其一，国家公民；其二，正在接受教育的受教育者。学生的法律地位因其不同的法律身份而具有不同的内容和特点。首先，学生作为一名国家公民，其地位由我国《宪法》《民法》及其他一系列法律、法规所确认；其次，学生作为正在学校接受教育的受教育者，其地位由我国《教育法》《义务教育法》及其他有关教育的法律、法规所确认，这种地位体现了学生作为“受教育者”这一角色的本质特征；再次，对于所有未满18周岁的中小学生而言，因其具有“未成年人”这一特殊身份，因而还具有不同于成年人的特殊法律地位，他们的这一地位由我国《未成年人保护法》《预防未成年人犯罪法》等法律、法规或相关的条款所确认。

（二）学生的基本权利

学生的权利与义务是与其特定的身份和法律地位相对应的。

首先，学生作为我国的公民，享有法律所确认的各项公民权利。这些权利包括生命权、身体权、健康权、自由权、发展权（包括受教育权）、隐私权、名誉权、申诉权、诉讼权，等等。

其次，中小学生大多是未成年人，还享有法律、法规规定的特殊权利。如我国《民法通则》规定的被监护的权利，《婚姻法》规定的被抚养教育和保护以及继承遗产的权利，《义务教育法》规定的接受义务教育的权利，《未成年人保护法》规定的受家庭、社会、学校和司法特殊保护的权利，《预防未成年人犯罪法》规定的对犯罪的预防性保护权利，等等。

再次，学生作为学校中的受教育者，还享有受教育权利。《中华人民共和国教育法》规定了学生作为受教育者区别于其他公民所享有的权利。《教育法》第四十二条规定："受教育者享有下列权利：(1) 参加教育教学计划安排的各种活动，使用教育教学设施、设备、图书资料；(2) 按照国家有关规定获得奖学金、贷学金、助学金；(3) 在学业成绩和品行上获得公正评价，完成规定的学业后获得相应的学业证书、学位证书；(4) 对学校给予的处分不服向有关部门提出申诉，对学校、教师侵犯其人身权、财产权等合法权益，提出申诉或者依法提起诉讼；(5) 法律、法规规定的其他权利。"根据这一规定，学生的基本权利包括以下五个方面：

1. 参加教育教学活动的权利

学生有权参加教育教学计划安排的各种活动，使用教学设施、设备、图书资料。这是学生最基本的权利，是学生接受教育和获取知识的途径。教学是一种双边活动，必须调动教师和学生双方的积极性，才能达到教学目的。为了保障学生完成学习任务，学校必须按规定提供符合卫生安全标准的教育教学设施、设备，提供必需的图书资料及其他教学用品。

2. 获得奖学金、贷学金、助学金的权利

学生有权按照国家有关规定获得奖学金、助学金、贷学金。奖学金是国家有关部门及各级各类学校为奖励品学兼优的学生而设立的奖励制度，分为优秀生奖学金、专业奖学金和定向奖学金。助学金是为家庭有困难的受教育者提供帮助而设立的经济资助制度，符合规定条件的受教育者都可以申请。贷学金属于一种特殊形式的贷款，受教育者必须在规定期限内归还。

3. 获得公正评价和证书的权利

在学业成绩和品行上获得公正评价是学生的一项基本权利，也是教育机构应尽的义务。学业成绩的评价是教育机构对受教育者在受教育的某一段时期的学习情况和知识结构、知识水平的概括，包括课程考试成绩记录、平时学习情况和总评等。品行评价是教育机构对受教育者思想品德和行为习惯的判断，包括对政治觉悟、道德品质、劳动态度等的评价。学生有权获得公正的学业成绩评价和品行评价，并有权在完成规定的学业后获得相应的学业证书和学位证书。

4. 提出申诉和依法起诉的权利

学生对学校给予的处分不服，有权向有关部门提出申诉，对学校、教师侵犯其人身权、财产权等合法权益，有权提出申诉或依法提起诉讼，有关部门应积极受理，并按规定及时予以答复。学生对学校给予的处分不服或合法权益受到侵犯时所享有的申诉、起诉权，任何人不得剥夺或者无理阻挠。

5. 法律、法规规定的其他权利

学生除享有《教育法》规定的上述权利外，还享有法律、法规所规定的其他权利。本项规定对法律法规的修改留有余地，有利于更好地保护学生的合法权益。

(三) 学生的基本义务

《教育法》第四十三条规定："受教育者应当履行下列义务：(一) 遵守法律、法规；(二) 遵守学生行为规范，尊敬师长，养成良好的思想品德和行为习惯；(三) 努力学习，完成规定的学习任务；(四) 遵守所在学校或者其他教育机构的管理制度。"根据这一规定，学生应当履行的义务具体包括以下四个方面：

1. 遵守法律、法规

《宪法》第三十三条规定："任何公民享有宪法和法律规定的权利，同时必须履行宪法和法律规定的义务。"遵守法律、法规是《宪法》规定的每个公民应尽的义务，也是作为合格公民的基本素养。学生作为受教育者，在遵守国家一般法律、法规的同时，还要遵守有关教育的法律、法规和规章。

2. 遵守学生行为规范，尊敬师长，养成良好的思想品德和行为习惯

遵守学生行为规范，尊敬师长，养成良好的思想品德和行为习惯，既是学生的基本义务，也是学生良好的思想品德和行为修养的具体体现。同时，使学生养成良好的思想品德和行为习惯，也是学校的重要职责。在这方面，国家对不同层次和不同类型学校的学生提出了不同的要求，并分别制定了《小学生日常行为规范》和《中学生日常行为规范》，对学生思想品德和行为习惯方面的基本要求做出了规范。

3. 努力学习，完成规定的学习任务

学生进入学校就意味着其主要任务是学习，意味着要承担接受教育、完

成学业的义务。学习科学文化知识，完成规定的学业，使自己成为德、智、体、美全面发展的人，是学生的首要任务，也是学生区别于其他公民的一项主要义务。

4. 遵守所在学校或者其他教育机构的管理制度

学校的管理制度，是国家教育管理制度的重要组成部分，是确保学校教育教学活动有序进行的基本制度保证。对这些管理制度，学生有义务遵守。学生违反学校或者其他教育机构的管理制度，应当受到批评教育甚至受到相应的处分。

(四) 学生申诉制度

学生申诉制度是指学生在接受教育的过程中，对学校给予的处分不服，或认为学校和教师侵犯了其合法权益而向有关部门提出要求重新做出处理的制度。我国《教育法》第四十二条第四款规定，学生有权“对学校给予的处分不服向有关部门提出申诉”。这在法律上确定了学生的申诉制度，为学生的合法权益受到侵害时寻求法律救济提供了法律保障。学生申诉制度具有法定性、专门性和非诉讼性的特点。

学生申诉制度中有关申诉的形式、申诉的管辖、申诉的受理和处理等内容均与教师申诉制度相同，可比照教师申诉制度的相关内容学习。学生申诉制度与教师申诉制度相比，主要有以下不同：

首先，学生申诉制度中的申诉人是学生。

其次，学生申诉的被申诉人包括做出处分决定的学校、侵犯学生合法权益的学校或教师，不包括教育行政机关或政府有关部门。

再次，学生申诉的范围较大，主要有：对学校给予的处分不服；认为学校、教师侵犯了其合法权益。这里的处分对于学校来说，一般包括警告、严重警告、记过、留校察看和开除学籍五项（后两项对义务教育阶段的学校不适用）。这里的合法权益，不仅包括学生在接受教育过程中享有的受教育权、升学权、公正评价权、隐私权、名誉权和荣誉权，而且还包括其他人身权和财产权，因而申诉范围较教师申诉范围要广。

第三节　小学生伤害事故及其归责

一、学校对学生人身安全的保护义务

(一) 学校与学生的法律关系

明晰学校与学生之间法律关系的性质是准确界定学校对学生保护义务的性质和内容的前提,也是合理界定学生伤害事故法律责任的基础。

对于学校与学生之间法律关系的性质,社会上存在的一种流行的观点是"监护权转移说",即家长送孩子上学,就是把孩子"交给了学校",意味着家长已经将学生在校期间的监护责任委托给了学校,对学生的监护职责已由法定的监护人(父母等)转移到了学校。

与"监护权转移说"不同的另一种观点则认为,依据教育法律的规定,学校对学生承担的是教育、管理、保护的责任。学校不是未成年学生的监护人。理由是:学校对未成年学生的保护职责与学生监护人的监护职责虽有相近内容,但这两种职责的性质和法律渊源不同。前者是学校作为承担公共教育职能的社会机构,基于《教育法》《未成年人保护法》等有关法律,而形成的一种公法范畴的职责与义务;后者是基于民事法律所确定的监护权,而在监护人与被监护人之间形成的私法范畴的权利与义务关系。两种权利由于来源与性质上的差别,不能混淆。视学校为未成年学生监护人的认识,不仅使学校承担难以担负的责任,而且也难以解释何以学校只有监护责任而没有相应的权利。①

从现行法律规定看,《学生伤害事故处理办法》第七条规定:"学校对未

① 吴开华、覃伟桥:《学生伤害事故处理办法的作为与难为》,《教学与管理》2003 年第 4 期,第 40—41 页。

成年学生不承担监护职责，但法律有规定的或者学校依法接受委托承担相应监护职责的情形除外。”最高人民法院《关于审理人身损害赔偿案件适用法律若干问题的解释》第七条规定也指出：“对未成年人依法负有教育、管理、保护义务的学校、幼儿园或者其他教育机构，……”显然，《办法》和司法解释的规定，也进一步确认了学校与学生之间的法律关系是教育、管理和保护关系，而不是监护关系。

(二) 学校“保护义务”的性质与内容

学校与未成年学生之间的关系是教育、管理和保护关系，与之相适应，学校对未成年学生的“保护义务”便是教育、管理和保护的义务。未成年学生在民法上属于无民事行为能力人（不满 10 周岁）或限制民事行为能力人（已满 10 周岁，不满 18 周岁），其生理、心理发展尚未成熟，在法律上还不具有或不完全具有行为能力，因而学校对其主要是一种保护型管理。

根据现行法律法规的相关规定，学校对未成年学生的教育、管理和保护职责可以归纳为四个方面：

1. 安全教育

包括按照《中小学公共安全教育指导纲要》要求，对学生定期进行安全教育，预防和消除危险；制定应对各种灾害、传染性疾病、食物中毒、意外伤害等突发事件的预案，配备相应设施并进行必要的演练，增强未成年人的自我保护意识和能力；在开展具有内在风险或潜在危险性的教育活动（如上体育课、举行学生运动会）之前，对学生强调活动规则，提醒安全。

2. 规范管理

包括建立和完善各项安全管理制度（如饮食卫生、安全保卫、宿舍管理等），制定合理、明确的学生管理制度与学生行为规范制度；确保学校教学和生活设施、设备符合安全标准。

3. 宏观照看

包括在教育教学活动中，对学生进行指导监督，履行宏观照看职责；在课间休息（活动）期间，安排值日教师在学生活动密集的场所（如操场、楼道等）巡查，对学生活动提供巡视照看；在放学期间，对小学低年级的学生提供照看，直至完成与接送家长的交接；对于特定危险，学校及其教师应在可预见的范围内，履行对学生的“安全注意义务”。

4. 及时处理

具体包括如下内容：发生学生伤害事故后及时通知监护人；对受伤害学生采取必要的救助措施，及时救护，妥善处理；及时向有关主管部门报告。

总之，学校在组织教育教学及其有关活动中，应负有一个合理、谨慎的人应尽的注意义务，负有合理关照和保护学生人身安全、预防事故发生和采取合理措施的义务，对明显的、可能的或可预见的危害学生人身安全的事件应给予合理注意，在通常预见水平和防范能力上预见和防范，并采取正常的预防和事故处理措施。

二、学校民事侵权责任及其认定

（一）学校的过错责任及其构成要件

学校对学生的教育、管理和保护义务是法定的而非约定的，因而学生发生伤害时，学校承担的就是民事侵权责任而非违约责任。而承担侵权责任的前提是实施了侵权行为。何谓侵权行为？我国《民法通则》第一零六条第二、三款对此做了规定：“公民、法人由于过错侵害国家的、集体的财产，侵害他人财产、人身的，应当承担民事责任。”“没有过错，但法律规定应当承担民事责任的，应当承担民事责任。”可见，侵权行为就是行为人由于过错侵害他人的财产和人身，依法应当承担民事责任的行为，以及由法律特别规定应当承担民事责任的其他损害行为。

一般而言，侵权行为的构成要件包括主观过错、行为违法、损害事实及因果关系。其中，过错是认定侵权行为的一个最主要的构成要件。

1. 主观过错

(1) 过错的两种形态。主观过错是指行为人实施违法行为时具有故意或过失的主观心理状态。行为人预见到自己的行为结果，仍然希望或放任结果的发生，为故意。行为人对自己行为的结果，应当预见或者能够预见而未预见，或虽然预见到了却轻信此种结果可以避免，为过失。[①]

(2) 学校的过失及其认定标准。对于过失的认定，在英、美、法等国家大体包括两个环节：其一是注意义务(duty of care)，即被告对原告的利益负有某种注意义务；其二是违反注意义务(breach of duty)，即被告的行为未达到合理的注意程度和标准。[②]

关于过失的认定标准，在民法中，多数国家采客观化标准，即以是否尽一个通常合理的、谨慎的人(善良管理人)的注意为标准来衡量行为人的行为。譬如，英美法系以拟制的"合理人"(reasonable man)作为判断模式。《大不列颠百科全书》也提出："过失可以说是没有达到一个正常的人在相同情况下应具有的通常审慎程度的标准。"[③]但是，何谓"善良管理人的注意"，并没有绝对标准，必须根据一般人的常识、当时的情况、风险的大小以及避免风险所要付出的代价等因素来综合判断。

就学生伤害事故而言，认定学校过失主要应考虑四个因素：

(1) 危险或侵害的严重性。危险性越高，所生侵害越严重时，学校和教师的注意义务也越高。如体育课比知识文化课危险性高，所生侵害亦更高，学校和教师的注意义务应提高；女生踢球比男生踢球危险性高，学校和教师应加以更高的注意；患病的学生跑步比身体健康的学生跑步危险性高，学校和教师应采取特别防范措施，避免伤害事故发生。

(2) 教育活动的效益。此即教育活动的目的、效用。减少教育活动，必会降低伤害事故发生的几率，但学校所负教育使命必因此大受限制。如减少或取消体育课可降低危险的发生，但对学生的体质不利，与教育活动的目的不符。

(3) 防范或避免事故的成本与负担。即为除去或者减少危险而采取的预防措施或替代行为所需支付的费用或造成的不便。如学校组织活动时，增加指导老师会降低伤害事故发生的几率，但无疑增加了学校的负担，因而

① 王利明、杨立新著：《侵权行为法》，法律出版社 1996 年版，第 71 页。

② 王卫国著：《过错责任原则：第三次勃兴》，中国法制出版社 2000 年版，第 263 页。

③ 王卫国著：《过错责任原则：第三次勃兴》，中国法制出版社 2000 年版，第 252 页。

学校的注意义务应在其合理的负担之内。

(4) 学生年龄。学生的年龄越低,学校和教师的注意义务越高。

2. 行为违法

法律责任是基于违法行为而产生的,没有实施违法行为就不应承担惩罚性的法律责任。违法行为必须是违反法律规定的行为,包括积极的作为和消极的不作为。作为是指人的积极的身体活动。直接做了法律所禁止或合同所不允许的事自然要导致法律责任。不作为是指人的消极的身体活动,行为人在能够履行自己应尽的义务的情况下不履行该义务,例如,明知校舍或者教育教学设施有危险而不采取措施,就属于典型的不作为违法行为。

3. 损害事实

损害事实,是指一定的行为(作为或不作为)致使民事主体的人身权利、财产权利及利益的减少或灭失的客观事实。[①] 损害必须具有确定性,它意味着损害事实是一个确定的事实,而不是臆想的、虚构的、尚未发生的现象。

4. 因果关系

法律要求行为人必须对自己不法行为的后果承担法律责任。所谓因果关系,是指侵害行为和损害事实之间的前因后果的关系,即侵害行为是损害事实出现的原因,而损害事实也正是侵害行为产生的后果。学校赔偿责任构成要件中的因果关系是指学校违反其对未成年学生的注意义务(疏于教育、管理和保护)的过错行为与未成年学生人身损害事实之间的因果联系。

(二) 过错推定责任原则的适用

1. 过错推定责任原则的含义与特点

所谓"过错推定",是指如果原告能证明其所受的损害是被告所致,而被告不能证明自己没有过错,则应推定被告有过错并应负民事责任。实际上,过错推定仍以确定过错为目的,仍以过错为确定责任的最终构成要件或者依据。它不过是要强调举证责任的倒置,以此弥补传统民法过错责任原则在举证责任上不利于受害人的这一缺陷。

---

① 杨立新著:《侵权损害赔偿》,法律出版社 2008 年版,第 106 页。

2. 依据过错推定责任原则在认定学校民事责任的情形

对学校而言，过错推定责任原则主要适用于下列几种特定情形：

(1) 无民事行为能力的未成年学生受到伤害或者给他人造成损害的情形。最高人民法院《关于贯彻执行〈中华人民共和国民法通则〉若干问题的意见(试行)》第一百六十条规定："在幼儿园、学校生活、学习的无民事行为能力的人或者在精神病院治疗的精神病人，受到伤害或者给他人造成损害，单位有过错的，可以责令这些单位适当给予赔偿。"《侵权责任法》第三十八条规定："无民事行为能力人在幼儿园、学校或者其他教育机构学习、生活期间受到人身损害的，幼儿园、学校或者其他教育机构应当承担责任，但能够证明尽到教育、管理职责的，不承担责任。"根据这一规定，对于 10 周岁以下的无民事行为能力人的伤害，认定学校的过错应适用过错推定责任原则，即从学生受到伤害或者给他人造成损害的事实来推定学校有疏于教育和管理的过失。在审判实践中，对学校的过错是采用举证责任倒置的方式来确定的，即由学校自身举证证明是否已尽到教育、管理与保护职责。如学校无法证明自己已尽到教育、管理与保护职责，则推定学校有过错并要求其承担民事侵权责任。受害人无需举证证明学校是否有过错，仅需证明学校的不作为与学生的损害结果有因果关系。这是因为，无民事行为能力的未成年学生还不能或不能完全理解自己行为的性质、危险性及后果，缺乏辨别是非和审慎地处理自己的事务的能力，而且事发时又脱离了法定监护人(父母)的监护范围，如果要受害人及其父母负举证责任，则他们因很难举证证明学校是否有过错及过错大小而无法向学校主张权利，这对受害人的保护十分不利。

(2) 因学校设施有缺陷或者管理不善造成学生人身伤害的情形。公立学校经营管理的"校舍，场地，其他教育教学设施、生活设施"，属国有资产。按照国有资产管理中"谁占有，谁使用，谁收益，谁管护"的原则，公立学校应对这些设施设备的安全、完整承担管理义务，对作为委托人的国家负责；同时，由于学校管理的这些设施设备存在缺陷或者管理不善造成学生人身伤害，对学校的责任认定应适用过错推定责任原则。即受伤害的学生仅需证明存在损害事实，且学校管理的这些设施设备与损害后果之间具有事实上的因果联系，便推定学校有过错，除非学校有充足的证据证明自己没有任何过错，否则应承担民事侵权责任。

(3) 学校工作人员因职务行为发生侵权致使学生受伤害的情形。当学校工作人员因职务行为发生侵权致使学生受伤害时，基于行为人与学校法人之间特殊的关系（表现为隶属、雇佣、代理等身份关系），法律视行为人的行为是责任人的行为，学校法人须对其工作人员的职务侵权行为承担民事责任。学校的这种责任亦称为替代责任，其典型特征是行为人与责任人分离。此时，受害人应直接向责任人（学校）请求赔偿，而不能向行为人请求赔偿。

实际上，学校工作人员因职务行为发生侵权的情形，对学校责任认定适用的仍是过错推定责任原则，即学校对其工作人员的职务行为负有监督和管理的职责。学校工作人员执行职务时致人损害，也正说明学校未尽到监督和管理的职责，从而推定学校是有过错的，应承担相应的民事责任。

当然，学校作为责任人在承担责任后，可向故意或者具有重大过失的行为人追偿，也可以行使内部管理权力给予行为人行政处分或纪律处分，甚至可移交司法机关追究其刑事责任。对此，《学生伤害事故处理办法》也做出了明确的规定。《办法》第二十七条规定："因学校教师或者其他工作人员在履行职务中的故意或者重大过失造成的学生伤害事故，学校予以赔偿后，可以向有关责任人员追偿。"第三十二条规定："发生学生伤害事故，学校负有责任且情节严重的，教育行政部门应当根据有关规定，对学校的直接负责的主管人员和其他直接责任人员，分别给予相应的行政处分；有关责任人的行为触犯刑律的，应当移送司法机关依法追究刑事责任。"

(三) 公平责任原则的适用

公平责任也称"衡平责任"，是指当事人双方在对造成损害均无过错的情况下，以公平考虑作为价值判断标准，在考虑当事人的财产状况及其他情况的基础上，责令加害人对受害人的财产损失给予适当的补偿，即由加害人与受害人公平地分担损失。此原则是为弥补过错责任适用的不足而存在的，其法律依据是《民法通则》第一百三十二条："当事人对造成损害都没有过错的，可以根据实际情况，由当事人分担民事责任。"在适用公平责任原则认定学校的法律责任时，应遵循严格的法定条件：

1. 学校的行为与受害学生的损害结果之间存在因果关系

只有在加害人(学校)的行为与受害人(学生)的损害存在因果关系时，才能适用公平责任原则。如果一个案件中没有加害人，而有受益人，则可适用受益人制度分担损失。其法律依据是最高人民法院《关于贯彻执行〈中华人民共和国民法通则〉若干问题的意见(试行)》第一百五十七条的规定："当事人对造成损害均无过错，但一方是在为对方的利益或者共同的利益进行活动的过程中受到损害的，可以责令对方或者受益人给予一定的经济补偿。"如果学校不是加害人，也不是受益人，则不能责令其与受害人一起分担损失。如案件中另有其他明确的加害人时，更不能适用公平责任原则责令学校分担损失。

2. 双方当事人都没有过错，也不能推定其有过错

公平责任原则不仅要求加害人(学校)没有过错，还要求受害人(学生)亦无过错。这种要求是绝对的，加害人的行为虽造成受害人的损害，若受害人对于损害发生有过错(即使不是主要过错)，仍不能适用公平责任原则。

3. 公平责任原则不适用精神损害赔偿

因为公平责任本身只是一种分担损失的救济性责任，故精神损害赔偿不能适用于公平责任。即使是对人身权的侵犯，也仅限于造成财产损失的情况，如医疗费、误工损失、残疾人补助费和死者丧葬费，不能适用公平责任原则要求赔偿精神损失。

公平责任原则并非"和稀泥"，它具有严格的适用标准和条件。除非法律有特别规定，"不能找到有过错的当事人时"，"确定当事人一方或双方的过错显失公平时"均不能成为适用公平责任原则的理由。

(四) 学校免责的条件与情形

免责条件是指法律责任免除的合法条件。根据我国《民法通则》和《学生伤害事故处理办法》的有关规定，学校可以免除法律责任的情况主要有第三人的过错、不可抗力、意外事件和在学校教育与管理之外发生的学生伤害事故。

1. 第三人的过错免责

第三人的过错是指除原告和被告之外的第三人对原告损害的发生或扩大具有过错,这种过错包括故意和过失。例如学校由于管理不善导致学生在玩耍时被打伤,作为打架一方的肇事学生就是第三人。在这类案件中,第三人的过错是减轻或者免除被告责任的依据,因为第三人的过错或者与被告共同引起损害的发生,或者单独构成侵权,因此第三人也应当作为被告向原告负赔偿责任。第三人虽有过错,但原告可能并没有向其提出请求或者对其提起诉讼,而仅对学校提起诉讼,并要求其承担责任。被告应就第三人对损害的发生有过错提出举证,以求免责或者减轻责任。

2. 不可抗力和意外事件免责

不可抗力是指独立于人的行为之外,并且不受当事人的意志支配的力量,它包括某些自然现象(如地震、台风、洪水、海啸等)和某些社会现象(如战争等)。意外事件是指非当事人的故意或者过失而偶然发生的事故。不可预见性、偶然性和不可避免性是意外事故的基本条件。

对于在学校内发生,但属于来自学校外的不可抗力或突发性事件造成的伤害事故及学生自杀、自伤等意外因素造成的事故,《学生伤害事故处理办法》做出了相关的免责事由规定。《学生伤害事故处理办法》第十二条规定:“因下列情形之一造成的学生伤害事故,学校已履行了相应职责,行为并无不当的,无法律责任:(一) 地震、雷击、台风、洪水等不可抗的自然因素造成的;(二) 来自学校外部的突发性、偶发性侵害造成的;(三) 学生有特异体质、特定疾病或者异常心理状态,学校不知道或者难于知道的;(四) 学生自杀、自伤的;(五) 在对抗性或者具有风险性的体育竞赛活动中发生意外伤害的;(六) 其他意外因素造成的。”

3. 学校教育与管理之外发生的学生伤害事故免责

学校教育与管理之外发生的学生伤害事故主要是指在学校行为并无不当的情况下,在学生自行上学、返校、离校途中;学生自行外出或者擅自离校期间发生的和在放学后、节假日或者假期等学校工作时间之外,学生自行滞留学校或者自行到校发生的学生人身伤害事故。在非学校场合,对于学校不能或难于控制的因素造成的学生伤害事故，一般不宜纳入学校赔偿的领域，这样规定也能体现过错责任原则的精神。①《学生伤害事故处理办法》第十三条规定："下列情形下发生的造成学生人身损害后果的事故，学校行为并无不当的，不承担事故责任；事故责任应当按有关法律法规或者其他有关规定认定：(一) 在学生自行上学、放学、返校、离校途中发生的；(二) 在学生自行外出或者擅自离校期间发生的；(三) 在放学后、节假日或者假期等学校工作时间以外，学生自行滞留学校或者自行到校发生的；(四) 其他在学校管理职责范围外发生的。"

三、监护人民事责任承担的特殊规定

我国《民法通则》第一百三十三条规定："无民事行为能力人、限制民事行为能力人造成他人损害的，由监护人承担民事责任。监护人尽了监护责任的，可以适当减轻他的民事责任。"《侵权责任法》第三十二条亦做出类似规定，即"无民事行为能力人、限制民事行为能力人造成他人损害的，由监护人承担侵权责任。监护人尽到监护责任的，可以减轻其侵权责任"。

可以看出，与一般过错责任相比，监护人对于无民事行为能力人或限制行为能力人致人损害，在民事责任承担上，具有特殊之处：

其一，监护人的民事责任不以监护人本身具有过错为要件。未成年学生作为无民事行为能力人或限制民事行为能力人，由于他们的行为造成他人损害的，不由他们本人承担民事责任，而由监护人承担。有学者认为《民法通则》第一百三十三条规定的是无过错责任，这样规定，有利于促使监护人加强对被监护人的监管。②

其二，监护人的民事责任又与严格的无过错责任不同。因为根据法律规定，"监护人尽了监护责任的，可以适当减轻他的民事责任"。是否减轻监护人的民事责任，需要结合监护人与被监护人的具体情形加以考量，如被监护人的年龄、性别、健康状况、所处环境、教育程度等。

---

① 申素平著：《教育法学原理、规范与应用》，教育科学出版社 2009 年版，第 179 页。

② 顾昂然主编：《中华人民共和国民法通则讲座》，中国法制出版社 2000 年版，第 242—243 页。

有学者将确定监护人责任的规则分解成两个规则。第一个规则，是无民事行为能力人或者限制民事行为能力人（也就是被监护人）造成他人损害时，由监护人承担责任。这是典型的替代责任，即监护人替代被监护人承担赔偿责任。第二个规则，是监护人尽到监护责任的，可以减轻监护人的责任。这个规则说明两个问题：

一是监护人责任适用过错推定原则。在监护人承担替代责任的时候，被监护人造成他人损害，要监护人承担责任时，适用过错推定原则，只要有损害、有因果关系、有违法行为，就直接推定监护人有过错。推定监护人有过错，就是推定其没有尽到监护责任，需要赔偿。

二是如果监护人尽到监护责任，实行公平分担损失。监护人证明自己尽到监护责任，如果按照过错推定原则，监护人就不承担责任。但是，《侵权责任法》第三十二条的规定是可以减轻其侵权责任，而不是免除责任，这是在适用公平分担损失规则，由双方分担损失。①

四、学生伤害事故的防范与处理

（一）学生伤害事故的防范

建立防范学生伤害事故发生的机制，做到未雨绸缪、防范在先，对于树立和维护教育的良好形象，保障学生人身安全，具有重要意义。

1. 对学生的安全教育及行为规范教育经常化、制度化

教育部在《中小学公共安全教育指导纲要》中对中小学开展安全教育的内容和途径做出了明确而详尽的规范和指引，学校应依据《纲要》，结合自身的实际，对学生定期进行安全教育，预防和消除危险；应制定应对各种灾害、传染性疾病、食物中毒、意外伤害等突发事件的预案，配备相应设施并进行必要的演练，增强未成年人的自我保护意识和能力；应制定合理、明确的学生管理制度与学生行为规范制度，加强对学生的行为规范教育，培养学生符合安全要求的行为习惯。

① 杨立新著：《侵权责任法条文背后的故事与难题》，法律出版社 2011 年版，第 116—117 页。

2. 建立学生健康档案，根据学生身体状况安排活动

学校应建立学生健康检查和特殊体质登记等制度，掌握学生是否有某些不适宜剧烈运动的疾病，以便在开展有关活动时有针对性地安排。需要注意的是，对于学生的特殊疾病，教师应注意为其保密，避免造成对其隐私权的侵犯。

3. 建立巡视照看制度

未成年学生身心发育尚未成熟，又具有活泼好动的特点，自我约束能力比较差，更需依赖外在的约束力量。学校有必要建立巡视照看制度，安排值日教师在课间休息时或课后到学生活动较密集的地方，对学生的活动进行照看和指导，及时发现事故苗头，并予以制止。

4. 定期对校舍、设施设备、仪器进行安全检查

学校应指定专门负责人，定期对校舍、设施设备、仪器进行安全检查，确保学校教学和生活设施、设备符合安全标准，最大限度地消除事故隐患。

5. 健全与家长、社会的沟通机制，构建全程全方位的安全工作网络

做好未成年学生的安全工作，有赖于学校、家庭和社会的配合。尤其是家长作为监护人，应该对其子女履行比学校更严格的保护职责。这就需要学校建立齐抓共管的机制，构建全程全方位的安全工作网络。学校应充分发挥自身作为专业机构的作用，一方面，通过家长学校等形式对家长开展法制教育和安全教育培训，帮助家长明晰自身对子女所负的法定保护义务；另一方面，学校应健全与家长、社会的沟通机制，让家长了解学校的教育教学活动，取得社会有关部门和组织的配合，共同做好对学生的安全工作。

（二）学生伤害事故的处理

采取紧急措施，及时救治学生；及时搜集证据，调查事故情况；分清事故责任，协商解决纠纷；事后及时总结，防止事故再现。这些是学校妥善处理学生在校伤害事故的基本策略和措施。

1. 采取紧急措施，及时救治学生

在具体处理学生伤害事故工作中，学校要做到四个及时：

(1) 及时处理。一旦发生学生伤害事故，学校应做到在第一现场有人及

时赶到，及时救治。

（2）及时联系。发生事故后，班主任或学校相关负责人应及时通知学生家长，请家长及时赶到医院，取得家长的共同合作。

（3）及时沟通。学校在处理学生伤害事故的过程中，应集思广益，调动一切力量，控制事态发展，防止节外生枝。

（4）及时关心。一旦学生身体允许，学校可以及时组织学生探视，安定其情绪，改善气氛。学校领导、老师也要经常性探望学生，并应及时为学生提供全方位服务，如护理、补课、向保险公司索保等，体现集体温暖。

2. 及时搜集证据，调查事故情况

学生伤害事故发生后，学校应及时搜集证据，调查事故情况。学校应尽可能保护好事发现场，并及时调查事故的当事人、目击者及证人，做好当事人、目击者及证人的笔录，写出调查报告，并将调查报告及学校的工作上报教育行政机关，以便分清责任，妥善处理事故。

3. 明确界定学校的法律责任范围

如今，家长的法律意识在不断增强，但由于缺乏相关法律知识，致使其在对学生伤害事故责任认定的认识上存在诸多误区，甚至认为只要学生在校内受到伤害，学校无论如何都要承担一定的赔偿责任。实际上，学校承担责任需于法有据。学校只有在有过错的情形下，才承担相应的法律责任，否则，学校不承担法律责任。

4. 协商解决、依法处理学生伤害事故

协商解决往往是低成本、高效率的纠纷解决机制。协商方式下，由于学生伤害事故责任属于平等主体之间的民事侵权责任，当事人在自愿基础上达成的责任认定和结果，具有法律上的效力。协商解决的基础是双方互相理解。当然，在协商不成的情况下，学校也要做好通过司法途径解决纠纷的准备。

5. 事后及时总结，防止事故再度发生

学校在处理结束学生伤害事故以后，及时成立评估小组，对此类事故的各方面工作进行评估，找到缺点和成效，以便于将来学校再次面对此类事故时借鉴。

第三章 小学教育管理体制

“体制”在我国一般指国家机关、企事业单位的组织制度。教育管理体制是教育领域中关于机构的设置、隶属关系以及权限划分等方面的制度。我国的小学教育管理体制，属于国家义务教育阶段，具有经济学意义上的“公共产品”的属性，同时，也是整个国家宏观教育管理体制的一个重要组成部分。一般来说，研究小学教育管理体制，可以从宏观的国家教育管理体制和微观的学校内部管理机制两方面展开探讨与分析。

第一节 小学宏观教育管理体制

宏观教育管理体制，体现国家对教育事业的统一领导与协调，所要解决的问题是中央政府、地方政府及各级各类学校领导和管理教育事业的根本制度安排，其主要管理内容涉及对教育事权的领导权力的分配、教育机构设置等事项。我国基础教育管理体制自新中国成立以来，经过60多年的不断改革，沿着“统一领导、分权管理”的演进思路，逐渐形成了有中国特色的“地方负责、分级管理”的制度安排，《义务教育法》第七条规定：义务教育实行国务院领导，省、自治区、直辖市人民政府统筹规划实施，县级人民政府为主管理的体制，既明确了中央统一领导的责任与权限，也有效地调动了地方兴办教育的积极性。

一、教育管理体制的概念界定

从词源学上来看，“体制”一词在中国古代有“体裁”“格局”之意。在近代社会，“体制”或指国家机构、企业、事业单位之间管理权限划分制度，或宽泛一些，除各种机构权限划分制度外，还把组织活动的运行机制涵盖在内。

在我国，教育管理体制的含义比较宽泛，大致包括了各级各类学校办学主体的规定、各级各类教育行政机关的组织建制、各级各类教育机构之间的管理权限的划分，以及各级各类教育机构管理活动的运行机制及人员配备等。其核心问题是中央政府与地方政府、教育管理部门与学校围绕教育事权等方面的权限划分。

综上所述，我们认为，教育管理体制是指国家通过政府及其相关部门领导和管理教育事业的组织体系和工作制度，表现为国家设立的专门机构对教育的管控活动，其实质是国家公共权力对教育的介入与干预。

二、教育管理体制基本属性

（一）教育管理体制的基本功能

教育管理体制，从静态层面上理解，它是一种教育系统内部的组织体系；从动态层面上理解，它是一种运行机制，也是一种教育管理事权的分配与管理安排。两者构成了一个统一体。国内有学者归纳了教育管理体制的四大功能：一是领导和指挥的功能；二是权力分配功能；三是分工协调功能；四是提高效率功能。领导和指挥功能，主要是指实现国家对教育的统一安排，体现国家对教育的意识形态安排；权力分配功能，主要是指正确解决中央和地方管理教育的关系，正确解决教育行政部门和学校的关系；分工协调功能，主要是指理顺各教育管理主体间的权、责、利的分配与归口；提高效率功能，则是教育管理体制的根本目的所在，教育管理体制的根本目的是提高教育管理的效率，“离开了效率原则，教育管理体制的改革就变得毫无意义”[①]。但是，正如“科学发展观”理念所倡导的一样，提高效率不能以牺牲公平为基础。社会的发展必须在科学的可持续健康发展理念的指引下，实现又好又快发展。教育事业属于社会事业的一个重要组成部分，具有公益的性质，教育事业又是提高人口素质、增进社会福祉的基本手段，因此，教育管理体制的良好运转，不仅要以是否提高效率为衡量标准，也必须十分重视教育公平问题、教育机会均等等一系列问题的解决程度。

（二）教育管理体制的基本要素

为了有效地发挥教育管理体制的功能，实现“效率”与“公平”的目标，构建现代学校教育管理制度，首先要对构成教育管理体制的主要要素进行分析。我们认为，教育管理体制的基本要素应包含以下几个方面：一是政校关系。即各级教育行政机构与学校的关系，学校内部党的组织与行政组织的关系。政校关系的明晰与否，将直接影响到办学主体与学校产权的明晰与否。二是职能发挥。发挥某种特定的教育、教学或管理职能，是教育管理体制存在的根据。三是权限划分。职能的有效发挥，必须依托一定的权力。并且，职能发挥是否有效率、促进了公平，必须明确权力的界限与责任、义务的承担主体。四是机构设置。机构设置体现了权限划分，是权限划分的基本形式，包括教育行政机构设置与学校内部机构设置两方面。教育行政机构设置涉及中央政府（含教育行政）与地方政府（含各级地方政府及教育行政部门）教育行政机构设置。学校内部机构设置包括学校行政、教学、校务、监督、党务等机构等设置。五是人员配备。教育管理体制职能的发挥，最终需要由具体的人去落实。配备合格、专业、高素质的教育管理人员，是教育管理体制有效运行的关键所在。

（三）教育管理体制的基本类型

一个国家的教育管理体制的形成与演变，必然会受到该国历史、文化传统、经济和政治、社会体制等多种因素的影响。因此，教育管理体制不是一

① 吴志宏等编著：《新编教育管理学》，华东师范大学出版社2000年版，第72页。

成不变的。正确理解教育管理体制的概念，必须把它放置于具体国家的政治、经济、历史和文化等大背景下考察。鉴于世界各国政治、经济、文化和行政体制的不同影响，根据中央和地方分配教育事权程度的不同，我们可以把教育管理体制大体分为中央集权制、地方分权制以及中央地方合作制等三种模式。

1. 中央集权制

所谓中央集权制，是指中央政府对全国的教育事业有完全的决策、指挥和监控权力，地方政府必须依据中央所颁布的教育政策、法令和指示办事。在中央集权的体制下，教育管理工作表现为中央政府及其教育行政部门直接领导和管理整个国家的教育事业，地方政府及地方教育行政部门主要以实施中央的教育法律、政策、规划和指令为己任。中央和地方的关系，表现为一种垂直的、领导与被领导的隶属关系。我国的教育管理体制，长期以来实行中央集中的统一领导体制。经过多年的改革，虽然已经意识到权力下放、分级管理是国际教育管理的必然趋势，但仍然无法彻底、有效地理顺中央和地方教育行政部门的关系，无法真正有效地调动地方的办学积极性。究其原因，除了我国传统文化、观念的影响之外，在对“放权—控权”“政府—学校”“职、责、权”以及“权力制衡机制”的理解和认识上，还没有真正地深入，同时没有建立合理的立法机制保障各方面的利益与责任的平衡，从而导致了我国在多次教育管理体制改革上，出现“一统就死”“一放就乱”的乱象。

不可否认，中央集权制的教育管理体制有其优点。其优点在于：可以统一国家的教育目标、方针、政策和法规，全国一盘棋，有利于统筹规划，全面安排；国家可以有效地调节各地区的教育发展，对教育落后地区予以重点扶持帮助；教育行政权力集中在中央，可以加重中央政府对教育的责任，发挥中央办教育的积极性；便于统一教育标准和要求，易于考查和控制全国的办学水平；有利于教育政策、法令的推行和教育经验的推广。其弊端在于：容易脱离地方实际，出现一刀切现象，不利于因地制宜办教育和照顾地方差异；地方的权力太小，手脚捆得太死，不利于调动地方办教育的主动性和积极性；中央的教育决策一旦失误，易造成全国性的消极影响。在世界范围内,法国是典型的实行教育管理中央集权制的国家。

2. 地方分权制

与中央集权制不同,地方分权制是指地方教育行政机关在其管辖范围内,有独立的教育行政权力,中央教育行政机关只发挥指导、服务作用。地方分权制的优点是:权力分散,可以因地制宜地发展教育和开展教育实验与改革,使教育适应各地的特殊需要;可以充分发挥地方的积极性和主动性,减少地方对中央的依赖,有利于筹集教育经费;可使各地产生教育竞争,促进教育的发展,便于教育的属地管理。其缺点是:各地对教育的认识不同,重视程度也不一样,易导致教育发展不平衡;各地条件不一样,经济发展不平衡,对教育的投入不一样,容易出现教育发展的两极分化;权力分散,政令不统一,缺乏全国统一的规划和要求,极易导致教育质量参差不齐。在世界范围内,美国是典型的教育管理地方分权制国家。

3. 中央地方合作制

中央集权制和地方分权制各自有其优点和弊端,我们绝不能简单地说哪种体制绝对好,哪种体制绝对差。为了避免中央集权制和地方分权制各自的缺点,更有效地发挥教育管理机制的作用,目前,许多国家均在融合中央集权制和地方分权制各自优点的基础上,实行以"不过分"的集权以及权力下放为特征的中央地方合作制。中央地方合作制的关键是如何正确处理权力结构和职能结构的配置问题,如何形成一套有效的权力制衡机制。让中央管好中央能管的事,地方管好地方能管的事,把中央和地方不能管也不好管的事情交由市场,交由学校。同时,我们也要明白,中央和地方合作制的根本目的在于调动各方面的积极性,形成权、责、利明确的教育管理体制和运行机制。

三、我国小学教育管理体制演变

(一) 我国中小学宏观教育管理体制沿革

改革开放 30 多年来,我国中小学教育管理体制沿着"集权—放权"的路线,随着我国政治、经济、教育、文化等方面的发展和变化,不断进行着自身的改革,有效地调动了地方政府办学积极性,加强了学校的自主办学的能力。

在中小学教育管理体制改革上，1985 年，《中共中央关于教育体制改革的决定》指出：要改变我国教育事业的落后和教育体制的弊端，必须从教育体制入手，系统地进行改革。

1986 年，第六届全国人大四次会议通过了《中华人民共和国义务教育法》，明确规定了我国的义务教育事业，实行国务院和地方各级人民政府根据分级管理、分工负责的原则。中等及中等以下教育在国务院领导下，由地方人民政府管理。

1993 年，中共中央、国务院发布了《中国教育改革和发展纲要》，提出中小学教育由地方政府在中央大政方针指导下实行统筹和管理，继续完善分级办学、分级管理的体制，中小学要实行校长负责制。

1999 年，《中共中央、国务院关于深化教育改革全面推进素质教育的决定》中再次明确提出："继续完善基础教育主要由地方负责、分级管理的体制。根据各地实际，加大县级人民政府对教育经费、教师管理和校长任免等方面的统筹权。"

(二) 我国中小学微观教育管理体制沿革

与教育管理体制改革相配套的是我国中小学内部管理体制改革。多年来，我国基础教育领域一直存在着针对教育行政部门"放权"以及"扩大学校办学自主权"的呼声。问题的关键是教育行政部门将权力下放给谁，以避免"一放就乱，一乱就统，一统就死，死而再放"的怪圈。① 因此，基础教育学校内部管理体制改革必须跟上宏观教育管理体制改革的步伐，在统筹办学、分级管理的制度框架下找到适合自身发展的模式。

在经历了校务委员会制（1949—1952 年）、校长责任制（1952—1957 年）、党支部领导下的校长负责制（1957—1963 年）、当地党委和教育行政部门领导下的校长负责制（1963—1966 年）、革命委员会制（1966—1978 年）、党支部领导下的校长分工制（1978—1985 年）、校长负责制（1985 年至今）等

① 陈桂生：《"学校管理体制问题"引论》，《华东师范大学学报（教育科学版）》2003 年第 1 期，第 1—6 页。

一系列发展沿革,1993 年,中共中央和国务院发布的《中国教育改革和发展纲要》进一步明确规定:"中等及中等以下各类学校实行校长负责制。校长要全面贯彻国家的教育方针和政策,依靠教职员工办好学校。"从此,中小学校长负责制正式全面实行。

(三) 我国小学宏观教育管理体制的基本特征

1. 中央统一领导,地方分级管理,以县为主

中央的统筹安排和统一管理,主要体现在国家教育行政主管部门对小学教育大政方针、政策、标准、改革与发展谋划等宏观管理上,地方各级政府在国家教育方针政策指导下,依据有关教育法规,因地制宜地制定基础教育事业发展规划、法规制度,并组织实施、督导和评估。目前,我国基础教育实行的是"中央—省—县—乡"四级管理体制,县级实质上是承担小学教育管理职责的基层单位,乡一级政府主要承担动员适龄儿童入学,确保学校周边环境与安全等职责,从而形成以县为主的管理模式。

2. 机构从属设置,多部门分工负责,参与管理

长期以来,我国中小学校的设置与运转主要依赖于各级政府的指令性计划与拨款,一个明显的特点就是依附性。学校是行政机构的附属机构,形成机构从属设置,各级政府部门多头管理,分工负责,共同插手学校各类事务的局面。校长是行政人员,具有一定的官员级别,以对上级负责的态度执行教育行政命令并按教育行政部门规定的评估和督导要求管理和发展学校,是一个对上负责,对下管理,具有明显管理层级的机构。

3. 教育行政首长素质参差不齐

在我国基层中小学,多年来流行着这么一句话:"从某种意义上讲,一个好校长就是一所好学校。"目前,我国公立中小学校长大部分采用政府任命制,校长属于国家干部,代表国家行使对基础教育的管理。尤其在实行校长负责制的今天,校长是学校的法人代表,对外代表学校,对内管理学校教学、人事、行政、财务等重大事务。校长的权力比改革前扩大了许多,因此,一所学校校长能力大小与否对学校的发展影响非常大。由此,引发了人们对什么样的人适合当校长,一名校长应具备什么样的能力和素质的讨论。目前,

我国各级中小学校长素质参差不齐，既有从长年在学校工作的优秀教师提拔上来的校长，也有政府部门直接任命的校长。他们大多有着丰富的管理经验和教学经验，但同时也存在着依靠行政指令办学，依靠经验办学，缺乏现代学校科学管理的知识，对国际基础教育变革不甚了解等缺陷，在学校管理上有很强的主观性与情境性。

第二节 小学微观教育管理机制

当今国际教育管理的宏观趋势是：以往实行集权制的国家正在逐步放权，比如中国和法国；以往实行分权制的国家正在逐步收权，比如美国。教育管理权限集中或者分散，各有利弊。但总体来说，赋予学校更大的自主权，赋予中小学校更多的办学权力，以激发社会各界的办学积极性，正在成为世界范围内人们的共识。随着放权力度的增加，中央教育部门将权力下放给谁，下放的程度如何，便成为亟待解决的现实问题。因此，与宏观教育管理体制相配套的，必须是完善合理的学校内部微观教育管理机制，其中，最为主要的三个方面是领导体制、人事管理体制和财务管理体制。

一、小学内部教育领导体制

正如前文所述，我国中小学内部教育管理体制自新中国成立以来经历了数次变革。国家多次立法对中小学校内部领导体制做出规定，直至2006年6月修订的《中华人民共和国义务教育法》中第二十六条再一次对中小学教育管理体制做出了规定："学校实行校长负责制。校长应当符合国家规定的任职条件。校长由县级人民政府教育行政部门依法聘任。"由此可见，中小学校内部领导体制是我国中小学校内部管理的根本制度。它规定了学校机构设置及其相互关系等，涉及由谁来领导并负责全校的工作，由谁来行使学校的决策权、指挥权的问题。因此，它直接支配着学校的全部管理工作，是直接影响学校全局工作的关键因素，是办好学校首先必须研究的问题。

(一) 我国小学内部领导体制框架

我国小学内部领导体制包括了机构设置、隶属关系和权限划分等方面。可用组织图简要表示如下：

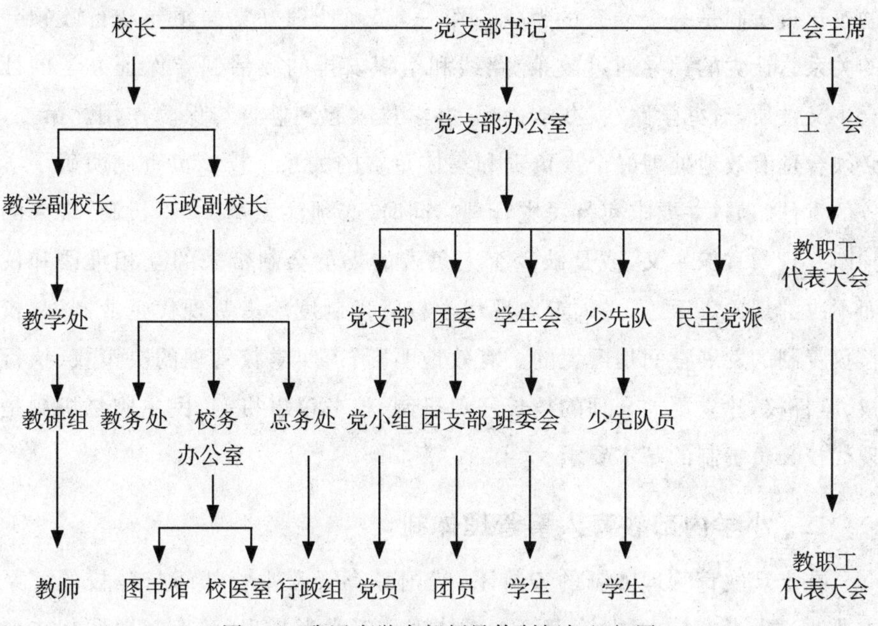

图 3-1　我国小学内部领导体制框架组织图

(二) 构建合理的校长负责制度

进入新世纪以来，我国教育管理学界日益呼吁学校的治理应从“治理”(governance)走向“善治”(good governance)。作为我国基础教育重要组成部分的小学教育，善治的根本在于建立合理高效的学校领导体制。建立合理高效的学校领导体制根本目的在于促进学生更好地发展。目前，我国绝大部分公立小学实行的领导体制是校长负责制。校长负责制，是符合我国国情，经过实践检验的适合我国中小学校管理的重要制度。校长负责制，主要是指学校工作由校长统一领导、全面负责的学校组织制度。它的主要内涵包括：校长统一领导，全面负责；党组织起政治核心地位和监督保证作用；教职工代表大会进行民主管理和民主监督。实行校长负责制，有利于加强和改善党对学校工作的领导。同时，有利于加强学校的科学管理，有利于加强学校的民主管理，调动广大教职员工参与学习管理的积极性。

同时，时代的发展不断对社会与教育提出了新的要求，建设知识型社会，促进素质教育全面发展要求校长负责制度作为学校核心的领导体制也必须与时俱进，持续改善，实现善治的目的。另外，我们也必须意识到，合理的校长负责制是一个动态的概念。第一，必须处理好党的领导和行政领导的关系。让党的领导通过政策、路线和组织安排的政治领导保证办学的社会主义性质，对办学路线、办学目标、办学过程起到监督与保障作用。第二，必须合理有效地处理好个人负责和集体负责的关系。校长负责制明确了学校的责任归属，并要求实行民主管理。同时，必须注意避免"一长制"带来的独断专行与官僚主义，或是缺少个人负责的委员会制带来的互相推诿和议而不决的现象。第三，必须走向现代学校管理制度。借鉴现代企业制度，校长负责制的发展空间是巨大的。有效地明晰、落实学校管理的决策权、执行权、监督权，建立更加合理的校长任免机制、校务议事机制、民主监督机制是现代校长负责制的基本要求。

二、小学内部教育人事管理体制

在宏观教育管理体制的安排下，我国教育行政主管部门与学校的关系主要通过人事安排、经费管理等方面体现。有学者指出，政府教育职权主要体现在经费、人事和业务管理等领域，具体包括以下职权范围：

(1) 确保教育经费投入并监督其使用去向；

(2) 行使对学校的人事权；

(3) 行使对学校的业务监督权。①

人事与经费关系着学校办学的命脉，因此，小学人事与经费管理体制是内部管理体制的重中之重。

小学内部人事管理体制，主要由以下两个方面共同组成：

(一) 教育行政部门对校长和教师的管理

我国公立中小学校长与教师在身份上属于国家干部编制，实行的是参

① 葛新斌、胡劲松：《政府与学校关系的现状与变革》，《华南师范大学学报(社会科学版)》2001年第6期，第86—92页。

照公务员管理的事业单位人事管理模式。校长是国家的官员，教师是国家的干部。因此，在很大程度上，这种人事管理模式决定了我国教育行政部门对校长和教师的管理行政色彩浓厚，教育难以独立于政治之外。

教育行政部门对校长和教师的管理，可以通过组织设置和人员配备，选拔所属学校校长，协助选拔学校副职领导干部，控制教师编制、专业结构等方式实现。长期以来，由于官本位思想的存在，在政治与教育上发生了错位，教育行政机关管了太多本不该政府管理的事，而且，“长官意志”凌驾于教育规律之上，政府部门偏好于以直接、微观、具体的手段行使职权，不适当地干预了学校人事安排。

总体而言，教育行政部门应通过制定有关的方针政策，制定中小学校长、行政领导干部选拔条件、任职标准，制定教师资格条件，培训、考核、奖惩标准等规章制度，进行宏观的间接管理，避免过于直接地干涉学校内部具体事务。

（二）学校内部对校长和教师的人事管理

我国中小学实行校长负责制，校长处于学校行政领导的中心地位，承担着决策、管理、指挥、协调的重要职责。因此，对校长的管理应该通过明确界定校长的职责、职权、待遇，明确界定校长的选拔、任用、培训等条件来实现。长期以来，我国中小学校长在学校管理上普遍存在着经验管理的倾向。这种现象的产生，一个原因是许多校长都是由优秀教师提拔而来，普遍缺乏教育管理的理论和实践经验；另一个原因是我国对中小学的教育培训力度相对薄弱，对国际先进的学校管理理念和手段、教学方法等方面的学习还不够。因此，为了提高中小学校的管理水平，提升中小学校长的管理能力，有效发挥校长负责制的运行效果，必须关注校长的成长过程，加大对校长的培训力度。

教师质量的高低，决定了教育质量的高低，而教育质量是关系着学校办学与发展的生命线。合格、高素质的教师队伍是小学内部人事管理的重心所在。完善对教师的聘任制度，则是小学师资管理的核心。小学教师是专业人员，不是每个人随便都可以任小学教师。小学教师必须具备一定的教育教学理论知识，具备担当某一课程授课的专业水平和任教资格，同时，还必须熟悉小学生身体和心理特点，熟悉教育教学方法；对于不能胜任小学教职的人员，应该建立有效的解聘制度，赋予学校领导层对教师的解聘权力；对于有较高教育教学水平、师德高尚的教师，要建立考核和培训机制，促进优秀教师更加快速成长。同时，建立小学师资队伍能进能出、能上能下的选拔任用机制。

三、小学内部财务管理体制

教育财政管理是教育领导的一个重要职能。小学教育财政管理，其核心是教育经费的筹措、分配与使用。从根本上讲，教育财政就是要使教育经费“来”“去”合理、科学可行、有效。[①] 因此，小学教育经费的筹措、分配和使用成了小学教育财政管理运行的全过程。教育经费使用得当与否，使用的效益如何，将大大影响一所学校的办校效益与办学质量。

改革开放以来，我国多次下发文件对中小学校教育经费管理进行明文规定，并逐步增加教育经费的投入。《中共中央关于教育体制改革的决定》中规定了教育经费必须实现“三个增长”，即中央和地方政府教育拨款的增长要高于财政经常性收入的增长，并使按在校学生人数平均的教育费逐步增长的原则，切实保证教师工资和人均公用经费逐年有所增长。同时，对教育经费筹措的渠道，也下文鼓励各级政府、社会各方面和个人努力增加对教育的投入，保证教育事业优先发展，尤其确保义务教育阶段教育经费来源充足。

(一) 小学的财务管理权

我国公立中小学的教育经费，总体上分为预算内教育经费（国家财政拨款的教育经费）和预算外教育经费（除来自预算拨款以外的一切渠道的教育经费）。在预算内教育经费中，又包括教育事业费和教育基本建设费两大类。教育事业费是指国家财政拨款中用于维持教育事业正常运转的经常性经费，按用途分，可分为公用经费和人员经费；教育基本建设费是指教育经费中用于教育固定资产方面的各项投资。在我国公立中小学中，政府的预

---

① 萧宗六、贺乐凡主编：《中国教育行政学》，人民教育出版社 2004 年版，第 276 页。

算内教育经费是构成中小学教育经费的主要来源。

目前，我国义务教育经费仍然紧张。虽然，国家政策规定了中小学校的校长有权支配上级拨给学校的经费，但在许多地方，我国公立中小学的人员经费经常占到下拨经费的80%以上，受我国工资政策的制约，校长根本无权自主支配这笔经费。剩下的不足20%的经费，用于维持学校日常办公已捉襟见肘。所以，在我国公立中小学中，学校可以支配的教育经费权力实际上非常小。另外，还经常存在教育经费不到位，挪用、挤占教育经费的现象，使得本已十分缺乏的教育经费又因管理监督的不到位，而更显得十分缺乏。因此，在学校管理体制改革的过程中，应该把教育经费管理权真正下放到学校，使学校能运用经费分配这个杠杆，调整教师工资结构和分配方式，调动学校教职员工的工作积极性，提高学校办学的效率。从而有效缓解我国基础教育经费不足的矛盾，使学校有更多的资金可以支配。

（二）多方筹措教育经费

不同类别、性质的学校，其教育经费的来源有很大的差别。在我国，公立中小学教育经费主要依靠国家拨款；私立学校的经费则明显地呈现多元化趋势，学费收入、社会捐助在总经费中占有很大比例。正如上文所述，我国公立小学的经费中，大部分为人员经费，学校可以支配的经费很少。与此同时，我国地区发展不平衡，诸多地区教育经费拨款渠道不顺畅，教育经费远未能满足学校发展的需要。因此，公立中小学也应该学习私立学校的做法，积极筹措教育经费，搭建多元化的教育经费来源渠道。从目前来看，我国公立小学教育经费来源主要有以下几种渠道：

1. 财政补助收入。即小学从财政部门取得的各项事业经费，包括教育事业费、教育费附加、地方教育费附加、公费医疗经费等。

2. 上级补助收入。即小学从主管部门和上级单位取得的非财政补助收入。

3. 事业收入。即小学开展教学及其辅助活动依法取得的收入。

4. 经营收入。即小学在教学及其辅助活动之外，开展非独立核算经营活动取得的收入。

5. 附属单位上缴收入。即小学附属单位独立核算的校办产业和勤工俭学项目按照规定上缴的收入。

6. 其他收入。包括校友捐助、社会各界捐赠、投资收益、利息收入等。

总之，搭建多元化的教育经费来源体系，可以在一定程度上改善学校的办学条件，提高学校的办学效益。在建立多元化教育经费来源体系的同时，我们也应该重视构建学校内部的教育经费监管机制，防止教育经费的流失与不规范操作，提高教育经费使用效益，真正将有限的教育经费用在促进学生的发展上。

第三节　教育中介组织的作用

自 20 世纪 90 年代初以来，随着社会主义市场经济体制的逐步建立，经济和社会诸领域出现孕育中介组织生存与发展的肥沃土壤。受改革开放和市场体制影响，我国教育管理体制改革日益深化，这在客观上必然引发从宏观到微观、从组织人员到职能运作、从观念到行动等方面的不断转变和调适。为顺应政府转变职能的要求，完善教育公共治理机制，2010 年颁发的《国家中长期教育改革和发展规划纲要(2010—2020 年)》，明确提出了“完善教育中介组织的准入、资助、监管和行业自律制度”之要求。由此可见，教育中介组织对教育管理体制改革有着极为重要的影响。

一、教育中介组织的概念与内涵

马克思主义哲学认为：“中介是客观事物转化和发展的中间环节，也是对立面双方融合和统一的环节。”①这里的对立面双方，指的是矛盾的对立双

① 中共中央马克思恩格斯列宁斯大林著作编译局编：《马克思恩格斯选集》(第三卷)，人民出版社 1972 年版，第 533 页。

方,中介是协调矛盾双方的环节。根据这一原理,“中介组织”是指社会生活中协调互为对立面的双方客体的独立组织。它的作用是促进对立客体间的统一,而独立性是其发挥作用的前提。

从系统论的角度分析,所谓“中介”,是指两个或多个系统或者系统的构成要素间的中间媒介。其间,人处在社会系统中,人对社会系统中物能和信息的流动实施控制,其本质上属于管理的范畴。同时,人们对社会领域中的事务实施管理时,必须强调彼此之间的密切合作和交流,因此,为满足此一要求,一种旨在沟通和协调社会不同领域或管理机构之间关系的中间型组织应运而生。由于该形式的组织一般独立于管理职能部门之外,且被视为不同系统或构成要素之间中间媒介的具体化和机构化,故称之为“中介组织”。

“中介组织”最早是由《中共中央关于建立社会主义市场经济体制若干问题的决定》所提出的一个概念。关于其内涵,有学者认为:社会中介组织是一个在特定政府经济管理模式,即“小政府,大社会”或“政府与社会合作”模式中的功能性概念。[①] 它是指所有在“政府与社会合作”的政府经济管理模式中,能够在政府调控社会、经济发展的过程中起沟通政府和经济主体之间的关系、平衡各方利益冲突的“中介作用”的组织。

从字面上看,“社会中介组织”具有浓厚的社会性色彩。其一,它不是一种完全意义上的官方组织,不能等同于政府机构;其二,其人员组成应以非官方人士为主,甚至完全来自民间,政府官员可以加入其中,但不能成为该组织的主体;其三,其目标不应完全是政府导向的,而应是社会导向与政府导向的结合体;其四,维持组织活动的各项经费和成员薪酬,应来自多种渠道,而不应由国家包办;其五,涉及经济活动时要接受相关部门的监督,而不能超越社会管理之外。

具体到“教育中介组织”,在西方被称为“中介团体”(intermediary body)或“缓冲组织”(buffer organization),其目的是为了缓解政府、市场和学校之

① 吕凤太著:《社会中介组织研究》,学林出版社 1998 年版,第 98 页。

间的矛盾。在西方,尽管中介性质的高等教育组织在19世纪末就已出现,但对它的研究则始于美国著名高等教育专家伯顿·R·克拉克(Burton·R. Clark)。克拉克从高等教育系统与国家、市场和学术权威整合的角度,论述了介于国家和高校之间的"缓冲组织"的作用。克拉克指出:"一个国家的高教系统可以主要由学术权威担任协调,不管协调的好坏,而不是通过国家官僚的命令或市场型的相互作用。"①这种学术权威的协调,既可以通过教授(在讲座制的高教系统中)来完成,也可以通过缓冲组织来实现。20世纪90年代,伊尔·卡瓦斯(El-Khawas)从政治学的视角提出:"一般来说,中介组织可以描述为是一个正式建立起来的团体,它的建立主要是加强政府部门和独立组织的联系,以完成一种特殊的公共目的。"②据此,有学者指出:"教育中介组织既可以代表学校向政府施压,影响政府的决策,也可以承担执行政府决策的责任,帮助学校完成政府下达的任务。"③也有学者认为:"教育中介组织,也是教育社会中介组织的简称,它一般是指参与政府教育决策和各级各类教育运行活动的教育审议会、咨询会、评议会、学校董事会和家长委员会等中介性机构。"④显而易见,这是一种对于教育中介组织的描述性定义。

综上所述,我们可从三个层面来理解"教育中介组织"的内涵:一是从政府职能转变和推进教育管理体制改革的角度来认识教育中介组织,强调它在实现教育决策科学化和民主化进程中的作用;二是从依法治教的角度来定位教育中介组织,强调它在推进我国教育法制化进程中的意义;三是从建立与市场经济相适应的教育体制出发理解教育中介组织,强调其在提供社会化专业服务方面的功能。

二、教育中介组织的演进与性质

回顾历史容易发现,教育中介组织的产生受到各种因素的影响,既有来

① [美]伯顿·克拉克著,王承绪等译:《高等教育系统:学术组织的跨国研究》,杭州大学出版社1994年版,第156—158页。

② 胡卫主编:《民办教育的发展与规划》,教育科学出版社2000年版,第161页。

③ 盛冰:《教育中介组织:现状、问题及发展前景》,《高教探索》2002年第3期,第81—84页。

④ 王洛忠、安然:《社会中介组织:作用、问题与对策》,《求实》2000年第1期,第28—30页。

自社会参与教育管理的要求，又有来自教育发展的内部需要。具体而言，在西方，中介组织参与教育管理有着悠久的历史传统。作为民间性的教育中介组织，美国的教育认证机构可追溯到1885年的“新英格兰地区学院与中学联合会”；在法国，对政府具有很大影响力的“国民教育最高审议会”建立于19世纪末；在英国，高等教育经费分配政策方面拥有重要发言权的“大学拨款委员会”成立于1919年。第二次世界大战之后，由于民权运动与学生运动的影响，教育民主化浪潮不断高涨，社会参与教育的积极性也被调动起来，教育中介机构获得了长足发展。如20世纪60年代后，英国教育与科学部新增的教育中介机构就有“学校课程与考试委员会”“全国公立高等教育咨询委员会”和“函授学院鉴定委员会”等。①

20世纪80年代以后，西方诸国为了缓解财政赤字和政府管治的合法性危机，并解决行政效率低下的问题，纷纷开展了行政改革。改革的共同趋势是：“简政放权，把有限的政府资源用于最必需的方面，提高工作的效率与权威，同时发挥非政府组织在社会生活中的作用，由部门负担某些原来由政府承担的责任。”②在这种背景下，教育中介组织的角色产生了“革命性”的转换，由社会参与教育的方式转换为平衡政府与学校、政府与市场之间关系的“半自治非政府组织”，教育中介机构承担起越来越多的教育管理职能。

长期以来，我国实行的是高度集权的教育管理模式，政府对教育事业大包大揽，缺乏民间的有效参与。20世纪80年代以来，随着政府职能的转变及学校办学自主权的落实，教育中介机构在我国应运而生。1993年2月，中共中央和国务院印发《中国教育改革和发展纲要》，其中明确提出：“为保证政府职能的转变，使重大决策经过科学的研究和论证，要建立健全社会中介组织，包括教育决策咨询研究机构、高等学校设置和学位评议与咨询机构、教育评估机构、教育考试机构、资格证书机构等，发挥社会各界参与教育决策和管理的作用。”

① 李成明：《大学与政府的关系：英国模式之研究》，《南京社会科学》2003年第4期，第75—82页。

② 彭俊瑜：《社会中介组织在行政法上的理性思考》，《河南司法警官职业学院学报》2005年第3期，第40页。

1999 年 6 月,《中共中央、国务院关于深化教育改革全面推进素质教育的决定》中提出:“在高中及其以上教育的办学水平评估、人力资源预测和毕业就业指导等方面,进一步发挥非政府的行业协会和社会中介机构的作用。”在国家的鼓励和推动下,一批承担教育督导评估、决策咨询、信息管理、考试认证和资格评审等功能的教育中介机构逐渐形成,它们分担了由政府分离出来的咨询、评估、监督等职能。这一阶段,教育中介组织的创生动力主要源自教育行政部门自上而下的推动,教育中介组织与教育行政部门之间仍存在着浓厚的“血缘关系”。这部分教育中介组织,具有传统上所谓的“事业单位”的属性。

随着市场经济对社会整体影响的扩大和教育体制改革的进一步深入,教育领域本身不断发生着各种重大变革。国家鼓励社会捐资和集资办学,并逐步下放教育管理权,使得民办教育迅速发展,教育供给呈现多元化的态势。2003 年 9 月施行的《民办教育促进法》第六章规定:教育行政部门及有关部门可以组织或者委托社会中介组织评估民办学校的办学水平和教育质量;同时,国家支持和鼓励社会中介组织为民办学校提供服务。民办学校对自身办学效益极为关注,它们为教育中介组织提供了巨大的生存和发展空间。在此阶段,教育中介组织的产生源于基层学校对改善自身的需要,源于学生和家长对优质教育的需要。此外,社会各界对政府提供优质教育的要求,使教育行政部门倍感压力,这种压力转换为政府对专业的中介组织的需要。由此可见,教育中介组织的创生动力出现了从高层至基层的转移。此一阶段,民间自发形成的教育中介组织开始出现,它们在民政部门登记为“民办非企业单位”,具备独立的法人资质,并为学校提供各类信息和咨询服务。同时,它们也与政府保持着良好的关系,为政府提供决策咨询等服务,或承接政府外包的部分事务性工作。这些机构以自己的服务获取报酬,经济上无需政府的财政支持,人员选用也由自己决定。这种财务和业务运作上的独立性,预示此类教育中介组织在评价、监督、提供信息和决策咨询时,可以保持更大的客观性和公正性。

综上可见,西方国家早期的教育中介组织大多是自发形成的,或是自下而上产生的，而我国最初的教育中介组织，则是由政府有意推动的，是自上而下生成的，因此，我国早期的教育中介组织大多属于半官方性质。尽管教育中介组织已成为各国社会参与教育管理的主要形式，但在我国教育管理实践中，由于多方面的原因，政府与教育中介组织的关系尚未理顺，教育中介组织的基本职能尚未定型，这既制约着政府职能的有效转变，也限制了教育中介组织的发展和职能发挥。

三、教育中介组织的建构与职能

就现实而言，在我国东部地区，经过改革开放 30 多年的发展，人们对教育中介组织的认识也在不断深化之中，各种类型的教育中介组织已经得到相当程度的发展。具体来看，在认识方面，针对市、区（县）教研室行政色彩过于浓厚的现象，有人建议将教研室建成一种政府指导和监控学校教学业务的中介性机构；针对基础教育督导中存在的表面化和庸俗化弊端，有人提议改变目前的教育督导和评估模式，建立一种社会化中介性的教育评价机构。在实践领域，伴随着教育管理体制改革的不断深入，有些地方萌生了一类介于政府与学校之间的中介性监控机构。如在个别市、区，与政府的“简政放权”相配合，一些学校尝试建立了“校事监督委员会”。该委员会由政府主管部门代表、捐资助学人士、教工代表和家长代表组成，负责学校重大问题的咨询和审议工作，并监督校长的办学和管理活动。当然，这种中介性的监控机构还不是一种制度化的设置，它与政府主管部门、校长和教代会之间，存在着定位模糊和权责不清等问题。

其实，我国早已具备建立教育中介组织的法律基础。现行行政法明确规定：政府既可以通过法律授权给非行政组织，又可委托非行政组织行使特定的行政职权。① 如上所述，《民办教育促进法》规定：教育行政部门可委托社会中介组织对民办学校开展教育评价活动。当然，在建构上述教育中介组织时，应充分考虑不同中介组织的权力来源及其性质上的差异。具体来看，校事监督委员会主要是政府基于对公立学校产权之上的委托授权；教育

① 张树义主编：《行政法学》，法律出版社 2000 年版，第 16—18 页。

评估型的中介组织，则是由政府委托与学校自愿相结合而产生的契约性权能。这些权能渊源和性质各不相同的教育中介组织不断生长和发育，即可共同构建起政府、学校和社会之间的沟通、协调和约束机制。

上述建立中介性监控机制的实践探索，可对调整政府与学校之间的权力配置关系有所启迪。众所周知，一方面，在政府落实学校办学自主权之后，如何在校长负责制之下有效监控校长行使职权，一直是一个十分棘手的难题；另一方面，尽管"转变职能"的体制改革口号响彻云霄，但转变职能的落实却一直步履维艰，其中一个重要原因就在于：新中国成立后高度集权化的计划管治模式，抑制了各类社会中介组织发育的可能性，以致在政府需要转变职能时，缺乏相应的社会中介组织与之相配合。因此，要真正实现"简政放权，转变职能，政校分开"的教育管理体制改革目标，就应在政府与学校之间创设一类政府授权或委托的教育中介组织，使之发挥起决策咨询、监督评价和业务指导等方面的作用。这些功能各异的教育中介组织，既可创制——如实践中已经建立的校事监督委员会，已经广泛存在的留学服务中心，以及尚待创设的教育政策与法律咨询服务机构；也可改造——如在减弱现有教研室的行政色彩后，使之转变成教育教学业务指导和咨询机构；又可剥离——如从现有教育行政机构中，分离出教育考试和质量测评职能，分别成立社会性的教育考试和质量测评机构。

建构教育中介组织是教育事业现代化建设的需要，更是市场体制背景下政府职能调整的必然要求。从目前我国的国情出发，教育中介组织至少可在下述领域发挥重要作用：一是明晰政府与学校权责关系。如通过建立校事监督委员会，既可以更好地强化政府对校长权力的监控机制，又可破解长期以来"政校不分"的困境。二是进一步促进政府转变职能。如通过发挥相关教育中介性机构的作用，政府可从微观具体的繁琐事务管理中解放出来，把工作重心转移到宏观调控和监督服务上来。三是缓解政府与学校之间的直接冲突。由于教育中介性机构的"间隔作用"，降低了政府行使教育管理职权时的刚性，从而减少了政府与学校直接冲突的可能性。四是服务教育事业发展。如通过发挥教育中介组织决策咨询、质量测评、教育培训和信息服务等方面的作用，可以大力促进各级各类教育事业的健康发展。

教育中介组织若要在协调政府、学校和社会三方关系中发挥应有作用，就应对教育中介组织的职能予以恰当定位。统揽国外教育中介组织的运作状况，结合我国实际，不难发现，教育中介组织的职能主要源于组织自身的机能和政府的委托授权。总之，教育中介组织实为一类拥有较大自主权的非政府组织，它虽不具有刚性的行政权能，也不具备直接指挥学校的权力，但却可代表教育活动的利益相关各方，参与教育管理，提供相应服务。明乎此点，乃考察教育中介组织职能的关键之所在。

四、进一步培育教育中介组织

如何进一步调整学校与政府、学校与社会之间的权责利关系，乃当今教育体制改革和建立现代学校制度的一大难题。教育中介组织的合理建构和有效运作，即为破解此困局的关键所在。为此，政府宜采如下基本策略，以促进教育中介组织的合理建构和有效运作：

(一) 加强立法监控

教育中介组织的生存和发展必须建立在法律的坚实保障之上。西方一些发达国家和地区，皆对教育中介组织予以立法保障和规范。其对教育中介组织的法律保障，往往采取分散立法的模式。就目前来看，我国对教育中介组织的相关立法还十分薄弱，这显然无法满足政府转变职能、简政放权和政校分开之后，教育中介组织加速发展的迫切要求。为此，应加快对教育中介组织立法的进程，明确规范教育中介组织的地位、形式、性质和作用。这不仅可以为教育中介组织的发展和运作提供可靠的法律保障，而且能够提高教育中介组织及其成员的社会责任感，并为解决可能的纠纷和争议提供法律依据。

(二) 实行简政让权

在某些情况下，政府及其教育职能部门，当在一些专业性较强的领域行使管理职权时，囿于自身专业能力或其他原因，可委托教育中介组织代行一定的管理职权，从而实现自身的治理目标。在此情境下，就性质而言，教育中介组织的部分权力，实乃来自政府或其职能部门的行政委托或法律授权。

从经济学视角观察，此时在政府与教育中介组织之间，实际上存在着某种性质上的“委托—代理关系”。此外，从简政放权、转变职能和政校分开的要求出发，政府除应向学校放权以落实学校办学自主权之外，亦应向教育中介组织“让渡”部分权能，从而能够使自身从具体而微的教育事务中超脱出来，进而专注于宏观调控。这就要求政府可根据实际需要，对某些教育中介组织进行委托或授权。

（三）加快职能转变

由于我国仍然处于传统计划体制向市场体制的转轨过程当中，我国“有限政府”的管制模式尚未真正形成，所以，目前在教育中介组织运作过程中，政府转变职能尚不到位，其角色扮演也存在着越位、错位和缺位三个方面的突出问题。具体来看，政府权限范围和行使职权的方式十分模糊，在教育发展过程中，政府常以“全能者”的身份出现，做了许多超出了其权限范围的事，这就严重限制和压缩了教育中介组织的生长发育空间，遏制了教育中介组织的积极性和活力，阻碍了教育中介组织的进一步发展和壮大。为扭转上述局面，政府必须进一步加大转变职能的力度，淡化自身在专业性领域内的直接管理职能，为教育中介组织的发展和壮大提供广阔的空间和舞台。

总之，我国社会主义市场经济体制的确立以及政府推动的简政放权和转变职能改革，已为我国教育中介组织的良性发展开辟了广阔前景。然而，如何克服教育中介组织的先天不足，以及在政府、学校与教育中介组织之间，究竟应该建立怎样的良性互动关系，应成为我们未来思考和探索的方向。

第四节　小学教育管理体制改革

目前，我国基础教育经过多年的改革与发展，已经确立了基本的制度框架，在运行上也取得了较好的效果。从 1986 开始实行九年制义务教育以来，我国只用了20多年的时间，就基本普及了义务教育，这是中国教育史上了不起的成就。随着社会、经济、文化的发展，人民对教育的需求，尤其是优质教育的需求越来越大，因此，当前我国义务教育的主要矛盾是社会日益增长的教育需求与教育资源特别是优质教育资源的有限性（相对不足）之间的矛盾。为了满足人们日益增长的教育需求，教育行政部门以及各级各类学校应当深刻认识到提高教育质量，向学校管理要质量应是当前学校管理工作的核心。因此，深化教育改革，探索建立惠及更多利益相关者，关照学生可持续发展的现代中小学管理体制是当前义务教育阶段教育改革的核心问题所在。

一、构建有利于小学教育发展的外部环境关系

思考现代小学教育管理体制改革的路径，首先触及的是“政府、学校和市场”的关系。英国学者尼夫（G. Neave）在分析重构教育与政府关系、教育与社会关系时指出，要“努力将一种特殊形式的由外部界定的‘竞争伦理’作为学校的，因而也是教育制度发展的主要驱动力”，一语道破了构建现代学校制度的价值基础。过去，我国教育行政部门一直对义务教育阶段的学校有统得过死、管得过严的弊病，不利于调动各中小学办学积极性，也不利于各中小学因地制宜地办出特色。因此，建立现代学校管理制度，必须重新构建政府、学校和市场三者的关系，改变控制与被控制的局面，引入第三方市场因素，引入竞争伦理，打破大锅饭的教育资源分配模式，提升各中小学办学活力，使义务教育阶段的教育真正促进学生可持续发展，符合学生个性发展需要，办出优质的教育来。

随着经济和社会发展的日益加快，建设知识型社会、学习型社会要求突破传统的教育体制，建立与市场经济和知识型社会相适应的教育体制。新的义务教育体制应以现代社会对人的全面发展的要求为出发点，体现学生发展为本的思想，为人的终身发展奠定基础。不可否认的是，政府一直以来在义务教育事业中发挥着重要的作用。问题是如何理顺政府与学校的关系，如何正确定位政府在义务教育中的角色和地位，避免政府职能部门的“越位”（做了不该做的事情）、“缺位”（该做的事情没做好）、“错位”（做了该别人做的事）。我们认为，理顺政府与学校的关系，其要点在于政府、学校和

市场三者均需要转变职能。从政府角度看，需要简政放权；从市场角度看，主要考虑建立市场与教育事务的运行机制；从学校层面看，主要考虑学校的自主发展问题。

其次，现代小学管理制度的建立，必须清晰界定政府、学校、市场三者的职能。首先是政府职能的转型，政府应该从具体的教育管理事务中逐步退出，凡是学校能够办好的事情都让学校办，凡是市场能解决的问题就应靠发挥市场机制来解决。政府应该注重于教育事业发展规划，加强教育事业宏观调控；加强教育制度环境建设，维护市场秩序，发挥市场机制。同时，简政放权并不意味着削弱政府主管教育的权力，而是有效地增强了政府的责任意识。责任意识的加强，意味着政府必须做该做的事情，如果失职，就必须承担相关的道义、政治或法律上的责任。

学校也应该转变职能，在政府将部分教育管理权下放给学校的时候，必须建立相应的权责体系。政府下放的权力一般包括学校目标和政策制定权、财政预算权、人事安排权、课程设置权等。学校同时也必须建立起相应的知识、信息、人事体系以承担、使用好下放的自主权，教育行政人员的素质也必须相应地提高。如果没有相应的教育资源做支持，学校对权力的运用就会缺乏必要的条件。

在市场方面，一是应通过培育教育中介组织，实行对教育的转移支付和公共教育服务的"购买"，将原有的一部分政府管理职能分化；二是尊重家长及学生对教育的选择权，通过引入市场机制，合理配置教育资源。

二、建立有利于小学教育发展的现代学校管理体制

现代学校制度是指在知识社会初见端倪和全面建设小康社会的大社会背景下，能够适应市场经济和建设学习社会的基本要求，以新型的政校关系为基础，以现代教育观念为指导，学校依法民主、自主管理，能够促进学生、教职工、学校、学校所在社区的协调和可持续发展的一套完整的制度体系。①

① 李继星：《基础教育阶段现代学校制度建设论纲》，《教育理论与实践》2005 年第 2 期，第 18—23 页。

现代小学管理体制的基本价值是保障学校大力推进素质教育，促进学生的充分、全面、多元、终身发展。通过建立现代的学校内部治理架构，避免“一长制”的独断专行，充分表达各教育利益相关主体的需求。同时，现代学校管理制度是一整套有机的制度体系，它从教育价值观到组织架构到教育管理方式等方面使得学校朝着符合市场经济、知识型社会的规范前进，主要体现在以下几个方面：

(一) 形成现代教育观

无论学校管理体制如何改革，其出发点和落脚点都在于提高教育质量，促进学生的终身发展。因此，现代的教育观指引着教育工作者的办学思路，影响着教育工作者的办学行为。现代的教育观包含着学校工作的方方面面，主要有现代的教育价值观、教育质量观、教育管理观、教学评价观、学生观、教师观、课程观等。比如，在现代的教育管理观的指导下，小学的校长和教师应该把主要精力放在课程的领导上，全力以赴地提高课程质量、教学质量，而不是把精力放在公关、应酬等事务上面。同时，校长与教师应该成为专业人士，实行校长和教师的专业化发展，成为既有丰富实践经验又有较高理论水平的高素质教育管理者。

(二) 形成校本管理组织架构

校本管理(school-based management，SBM)是20世纪60年代在西方发达国家兴起的，是以学校发展为本，以学生发展为中心，以提高学校组织效能与学习教育质量为核心的学校管理制度。校本管理提倡学校自主发展，政府宏观调控，明确学校、政府、市场三者的关系，形成有效的制衡机制与合作机制，共同推动教育的发展。校本管理下的学校自主发展，至少应包括以下几个方面：首先，财政自主，包括预算规划和经费管理的自主；其次，人事自主，学校有权对教师和职员做出安排；再次，课程自主，学校能自主开发体现地方特色和自身特色的校本教材，真正做到“把课程还给教师”；最后，发展自主，学校拥有独立的发展权，有权依据办学章程，制定学校目标、发展愿景、发展规划等。

(三) 形成多元参与管理模式

现代小学管理体制要求形成决策、监督、执行三权分立，学生、家长、社区共同参与的多元管理方式。其根本目的在于保障学校的民主发展，真正体现教育相关者的利益，同时，也能有效地促进学校接受监督、关注其绩效发展。多元参与的教育管理方式，有利于社会各个层面的多方互动，各个层面有效参与到学校管理事务中来。在现代的小学中，学校应该重视教育信息、校务的公开和透明化，尊重教师、学生、家长的教育知情权；建立民主治校的各项制度，采用多个部门相互制衡的方式协同发展；避免校长负责制下校长权力的过度膨胀，使教育管理权力的运用能真正体现学生发展的诉求。

三、着力推动小学教育管理体制与机制改革

改革开放30多年来，我国教育事业取得了巨大的成就。九年义务教育基本实现普及化，基本扫除文盲，部分发达地区正在进行十二年义务教育的有益探索；高等教育逐步实现大众化，让更多的学生得以接受到更高层次更优质的教育；教育法律法规日益完善，学校办学自主权日益扩大，各级各类学校逐步走上规范办学、特色办学的道路；大力推动基层教育阶段素质教育，有效促进了学生的全面发展。同时，在种种成绩面前，我们也要清醒地认识到，我国教育，尤其是基础教育，离世界教育发达国家的水平还有一定距离，面临着巨大的挑战和困境，主要体现在如下几个方面：

（一）理顺各级政府之间的权责

在义务教育阶段，中央政府、省级、市级、县级之间的关系不够明确，普遍存在着上级政府权力过分集中，而下级政府权力有限的问题。同时，下级政府虽然权力有限，却必须承担相当大的责任。体现在教育经费管理方面，就是存在着拖欠教师工资的问题，尤其是农村地区更为严重。

（二）理顺政府和学校之间的关系

这种关系主要表现在政府、教育行政部门是否愿意真正地将权力下放，下放多大的权力，而下放的权力，由哪些组织机构予以承担。关系的理顺要求明确界定政府、学校的责任和义务，加强政府的责任意识。政府管理教育需要建立问责制度，学校管理教育需要建立绩效考评制度。学校的法人地位、内部治理机构达到完善，才能有效地解决政府和学校之间权责不清的问题。

(三) 大力培育第三方市场的力量

现代学校管理制度,需要重新建构教育价值观,引入市场竞争伦理,摈弃过去依靠政府和上级主管部门的心理。但如何有效地培育市场力量,如上节所言,如何培育一大批教育中介组织,并使之成为参与教育管理的重要力量,如何吸引社会各个层面的支持、监督来促进学校发展,这些都是亟待解决的瓶颈问题。

(四) 提升相关人员的教育管理素质

建立现代学校管理制度,学校校长、教师、职员、家长和其他管理者是否为现代学校管理制度的建立做好准备?思想上能否改革旧有保守的教育观念?在教育信息不甚公开,教育资源比较稀缺的情况下,能否有足够的知识和能力突破传统教育体制的束缚?

正如加拿大学者比塞隆(Robert Bisaillon)所说:“在教育制度迫切需要变革的情况下,成功实际上依赖于每个人根据其作用和能力所做出的负责任的承诺,依赖于教育政策的制定者、学校校长以及那些从事教育日常工作的人。”[①]因此,建立现代学校制度,创设有利于学生全面发展的素质教育体系,建设新型的现代化小学,推动基础教育的扎实发展,需要社会的共同关注,需要每一位参与教育事业的人士付出努力,共同推进现代学校制度建设的步伐。

① 范国睿:《政府・社会・学校——基于校本管理理念的现代学校制度设计》,《教育发展研究》2005年第1期,第17页。

第四章
小学组织变革与领导

组织乃开展管理活动的前提和载体，小学系小学教育及其管理活动重要依托。本章主要讨论学校组织的相关理论、小学组织变革与创新，以及小学组织内部领导体制改革与完善等问题。这些内容，亦为本书以后各章得以展开的重要基础。

第一节　学校组织理论概述

一、一般组织理论简介

(一) 对“组织”概念的理解

对于“组织”概念，不同理论流派的理解各不相同。理性系统观认为组织是实现具体组织目标的正式工具。理性是组织并实施一系列行为，以最大的效率实现预定目标的程度。持理性系统观的人认为，目标作为组织中的重要因素，是指导组织行为的预期结果。目标的具体化有利于细化任务、进行资源配置、管理设计决策的理性化。形式化服务于组织理性化的目标，产生了工作绩效标准与规章，形成了可见的组织关系结构。同时对于如何创建和设计可以有效地完成任务的结构，理性系统理论家提出了分工、标准化、形式化、专业化、狭窄的控制幅度、权利等级体系和例外原则。

自然系统观认为，组织是在特定环境中为了适应和生存而形成的社会群体。正式组织与结构在组织中不会真正发挥多少作用，而强调非正式组织，强调人以及人的需要。组织中的个体在与组织中其他个体交流时，带有自己独特的价值观、动机和知识结构，并因此产生了非正式的地位结构、沟通网络和权力关系等。自然系统观强调个体比结构重要，持“无组织之人”的取向。

开放系统观认为，组织不是独立于外部环境，而是依赖于环境的开放系统。组织同时受到理性因素与自然因素影响，这些理性因素与自然因素随环境的变化而变化。开放系统观强调组织的动态性，组织为了生存下去必须适应环境，并根据环境的变化做相应的调整和变革。

“人类发明论”的组织实在观认为，组织是人在不断理解和反思的过程中发明与创造的社会现实，是人的价值和意志的集中表现，而非客观存在事物；组织是依人的意志而运行，并非目标导向的；组织与环境都是主观的实在，都是人的观念和行动的产物；权力是组织的灵魂，组织的权力来自人们对他人目的的承诺，人们在互动关系中创造出权力，并成为那些享有公认支配权的人达成目的之工具。①

综上所述，我们认为：组织是依据目标与人的意志运行的、受客观因素与主观因素影响的开放系统。

（二）与组织相关的概念

1. 组织目标

组织目标作为组织一定时期内所要达到的预期效果，对组织以及组织成员具有导向功能。目标影响组织资源配置，指导组织任务分工，作为组织发展的指南针，调节不利于目标实现的行为。目标的长远性和清晰可操作性有利于组织做出理性的决策，同时使组织实际运作也受到具体目标的指

① 张新平著：《教育组织范式论》，江苏教育出版社 2001 年版，第 260—268 页。

导和调节。

2. 组织文化

任何一个组织都是由人构成的，是在组织发展历程中逐步形成的，因此每个组织都有自己的价值观和行为方式。组织文化是组织必不可少的部分，而且影响组织的结构、组织的运营方式。大内（William Ouchi）认为，组织文化是指“借以将组织的潜在价值观和信念传递给组织成员的符号、礼仪、典故”。斯蒂芬·P.罗宾斯（Stephen P, Robbins）认为组织文化是“为组织成员所共享的、是组织和其他组织区分开来的意义系统”。沙因（Edgar H. Schein）认为组织文化应保留“更深层次的基本假设、价值观和信念”，这些因素为组织成员所共享，并认为是能保证组织不断取得成功的当然因素。希恩（Sheehan）认为，组织文化是“特定组织在适当处理外部环境和内部整合过程中出现的种种问题时，所发明、发现或发展起来的基本规范。这些规范运行良好，相当有效，因此被用作教导新成员观察、思考和感受有关问题的正确方式”。由此可以看出，组织文化是组织成员所共同认可的一套价值观；它是稳定的、客观的、深层次的，不是单个人可以决定和改变的，而是组织成员共同创造和默认的。

3. 正式组织与非正式组织

正式组织是通过组织设计而建立的正规的组织架构、部门和权利体系，正式组织的活动以成本和效率为主要标准。非正式组织是组织成员在感情需要的基础上产生的，它服从于组织成员的情感需要。正式组织与非正式组织在组织中客观存在，在组织存在与发展过程中，以各自的方式发挥影响和作用。

要使非正式组织与正式组织相配合以发挥其积极作用，必须承认非正式组织存在的必要性和客观性，不反对正常的非正式组织的存在。建立和宣传健康良好的组织文化，即通过宣传乐观进取、积极向上的价值观、情感和行为规范，潜移默化地影响非正式组织成员，有利于成员树立积极正确的工作和生活态度，使正式组织对非正式组织产生凝聚力，进而促进正式组织与非正式组织之间的协调。

（三）组织理论的演进

组织理论的发展经历了以工作为中心的古典组织理论，到以人为中心的新古典主义理论，再到以环境和系统为中心的权变组织理论的演进过程。

1. 古典组织理论

韦伯提出了科层制模式，主要包括明确的职责分工、建立自上而下的等级系统和奉行理性原则、遵守规则和纪律等。

(1) 劳动分工。在科层制模式中，工作任务是根据组织目的和工作类型进行划分的，职责范围十分明确。劳动分工导致专业化的产生，使员工成为每一个特定岗位上的专家。

(2) 等级制度。在科层制组织中，组织是按照等级制度原则，职权关系垂直分布，形成严密的上下级关系，每个员工都受到高一级的员工的控制和监督，每个员工都有明确的权威与责任。

(3) 规章制度。在科层制组织中，规章制度规定了每个职位的权利与义务，使组织成员的活动与关系受到规则的制约，从而促进了非人格化取向的产生，使组织成员的个人观念和倾向不影响组织的理性决策，组织成员都遵循严格的规章制度对待工作，以确保组织目标的实现。

(4) 效率。劳动分工和专业化造就了专家，而非人格化取向的专家会依据事实在技术上做出正确、合理的决策。一旦做出合理的决策，权威等级体系就会保证对指令的规训化服从，并遵从规章制度，形成一个协调优良的执行系统，保证组织运行的统一性和稳定性。①

2. 新古典组织理论

梅奥是人际关系理论的创始人，此理论认为工人不是单纯追求物质的“经济人”，而是有社会方面的、心理方面的需要的“社会人”；提出了非正式组织的存在。巴纳德用社会学的概念分析经理人员的职能和工作过程，并重点对组织结构进行了逻辑分析，提出组织存在的基本条件。

斯科特(W. Richard Scott)等人以古典组织理论为基础，通过吸收行为

① [美]韦恩·K.霍伊、塞西尔·G.米斯克尔著，范国睿主译：《教育管理学：理论·研究·实践》，教育科学出版社2007年版，第83页。

科学理论并修正古典理论，提出了对于组织的看法。采取扁平型组织结构，摒弃科层制的高耸型；提倡部门而非个人专业化，允许人员流动，管理更富有人情味；提倡更多采用分权和参与决策的方式，而非集权，以调动下级的积极性；重视对非正式组织的研究。

3. 权变组织理论

权变理论以菲德勒(Fred E. Fiedler)为主要代表。认为一个组织的结构和职能要根据组织所处的环境和内部条件的发展变化而变化，固定的组织结构和职能是行不通的。权变理论致力于在组织与环境之间建立最大的一致性，以实现组织目标。

二、学校组织特征

学校是一种有计划、有组织地进行教育教学活动的社会组织。其基本特征如下：

(一) 劳动分工

教育任务过于复杂，学校组织必须通过劳动分工提高工作效率。分工主要涉及学科分工和水平分工。学科分工是指语文、数学、英语等，水平分工是指将学校分为小学、初中、高中等。

(二) 学校组织文化

学校组织文化的分析可以通过研究文化的表述、文化的内容和主要的沟通方式来进行，而偶像、故事和礼制作为学校文化的符号有助于识别学校的组织文化。偶像是指发挥交流文化的物质性的人造器物(理念、格言和奖品)；故事是指在真实事件的基础上通过改编的叙事，用以服务于学校文化的建立；礼制是指组织中重要的标志性的理性意识和惯例。大多数学校文化体现在课程计划、学校环境布局、学生学习活动与实践活动、教师会议、师生关系等方面。

学校组织文化可以划分为信任文化、控制文化等不同类型。

信任文化主要涉及教师与学生、校长与教师、校长与中层管理者、教师与家长、教师与教师等的信任。信任对于学校文化，甚至学校的各方面都起着非常重要的作用。例如当学生对教师的信任度很高的时候，学生会相信教师是可靠的、善良的、负责任的，更易于接受教师给他们施加的影响；当校长对教师的信任度很高的时候，校长会相信教师是积极进取的、能按时完成所布置的任务、对工作认真负责，校长更易于对教师采取比较宽松的政策，给教师更多发展的空间；当教师对校长的信任程度很高的时候，教师更容易相信校长制定的制度方针的合理性，更加积极主动配合校长展开工作；当教师之间的信任度很高的时候，教师更易于分享自己的工作心得和工作经验，从而促进教师专业化的成长。而当校长对中层干部的信任度不高时，不易于对中层管理者的政策的执行，阻碍了政策方针落到实处；当家长对教师的信任度比较低的时候，易于对教师产生敌对情绪、怀疑教师的人品和能力、不积极配合教师的工作，同时这种态度也会影响学生对教师的评价，阻碍学生与老师信任关系的确立。

调控文化主要涉及校长和教师对学生学业的发展、人生观和价值观的培养等。调控文化是所有组织的共性文化，对于学校文化而言，主要可以划分为以控为主的文化和以调为主的文化。

以控为主的学校文化强调用刻板的制度和传统对学生进行高度控制，把学校看成是师道尊严的场所，学生必须无条件服从教师的命令和安排，教师不必去了解学生的需要和差别，只需要把学生当作是待加工、没有主观意愿的物品，这样学校成为等级制度森严的场所。

以调为主的学校文化把学校看成是民主社会的一部分，是培养学生民主能力的场所。教师把学生看作是有自觉学习的态度和积极向上的品质的个体，教师的强权控制被学生的自我约束所取代，教师与学生之间的交流更多是以沟通与合作的方式进行，学校充满着信任和谐的氛围。

(三) 学校正式组织与非正式组织

学校的正式组织是按照韦伯的科层制模式建立的。学校的管理层级垂直分布，每一级管理者都受到上一级管理者的监督和控制，在学校中由上到下体现为校长、主任、年级长、教师。严密的上下级关系确保了下级对上级命令的遵从，有利于学校组织的目标和任务落到实处。为了确保科层制的实施，学校以相应的规章制度进行约束。规章制度规定了每个职位的权利和义务，包括服从上级的命令、完成上级交给下级的任务、及时向上级报告工作情况等。

学校非正式组织是在学校正式组织展开活动的过程中，学校成员认可在其他同事身上存在的自己所具有、所喜欢、所欣赏的特点，从而加深对其认识，并建立工作以外的联系，最后在学校正式组织以外形成了一些与正式组织相联系又独立于正式组织的小群体。学校中非正式组织的互动方式主要表现在以非正式组织的领导为中心的纪律网络、非正式的沟通渠道等，同时非正式结构也建立了共享价值和信念。

学校非正式组织作为一个群体，能够给成员提供归属感，满足成员心理上的需求；学校非正式组织对信息的传递速度快，比较真实，信息往往反映了教师的观念、态度以及工作进展，便于校长和主任等管理者了解组织内的真实情况；同时通过非正式组织使其成员加深对组织目标的了解，激发对组织目标的认同感，促进学校教育目标的实现。

(四) 学校组织中的权力

任何组织都必须对其成员进行控制。尤其对于学校非正式组织而言更为重要，因为它承担着培育下一代的重任。学校通过设置目标、建立层级制、确立规章制度、管理和监督教师和学生行为，确保教育目标的实现。

学校中的权力主要包括强制权力、奖励权力、合法权力、魅力权力。

强制权力是校长等管理者通过惩罚不合要求的行为而影响下级的能力。惩罚主要包括解雇或降级、正式与非正式的批判、对基本权力的限制等。强制权力是组织授予并依据规章制度进行的处罚，组织有强制权，下级有服从义务。

奖励权力是学校管理者以奖励为手段而影响下级的能力。此权力的效果取决于奖励是否能满足下级的需求、需要投入的时间精力是否与奖励相匹配。例如校长想要鼓励教师积极进行科学研究、提高专业素养，校长可以为有能力并有意愿的教师提供出去学习的机会，对表现突出的教师给予物质奖励或者精神奖励等。

合法权力是建立在学校正式颁布的规章制度的基础上，是学校管理者凭借正式职务而影响下级的能力。下级并不是服从于某个具体的人，而是服从规章制度，所以管理者所执行的合法权力只局限在这一职位的权限内，而非学校管理者个人的魅力。

魅力权力是指由于下属对管理者的能力或道德等方面具有认同感，而使学校管理者对下级具有影响的能力。魅力权力属于感性范畴，主要依靠管理者的个人素质能力以及人格魅力等。例如，校长对于工作认真负责的态度会影响教师对工作的态度和热情。

(五) 学校组织的结构

韦伯式学校结构是一种专业化和科层化互相补充的结构类型，主要涉及专业结构、权威结构和混乱结构。

专业结构是专业人员做出重要决策的结构。专业人员主要是指具有相关专业知识、有实力做出组织决策的人员。

权威结构强调科层制，而忽略专业性。该结构形成结构严密的上下级关系，确保对上级命令的服从；同时，有规章制度服务于科层结构，规定具体职位的权利和义务；采取非人格化取向，而不是凭感觉。

混乱结构是一种科层化与专业化都很低，容易产生混乱和冲突的组织结构。

此外，也有一些学者把学校看成是“松散耦合系统”或“有组织的无政府”状态。这种观点认为，学校的组织目标模糊不清，所用技术不明确，组织过程的参与者不断流动，各种活动不协调，各种结构性要素松散联系在一起，组织结构对组织活动的结果几乎没有什么影响。因为教师在教学过程中拥有广泛的专业自主权，不受管理者和其他教师的控制和监督，例如教学方法、课程内容的安排等；在学生问题上，教师同样具有广泛的自主权。此外，迈耶(John, W. Meyer)和罗恩(Brian Rowan)还认为，教育工作者通常把组织结构从教育活动及其结果中“脱耦”出来，并付诸于一种所谓的“信任逻辑”。①

① [英]托尼·布什著，强海燕主译：《当代西方教育管理模式》，南京师范大学出版社 1998 年版，第 170—176 页。

三、学习型组织理论

(一) 学习型组织基本理论

1. 学习型组织概念

著名管理学者圣吉(Peter M. Senge)认为,“学习型组织”(learning organization)是这样一种组织:在其中,大家得以不断突破自己的能力上限,创造真心向往的结果,培养全新、前瞻而开阔的思考方式,全力实现共同的抱负,以及一起不断学习如何共同学习。他提出,创建学习型组织要通过自我超越、改善心智模式、构建组织共同愿景、团队学习和系统思考这五项修炼来完成。马恰德(J. Marquadt)认为,系统地看,学习型组织是能够有力地进行集体学习,不断改善自身收集、管理与运用知识的能力,以获得成功的一种组织。派得乐(G. Pedler)等人指出,学习型组织是促使组织中的每个成员都努力学习,并不断改革自身的组织。加尔文(David A. Garvin)指出,学习型组织是指善于获取、创造、转移知识,并以新知识、新见解为指导,勇于修正自己行为的一种组织。①

2. 学习型组织的“五项修炼”

彼得·圣吉等人提出的学习型组织的“五项修炼”,具体内容包括:

(1) 自我超越。自我超越是指个人通过成长和学习的修炼以不断扩展自身的能力。学习型组织的精神在于组织成员不断学习、充实自我,因此组织应充分意识到组织成员的全面发展是组织实现目标的重要影响因素,应积极创造鼓励个人发展的组织环境,每个员工通过学习认清什么对大家是真正重要的东西,同时不断学习如何更清晰地观察现实。

(2) 改善心智模式。心智模式不仅影响人们理解世界,同时影响人们的行动,而组织同样可能存在共享的心智模式。改善心智模式的修炼要求组织检查和修正以往以局部或静态思考为主的心智模式,向注重互动关系与动态变化为主的共同心智模式转变。同时,不一定寻求观点的协调一致,允许不同观点的存在,而且每个员工都能包容他人的不同观点。

---

① 孟繁华:《建构现代学校的学习型组织》,《比较教育研究》2002年第1期,第54页。

（3）建立共同愿景。共同愿景是组织成员普遍认同的价值观，是组织成员的共同认同感。共同的愿景是学习实践的焦点，也是其动力来源，主要表现在：共同愿景能激发人们的热望和抱负；共同愿景能激励组织成员勇于承担风险，勇于探索。

（4）团队学习。团队学习是协调校正的过程，是开发团队能力的过程。团队学习涉及三个关键方面，即对复杂问题的深入思考和清晰理解、创新和协调的行动、团队成员对其他团队所起的作用。团队学习的修炼主要通过深度会谈和商讨的实践艺术来进行。

（5）系统思考。要求团队成员树立全局的观念，把问题置于系统中来思考，从动态发展的各种要素中寻求新的动态平衡。①

（二）学习型组织理论的现实意义

1. 组织创造良好的学习氛围

学习型组织的精神在于组织成员不断学习、充实自我。基于组织成员的全面发展是组织实现目标的重要影响因素，学校组织应为教师和学生提供一个支持和鼓励学习的环境，使学校成为教职工和学生能全身心投入并创造持续增长的学习力的组织。为此，校长必须对学习持有良好态度，营造一种支持学习者的氛围；积极提供各种学习工具；深入了解教师和学生的学习方式，用知识推进学习；鼓励每个教职员工成为终身学习者；鼓励教职员工之间虚心学习；使用多样化手段鼓励教职员工积极学习，并对学习效果进行评价；了解那些阻碍学习的因素和促进学习的因素，趋利避害。

2. 学校组织成员应拥有共同愿景

学校组织的共同愿景是学校组织以及所有学校组织成员所预期创造的。它来自于教职工和学生的内在需要，是学校组织成员乐意达到的目标，而非由外在强制施加的组织目标。学校组织的共同愿景的作用在于使不同个性不同理想的人凝聚在一起，为学校共同的目标奋斗。事实上，人们寻求建立共同愿景，部分是出自学校组织成员希望能够归属学校这一重要任务。

① [美]彼得·圣吉著，张成林译：《第五项修炼：学习型组织的艺术与实践》，中信出版社 2009 年版，第 7—14、137—264 页。

如果没有共同愿景把学校组织成员拉向真正想要实现的目标，只求维持现状的力量将牢不可破。学校组织的共同愿景涉及学校组织的个性化的教育理念。学校组织的长远目标与近期目标，涉及学校领导人的教育哲学以及每一位教师的教育哲学，这种教育哲学包括每位员工的基本教育理念、学生观（儿童观）、课程观、教学观等哲学层面的理念与意识，也包括每位员工对于学校办学目标的具体认识以及个体对自己的组织角色的认识等等。①

3. 转变学校领导原则

确立以人为本的管理原则。以人为本就是指以人的本性和身心特点、以人的全面的自在的发展为核心，创造相应的环境、条件，以个人的自我管理为基础，以组织共同愿景为引导的一整套管理模式。这种管理所强调的是要突出人的地位，把人的心理和生理上的需要满足感作为“第一因素”，在管理中做到关心人、理解人、重视人、尊重人、激发人和发展人。学习型组织理论的核心内容就是强调“人本”。这就要求学校的组织者和管理者必须树立以人为本的思想，建立组织成员之间平等、和谐、互助的新型人际关系。

4. 开放学校组织

学习型组织是一个开放的系统，学校内部因素与学校外部因素相互联系。学校组织成员必须进行系统而全面的思考。学校应加强与社区的联系，使学校能一定程度上满足社区的需要，为社区服务；学校应广泛吸引社会力量投资办学，同时要广泛调动社会各方面的力量参与办学，从而提高学校的质量；开设网络课程，使自身的优势教育资源能帮助更多有需要的人，发挥更大的效益，同时扩大学校的知名度。

5. 重构学校组织结构

学习型组织的结构不同于传统的科层制和等级制的组织模式，它强调横向与纵向相结合的联系与沟通的方式，强调权力下放，同时还表现出适应性强、反应灵活的特点。因而在建设学习型学校时要根据学习型组织的特征改造和重构学校组织。要营造合作的组织氛围，建立知识和信息沟通渠

① 范国睿:《走向学习型组织的现代学校》,《教学与管理》2001 年第 2 期,第 5 页。

道。现行的学校管理模式过分强调竞争与控制，使学校的信息流动性极差，教师之间很少合作，造成工作的重复，学校管理总体水平不高，因此，增加信息流动性、建立分享与合作机制显得尤为重要。要鼓励教师建立一个尊重所有学生能力与需要的环境，鼓励师生积极参与教育决策结构，从而形成"以师生为主"的扁平化的学校组织结构。学校要削减不必要的部门或者合并功能重叠的部门，同时减少学校决策层与操作层之间的间隔层次，实现扁平化管理。

第二节　小学组织变革与创新

任何组织都有自己的生命周期，都会面临衰老和死亡，在竞争激烈的市场环境下，组织要么通过变革获得新生，要么慢慢走向死亡。

一、组织变革理论简介

(一) 组织变革概念及其内容

关于"组织变革"(organization change)的概念，不少学者都提出了自己的看法。哈格(Hug)认为，组织变革是指"组织形式的改变和转变，以使组织能够在环境中更好地生存"[①]；乔治(Jennifer M. George)和琼斯(Gareth R. Jones)认为，组织为了提高效率，改变现有状态并朝预期状态不断前进而进行的一系列活动称之为组织变革。[②] 这些定义指出了变革的目的，但显然对于组织变革的条件、内容等都没有说明。

我们认为，组织变革是组织为了实现自身的生存和发展目标，根据外部

① [美]理查德·H. 霍尔著，张友星等译：《组织：结构、过程及结果》，上海财经大学出版社 2003 年版，第 203 页。

② [美]珍妮弗·M. 乔治和加雷思·R. 琼斯著，于欣等译：《组织行为学》，北京大学出版社 2010 年版，第 513 页。

环境和内部环境的变化,对组织的结构、人员、技术、文化等方面进行的调整、改变和创新过程。组织变革的内容主要包括:

1. 结构变革

组织的正常运行,要求有与之相应的运行载体,即合理的组织结构。变化着的环境要求组织的结构与之相应改变,变革一般包括变动组织的部门或单位、调整组织的权责体系、协调各部门之间的关系以及向下授权等。

2. 人员变革

人员变革的目的是帮助组织中的个体和群体更有效地工作。变革的内容包括通过满足成员的各种合理需求改变个体的观念与态度,通过加强沟通交流、鼓励成员参与管理及完善领导方式来发展个体和群体的行为方式。

3. 技术变革

技术变革包括两个层次:一类是直接工作技术变革,即更新生产设备,采用新工艺、新方法和新技术;一类是管理技术系统的变革,如现代化的信息处理系统的引进、新的程序管理方法的使用等。

4. 文化变革

组织文化是组织成员共有的信仰、价值观和行为准则。组织内部人员的知识结构、技术水平、价值观念、思维方式随着环境的变化而不断更新,组织文化也会随之改变。

(二) 组织变革的类型

根据组织变革有无计划和目的性,可分为有"计划的变革"(planned change)和"无计划的变革"(unplanned change)。前者是一种经过深思熟虑后进行的变革;后者是强加给组织的,而且常常是不可预见的。①

根据组织变革的速度和范围不同,可分为"渐进式变革(evolutionary change)"和"激进式变革"(revolutionary change)。前者是一种局部的、递增的、强调逐步变化的变革,后者是一种快速的、剧烈的和范围广泛的变革。②

---

① [美]斯蒂芬·P.罗宾斯著,孙健敏等译:《组织行为学》,中国人民大学出版社 2004 年版,第 611 页。

② [美]珍妮弗·M.乔治、加雷思·R.琼斯著,于欣等译:《组织行为学》,北京大学出版社 2010 年版,第 519 页。

组织变革的第三种类型是“战略性变革”(strategic change)和“草根型变革”(grassroots change)。前者指由行政长官、高层主管、顾问等一些主要人物做出的抉择，行动具有广泛而深远的影响；后者是那些发生在地方或街道这一层面上的改革，组织中的中层领导、基层管理人员及一线工作的员工都要参与到改革中来。①

(三) 组织变革的机制分析

组织变革的机制涉及动因、阻力及消除阻力的策略三个方面：

1. 组织变革的动因

变革的动因有许多来源，有些是外部的，有些是内部的。外部环境包括经济、政治、社会、文化、人口、市场、自然环境等，任何一种因素都可能成为促使组织变革的强大力量，对组织的发展有深远的影响。从组织内部来看，促使组织变革的因素主要有如下几个方面：组织运行状况不佳，效率和效益下降；组织战略的改变；组织结构存有缺陷；组织规模的变化；人力资源的变化。这些都促使组织进行变革，以提高组织对内外环境的应变能力。

2. 组织变革的阻力

斯蒂芬·P. 罗宾斯从个体和组织两个层面对组织变革阻力进行了区分，其中个体阻力被认为是来自于基本的人类特征，主要包括习惯、安全感、经济因素、对未知的恐惧、选择性信息加工这五个方面。② 除了上述五个阻力源之外，格里芬(Ricky W. Griffin)认为还有第六个——社会因素，即人们可能会因为担心他人的看法而抵制变革。③

制约组织变革的阻力中有一部分是来自组织自身的，因为组织就其本质来说是保守的。这些阻力源又有六种：第一，结构惰性。组织拥有的内在的机制很可能会充当变革的反作用力。第二，有限的变革关注。子系统中的有限变革很可能会因更大的系统问题而变得无效。第三，群体惰性。即

① [美]罗伯特·B. 登哈特著，赵丽江译：《公共组织行为学》，中国人民大学出版社 2007 年版，第 373 页。

② [美]斯蒂芬·P. 罗宾斯著，孙健敏等译：《组织行为学》，中国人民大学出版社 2004 年版，第 612—613 页。

③ [美]里基·W. 格里芬著，刘伟等译：《组织行为学》，中国市场出版社 2011 年版，第 489 页。

使个体想改变他们的行为，群体规范也会成为约束力。第四，对专业知识的威胁。组织模式的变革可能会对特殊群体的专业知识构成威胁。第五，对已有权力关系的威胁，使既得利益者反对变革。第六，对已有资源分配的威胁。组织中控制一定数量资源的群体，常常把变革视为一种威胁。①

3. 消除阻力的策略

认识到组织变革的阻力后，如何消除呢？斯蒂芬·P.罗宾斯同时提出了可以使用的六种策略②：首先是教育和沟通。通过个别交谈、小组讨论等方式进行沟通，降低变革的阻力。第二种是参与，即把持反对意见的人吸收进决策过程中来。第三种是促进与支持，通过提供大量的支持性的措施来减少阻力。第四种是谈判，同具有强大影响力的个人或部门进行谈判。第五种是操纵和收买，前者指的是暗地里施加的影响力，后者同时包括了操纵和让反对者参与其中两种方式。最后是强制的手段，即直接对抵制者实施威胁和压力。

(四) 组织变革的模式

组织变革是一个复杂、动态的过程，需要有系统的理论指导，影响比较大的理论模型有：

1. 卢因的三步模型

卢因(Kurt Lewin)认为，成功的组织变革应该遵循以下三个步骤：解冻现状，移动到新状态，重新冻结新变革使之恒久。

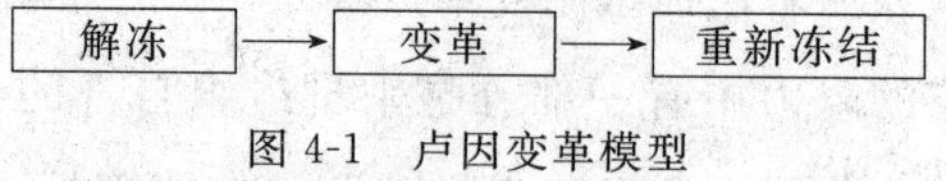

图 4-1 卢因变革模型

现状可以被视为一种平衡状态，要打破这种平衡状态，必须要先“解冻”，可以通过以下三种方式之一实现：一是增加引导行为脱离现状的力量；二是减少阻碍偏离现有平衡状态活动的力量；三是以上两种方法的结合。

① [美]斯蒂芬·P.罗宾斯著，孙健敏等译：《组织行为学》，中国人民大学出版社 2004 年版，第 614—615 页。

② [美]斯蒂芬·P.罗宾斯著，孙健敏等译：《组织行为学》，中国人民大学出版社 2004 年版，第 615 页。

一旦变革付诸实施，要想成功，还需要重新冻结新形势，使它长久保持下来。卢因的三步变化步骤将组织变革视为对组织平衡状态的打破，变革是必不可少的。①

2. 行动研究

指的是这样一种变革过程：它首先系统地收集信息，然后在信息分析的基础上选定变革行为。此模型包括五个阶段：首先，组织发起变革前，需要从组织成员那里收集变革需求方面的信息进行诊断。其次是分析，将有关信息综合成人们主要关心的问题、问题的范围及可能采取的行动。第三是反馈，即让员工共同分享前两步发现的问题，由员工开发需要实施变革的行动计划。第四是行动，包括人力、物力、财力等资源的优化配置、组织重构和确定发展战略等。最后是评价，以收集到的原始资料作为标杆，对活动计划的有效性进行评估。行动研究的有利之处是着眼于问题，由发现问题的类型进而决定采取何种行动。另外，行动研究中包括员工的参与，所以减弱了变革的阻力。②

3. 系统变革模型

系统变革模型是在更大的范围内解释组织变革过程中各种变量之间的相互联系和相互影响关系。这个模型包括输入、变革元素和输出三个部分。输入部分包括内部的强项和弱项、外部的机会和威胁，其基本架构是组织的使命、愿景和相应的战略规划；变革元素包括目标、人员、社会因素、方法和组织体制等，组织需要根据战略规划，组合相应的变革元素；输出部分是指变革的结果，应从组织、部门群体和个体等方面增强组织的整体效能。

从上述理论模型可以看出，组织变革的程序步骤一般有以下方面：研究组织的内外环境，确认变革的需要；认识问题，找出差距；提出变革行动方案；实行变革，评定变革的效果；实行反馈，巩固变革的成果。

---

① [美]斯蒂芬·P.罗宾斯著，孙健敏等译：《组织行为学》，中国人民大学出版社 2004 年版，第 616—617 页。

② [美]斯蒂芬·P.罗宾斯著，孙健敏等译：《组织行为学》，中国人民大学出版社 2004 年版，第 618 页。

(五)组织变革的趋势

纵观国内外企业组织架构已经或即将发生的变化的主要趋势,可概括为:扁平化、弹性化、网络化。

扁平化趋势:传统的企业组织结构多为金字塔型,其优点是分工明确、便于监控等。但其缺点也很明显,主要表现为机构臃肿、效率低下等。所谓扁平化,就是减少中间层次,增大管理幅度。由于管理层次的减少,缩短了上下层的距离,提高了信息传递的速度和办事效率;由于管理幅度加大,迫使上司必须适度授权,有利于发挥员工的创造性。

弹性化趋势:企业为了实现某一目标而把在不同领域工作,具有不同知识和技能的人集中于一个特定的动态团队之中,共同完成某个项目,等项目完成后团队成员各回各处。这种团队的优点是灵活机动、集合优势,不仅可以大大降低成本,而且能够促进企业人力资源的开发。

网络化趋势:企业形式集团化,众多企业之间的联系日益紧密起来;企业组织架构日趋扁平,横纵向的联络增多;信息技术的发展,促进了企业内部组织的日趋网络化。

二、学校组织变革的相关理论

学校是担负教与学任务的服务型组织。与其他类型的组织相比,学校的最终目的是促进学生的学习,学校更应该成为“学习型组织”(learning organization)。要成为有效的学习型组织,学校必须以适当的方式建构可持续地支持教与学的结构;发展开放、合作、自我管理的组织文化与氛围;吸引办事可靠、有效,并欢迎变革的个体;建构促进共同决策和持续沟通的机制,以提高组织的适应性。总而言之,学校组织作为组织的一类,也应该随着环境的变化而进行组织变革。

(一)学校组织变革理论

1. 霍伊与米斯克尔的观点

自霍尔(Richard H. Hall)运用组织量表测量了科层结构的六个核心特征后,霍伊与米斯克尔进一步将六个特征划分为两大系列,一列为“科层的”,一列为“专业的”。如果将每一种模式一分为二,组织的科层性和专业

性就整合成了学校组织的四种结构类型，如表 4-1 所示：①

表 4-1 学校组织结构的类型

科层模式＼专业模式	高	低
高	韦伯结构	权威结构
低	专业结构	混乱结构

韦伯结构是一种专业化和科层化相互补充的结构形式；权威结构则是在牺牲专业性的同时强调科层权威，权威是建立在职位和等级制度基础上；专业结构是由专业人员做出重要决策的结构，这一群体的成员被认为是拥有专业知识的专业人员；混乱结构是一种科层化水平与专业化水平都很低的组织结构。

学校的四种结构在特征属性上的不同，对学校组织发展的影响也有积极和消极之分。霍伊与米斯克尔据此进一步揭示了学校结构变革的趋向②，如图 4-2 所示：

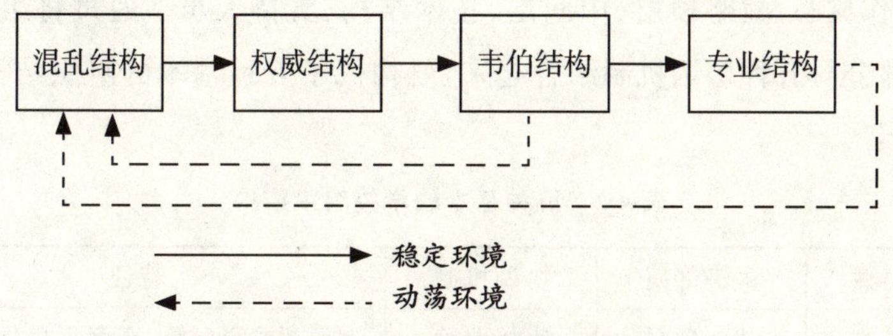

图 4-2 学校组织结构变革的趋向

首先，由混乱结构走向权威结构。由于学校结构中的混乱结构毫无效能可言，强大的压力会促使它向其他结构形式转变。相对而言，从混乱结构转向权威结构比较自然也比较容易，因此要使混乱局面变得有秩序，变革者会转向严格的科层程序与权威程序，以维持秩序。

① [美]韦恩·K. 霍伊、塞西尔·G. 米斯克尔著，范国睿主译：《教育管理学：理论·研究·实践》，教育科学出版社 2007 年版，第 94—97 页。

② [美]韦恩·K. 霍伊、塞西尔·G. 米斯克尔著，范国睿主译：《教育管理学：理论·研究·实践》，教育科学出版社 2007 年版，第 97—99 页。

其次，由权威结构走向韦伯结构。权威结构中预期的冲突虽然低于混乱结构中的冲突，但高于韦伯结构与专业结构的冲突。韦伯结构中组织的正式特征与非正式特征融为一体，在简单而又稳定的环境中能最有效度地发挥作用。因此，学校结构发展的下一个逻辑阶段是走向韦伯结构。

最后，由韦伯结构转向专业结构。作为一种职业，教学变得更为专业化；在稳定的、复杂的环境中，专业组织具有高效能的潜力，一些学校的结构从韦伯结构转向专业结构。

在霍伊和米斯克尔提出的学校发展模式中，学校逐渐从混乱结构走向权威结构，到韦伯结构，再转变为专业结构。但他们也指出，由于环境混乱、变化多端，这些学校有可能会倒退回原来的混乱结构。

2. 明茨伯格(Henry Mintzberg)的观点

明茨伯格将结构描述为组织根据任务进行劳动分工并促使员工相互协调的方式。这些协调方式有五种：相互调节、直接监管、工作过程的标准化、产出标准化及工人技能的标准化。另外，他还界定了组织的五个主要构成部分：操作核心、战略顶层、中间层、技术结构、支持人员。通过将组织的五个构成部分与五种协调机制结合起来，就构成了五种基本的组织结构，如表4-2所示：

表4-2 五种基本的学校组织结构

结构类型	关键部门	协调机制	特征
简单结构	战略顶层	直接监管	非科层化、高度集权化
机械科层制	技术结构	工作标准化	科层结构、运作标准化、充满控制
专业科层制	操作核心	技能标准化	科层结构、分权化、标准化、扁平化
简单科层制	—	—	高度集权化、高度科层化、专业化有限
政治组织	—	—	与权力有关，是一种功能障碍的结构

在这五种组织结构中，理想的形式是专业科层制，组织变革的方向是专业化。

3. 霍伊和斯威特兰的观点

霍伊(W. D. Hoyer)和斯威特兰(S. R. Svtlanov)根据学校中的形式化

(规则、制度与程序系统)与集权化(权威等级体系),将学校结构分为"促进型学校结构"(enabling school structure)和"阻滞型学校结构"(hindering school structure)两大类。两种学校结构在形式化、集权化、过程、情境等方面具有不同特征,促进型的学校管理是帮助教师取得成功的方法,而不是监视教师的行为以确保服从,通常可以提高管理效能,促进学校运作;与此相反,阻滞型的学校结构使教师有一种权力失落感,易产生角色冲突,并服从于规则和等级制度,从而导致消极后果。在对学校结构进行变革时,要及时检视现有的结构具有的阻滞因素,实现由阻滞型学校结构到促进型学校结构的转变。

(二) 学校组织变革的理论基础

从上述学者的研究理论来看,无论是对学校的结构类型进行划分还是对学校结构变革趋向进行讨论,都离不开对学校组织中的科层取向和专业取向的关系进行一番探究。学校组织变革的理论基础就是组织中科层取向与专业取向的融合。按照科层制和专业性两个维度划分,我们已经知道,学校中可能至少有两类基本组织:一类是负有制度与管理职能的科层组织;一类是专业组织,负责实际的教与学的技术过程。学校组织中专业性和科层制之间存在差异与冲突:专业行为的根本基础是专业知识,而科层行为的最终辩护却是它与组织规章制度的一致性以及上级的同意。这一点就成为了组织科层和专业之间的矛盾冲突——"专业知识和自治"与"科层纪律和控制"之间的冲突——的主要来源。①

尽管存在着冲突,但两种取向的趋势是相互融合。首先,学校组织中若只有机械的科层制,硬性的规章制度,而缺乏共同的目标、愿望、主体意识、民主意识等人文的东西,那么这种组织就无法进行有效的管理活动。其次,学校组织要常葆生命力,关键还在于组织中的人。学校组织中的主体之一——教师,有着自己的需要和追求、自己的情感和意志,在组织决策过程中也应当拥有较大权力。再次,从事实层面上来看,现行的学校已经同时存

① [美]韦恩·K.霍伊、塞西尔·G.米斯克尔著,范国睿主译:《教育管理学:理论·研究·实践》,教育科学出版社2007年版,第118页。

在两个权力系统，一个是科层的，一个是专业的。只是每所学校在处于科层化多一些还是专业化多一些的发展状态上程度不一。我们可以预测，专业化与科层化的结合需要有一个最适当的水平，只有在这一水平达到平衡才有可能获得理想的管理效果。尤其是在学校结构变革中，更要追求这样一种融合：在学校结构基本上是带有权威特点的科层制的基础上，使学校组织多一点专业性。上述组织变革理论共有的一条线索，就是对学校组织中的两种取向——科层取向与专业取向之间的相容共生做出的尝试。

（三）学校组织变革的影响因素

在组织的结构变革中，理想的学校是专业模式，但是大多数学校并非专业组织。这是因为学校组织同其他组织一样，其变革会受到许多因素的影响，主要包含以下几种因素：

1. 学校规模和办学时间长短。随着规模的扩大，学校中的非正式关系和直接监管很有可能被形式化和科层控制所取代。①

2. 学校的目标任务。学校的组织结构是为实现学校的目标任务服务的，如果学校的目标任务发生变化，组织结构也将随之发生变化。

3. 学校的办学条件。学校的硬件资源对变革效果有重要影响，学校的管理技术与手段也在影响着学校的组织结构。信息技术发展使学校组织网络化，网络化扩大了学校组织的信息资源，使学校组织结构趋于扁平化。

4. 学校的外部环境。一个组织的结构必须与它所在的环境相适应，组织受外部控制的强度决定组织的集权化和科层化程度，即组织越是由外部控制，就越可能走向集权化和科层化。

5. 学校中人的因素。学校中人的因素对组织结构的影响是客观存在的，尽管我们想尽量克服这种影响，但它始终是无法回避的。学校管理者及教师的文化价值观影响着学校的组织结构。

6. 学校中技术的因素。主要涉及技术体系的复杂性与常规性程度。如果认定技术体系是复杂的，那么就需要高度专业化的人员，并要求决策分权

---

① [美]韦恩·K. 霍伊、塞西尔·G. 米斯克尔著，范国睿主译：《教育管理学：理论·研究·实践》，教育科学出版社 2007 年版，第 109 页。

化;而如果技术体系是常规性的,那么就可以通过科层程序规范技术体系。

三、小学组织架构创新

影响学校组织变革的因素十分复杂,构建富有成效的组织结构要求该结构与组织目标、环境、技术和人员等相匹配,并平衡一些由既要秩序又要自由这一基本的组织两难问题所导致的相互抵触的力量。① 为实现组织架构创新,就要对学校组织结构的一般模式有所了解。

(一) 学校组织结构的一般模式

1. 直线式学校组织

组织由一位上级领导负责指挥,命令从上至下层层下达,形成直线式指挥链条②。如图 4-3 所示:

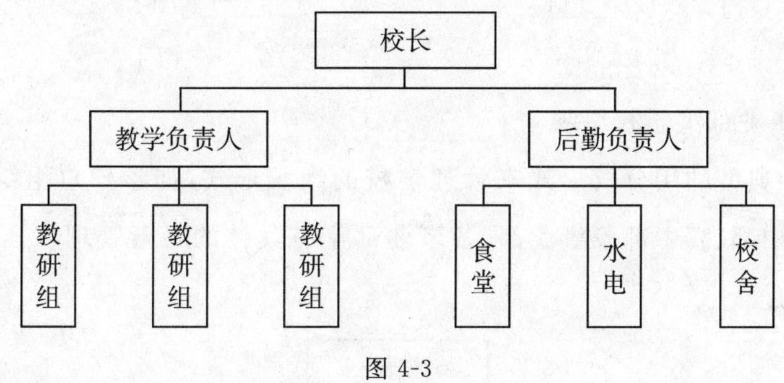

图 4-3

2. 职能型学校组织

在学校管理中层设教务处、德育处和总务处等分工负责的职能部门。各职能部门各司其职,在其职能范围内,直接指挥下级单位的工作,同时监督同级其他职能机构的工作。

3. 直线职能型结构

直线职能型组织是直线型和职能型组织的结合体,具体来说有四种组织形态,如图 4-4 至图 4-7 所示:

① [美]韦恩·K.霍伊、塞西尔·G.米斯克尔著,范国睿主译:《教育管理学:理论·研究·实践》,教育科学出版社 2007 年版,第 82—83 页。

② 陈孝彬主编:《教育管理学》,北京师范大学出版社 2008 年版,第 345 页。

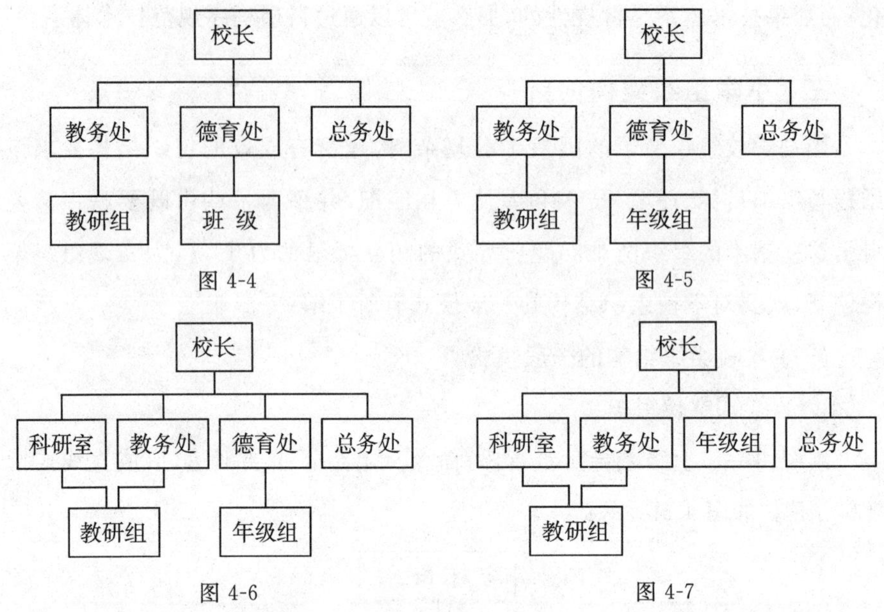

图 4-4

图 4-5

图 4-6

图 4-7

4. 事业部型学校组织

一种典型的用分权形式来管理学校的组织形式，如学校总组织下设小学部、初中部、高中部等事业部，各事业部享有具体的经营管理权。如图4-8所示：

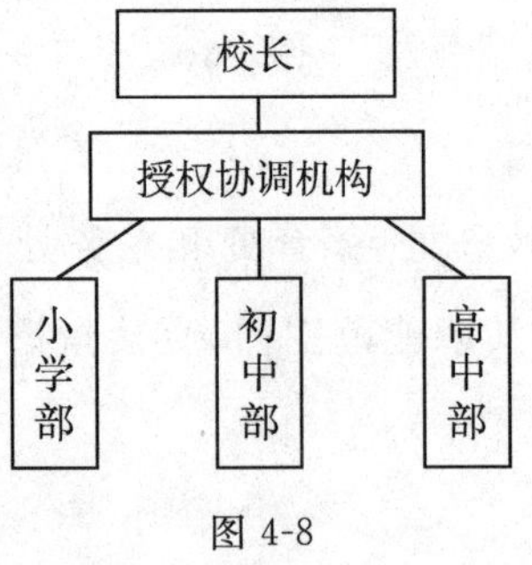

图 4-8

(二) 传统小学组织结构模式的弊端

传统的学校组织形式在不同程度上反映出其结构功能的有限性。如直线型组织因为结构简单只适用于小型学校；职能型组织由于存在着不同职能部门的多重指挥而容易产生冲突；事业部型组织存在的重复设置管理机构、人员的情况，会造成学校管理成本增高。我国现行主要的学校组织形式是直线职能型组织，即实行“校长—职能部门—年级组、教研组—备课组—教师”的四级管理体制。虽然几经变革，但依然没有能够摆脱其局限，具体表现在以下几个方面：

1. 组织层次过多，工作效率低下。高耸的金字塔型组织结构，层次过多，导致信息的流通延缓和失真，影响工作效率和工作质量。

2. 缺乏沟通，容易造成冲突。不仅上下层职能部门之间缺乏沟通，平行组织之间也缺乏一定的横向交流与协作，各职能部门之间易产生冲突。

3. 管理重行政事务，轻教学事务。直线职能型组织在组织的科层取向与专业取向之间更易倾向于科层取向，由于学校规模扩大，组织中的集权化加强，如此，教研组的职能不能得以有效发挥。

4. 职能部门干预多，实体缺乏自主权。在这种学校组织结构中，年级组和教研组不是相对独立的基层管理实体。职能处室对年级组和教研组的管理干预过多，而年级组和教研组因缺乏必要的自主权而导致工作积极性差、管理效率低下。

(三) 小学组织架构创新动向

由于国家多项政策因素的强力推动，学校的规模呈扩张趋势，传统的四级科层管理体系的直线职能型组织无法适应大规模学校的有效运行，组织架构亟待创新。

1. 组织架构创新的重点

当学校组织规模扩张时，学校会设置“年级组”(或“年级部”)来分担学校中层机构的任务。而年级组和教研组由于在科层性和专业性所具有的取向不同，又难免会存在摩擦和冲突。在一些组织运转不够协调的学校，年级组与教研组形成对立:年级组认为教研组是一个教学研究组织，不具有行政权力，无权评价教师工作;而教研组则认为年级组由同一个年级的各个学科教师组成，没有学科专业性。事实上，年级组与教研组，不应该也不可能被偏废。学校组织变革之中，如何确定教研组、年级组在整个组织架构中的位置，找到纵向控制和横向协调之间的平衡点，是当前学校组织架构创新的重点所在。

2. 组织架构创新的模式

就学校组织结构而言，变革既要符合组织结构的扁平化趋向，又要达到组织中科层取向与专业取向的融合，可以尝试建立组织的矩阵型结构，既保持学校组织原有的纵向直线职能结构，又以年级组作为横向交流与协作。具体而言，就是做到教研组与年级组的有机结合：纵向以学科为导向，由教研组长实施管理，缩短教师与校长之间的距离，使校长直接了解教学动态，教师直接体验校长的决策智慧；横向按年级进行组织，由年级组长实施管理，设立备课组，加强跨学科之间的教学协作。如图 4-9 所示：

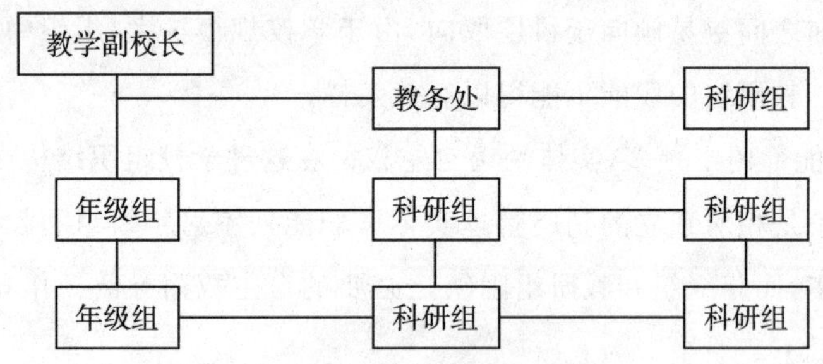

图 4-9　矩阵式组织结构

矩阵型组织结构中，一名教师同时接受两个上级——教研组长与年级组长的领导。从科层隶属关系上来说，教师直接受年级组长的领导并在该年级承担教学、科研工作，在体制编制上直接归属于该年级。同时，该教师还要完成教研组组长分配的任务，教研组长要对教师的专业成长与专业发展负责。

建立矩阵式组织结构，既可以是临时性的，也可以是永久性的。实行矩阵式小学基层教学管理模式，有利于加强学术交流，拓展教师的知识面；有利于科学发展和知识创造；有利于合理配置资源，避免学校教学科研活动中不必要的浪费；有利于学校教学质量的提高。在现阶段，它能够有效地协调年级组与教研组之间的关系，使其获得平衡与发展。

第三节　小学内部领导体制改革

新中国成立以后，政治风潮云起，致使我国公立中小学的内部管理体制屡经变化而无定则。直到1985年5月27日，《中共中央关于教育体制改革的决定》的颁布，正式确定了我国中小学的内部领导体制。

一、学校领导体制演进

新中国成立以来，在不同历史时期，我国学校内部的领导体制出现过不同的形式。现简述如下：

(一) 校务委员会制(1949—1952年)

新中国初期，学校内部普遍实行校务委员会制度。规定，由进步的教职工代表和学生代表组成校务委员会，校长一职则由政府委派。

(二) 校长责任制(1952—1957年)

1952年，政务院批准实施校长责任制。同年3月18日，教育部颁布试行《中学暂行规程(草案)》和《小学暂行规程(草案)》。规定：中小学实行校长责任制，设校长一人，负责领导全校工作。……校长由省、市人民政府任命。于是，中小学内部建立了校长责任制的领导体制。但是，由于这种体制没有规定相应的监督机制，因此，在学校的实际运作中出现了一些弊端，如滋长了校长独断专行的风气。

(三) 党支部领导下的校长负责制(1958—1963年)

整风运动之后，全盘否定了校长责任制，提出在中小学设立党支部，实行党支部领导下的校长负责制。这种体制以党代政，使得行政机构和行政负责人无法在学校领导中发挥作用，导致学校管理效率低下，无法保证教育质量水平。

(四) 地区党委和教育行政部门领导下的校长负责制(1963—1966 年)

1963 年 3 月,教育部颁布相关条例,对学校领导体制做了新的规定。《全日制中学暂行工作条例(草案)》和《全日制小学暂行工作条例(草案)》规定:"校长是学校行政负责人,在当地党委和主管的教育行政部门领导下,负责领导全校的工作……学校党支部对学校行政工作负有保证监督的责任。"这种体制明确了学校党支部的职责,使行政部门的作用得到了发挥,在一定程度上提高了学校的教学质量。但是,以党代政的现象并没有得到彻底地解决。

(五) 革命委员会制(1966—1978 年)

1966 到 1976 年之间,不同的阶层轮番管理学校,并取消了以校长为首的行政组织机构,造成了学校领导体制的混乱,使原有的学校领导体制遭到了严重的破坏。

(六) 党支部领导下的校长分工负责制(1978—1985 年)

1978 年,教育部修订了《全日制中学暂行工作条例(草案)》。其中,第四十一条指出:"实行党支部领导下的校长分工负责制。学校的一切重大问题必须经过党支部讨论决定。校长是学校行政负责人,要贯彻执行党的教育方针,执行上级党委、教育行政部门和党支部的决议。"但是,这种体制依然没有解决历来存在的以党代政问题,因此仍然没有提高学校的管理效率。

(七) 校长负责制(1985 年至今)

1985 年 5 月 27 月,中共中央颁布《关于教育体制改革的决定》,明确规定:"学校逐步实行校长负责制,有条件的学校要设立由校长主持的、人数不多的、有威信的校务委员会,作为审议机构。要建立和健全以教师为主体的教职工代表大会制度。加强民主管理和民主监督。"[①]这一体制不仅明确了要在中小学实行"校长负责制",而且主张建立校务委员会作为审议性机构,并且提出了健全"民主管理"和"民主监督"机构的要求。

1993 年 2 月 13 日,中共中央和国务院正式印发了《中国教育改革和发

① 教育部政策研究与法制建设司编:《现行教育法规与政策选编》,教育科学出版社 2002 年版,第 331 页。

展纲要》。其中第十七条规定："中等及中等以下各类学校实行校长负责制。校长要全面贯彻国家的教育方针和政策，依靠教职员工办好学校。"[①]《纲要》不仅肯定了1985年《决定》中关于"实行校长负责制"的规定，而且进一步扩大了"校长负责制"的实施范围，重申了加强党的领导和依靠教职工办好学校的重要性。

2006年6月29日，全国人大常务委员会通过修订后的《中华人民共和国义务教育法》。其中第二十六条明确规定："学校实行校长负责制。校长应当符合国家规定的任职条件。校长由县级人民政府教育行政部门依法聘任。"从此，我国义务教育学校实行校长负责制就有了明确的法律依据。

总之，新中国成立以来的60多年间，学校领导体制几经更改，最终在中小学确立了"校长负责制"的内部领导体制。

二、现行校长负责制存在的问题

(一) 激励机制不足

从新制度经济学的理论视角[②]出发，公立中小学校长实质上就是政府授权或委托经营管理学校的代理人。而要使这种"委托—代理"关系稳定长效，就必须同时解决两个方面的问题：一方面要建立一种稳定有效的激励机制，即解决代理人为产权人谋取最大利益的积极性问题；另一方面，要建构一种对代理人行为的有效约束机制，以有效降低代理人损害产权人合法权益行为发生的概率。[③]

那么在现行校长负责制之下，政府对校长授予公立中小学的管理权限后，对校长实施了哪些具体的激励措施呢？

在物质激励层面，就目前各地的情况看，公立中小学校长的合法经济收入主要来源于两个方面：一是校长以普通教师身份，获得的与其专业职务

① 国家教育委员会办公厅编：《中国教育改革和发展文献选编》，人民教育出版社1993年版，第22—23页。

② 葛新斌：《现行校长负责制变革思路之探讨：从"委托—代理"关系的视角出发》，《教育科学研究》2006年第4期，第17页。

③ 胡代光主编：《西方经济学说的演变及其影响》，北京大学出版社1998年版，第391页。

(职称)相应的工资及福利待遇;二是校长担任学校领导岗位时,获得的校长岗位津贴。就前一方面看,校长的收入与一个同等资历和职务的专任教师并无差别;就后一方面看,即使是在经济发达地区,校长的岗位津贴每月也难以突破千元大关。微薄的岗位津贴,相对于校长的贡献而言,不过是一种象征性的报酬而已。

于是,在物质性激励不足的情况下,校长不外乎有以下几种精神状况:一是校长精神境界的确十分高尚,不计报酬,甘于清贫,乐于奉献;二是校长感觉自己"出不敷入",贡献远远大于政府给予的回报,于是精神上开始懈怠,抱着一种"当一天和尚撞一天钟"的态度开展学校管理工作;三是校长感到自己贡献大于回报,为获得心理平衡,铤而走险,利用职权和工作便利,谋取非法性收入。

这些情况表明:合法的物质激励得不到满足,是现行校长负责制下不良现象出现的根源之一。虽然从管理学的角度看,要重视对人们的精神性鼓励,但是,随着社会氛围的变化,单纯的精神鼓励已难以独当一面。因此,适当地增加公立中小学校长的合法性收入,是建立稳定、有效的激励机制的一个重要方面。

(二)监控机制不严

分析了政府与校长"委托—代理"关系中激励措施的现状后,再来分析一下维持"委托—代理"关系稳定长效的第二个方面,即有效的监控机制。

目前,就各地实际情况而言,政府对校长权力的约束机制主要有内部监控和外部监控两个部分。

学校内部的监控机制,主要包括学校内部设置的党支部、教职工代表大会、工会和校务委员会四种机构。按照《教育法》《教师法》《工会法》及《关于教育体制改革的决定》等规定,上述机构的职能分别是:

1. 党支部。党支部主要对学校办学,坚持社会主义政治方向起监督和保障作用,并通过干部任用、政治学习、教职工党员发挥先进模范作用等途径加以实现。

2. 教职工代表大会。此为教职工参加学校管理和开展民主监督的一个平台，校长每年应向教代会报告工作，学校重大问题，也要经教代会讨论并通过。

3. 教育工会。维护教职工合法权益的群众性社会团体，站在教职工的立场上，维护其合法权益不受校方侵害。

4. 校务委员会（校行政会议）。规模较大的学校可设立，由校长和学校中负有威望的教师代表组成，主要发挥决策咨询和审议性的职能。

从上述机构设置及其法定职能来看，学校内部对校长权力的监控机制还是十分全面的。但在实际运作中，上述内部监控机制几乎全部失灵。具体而言：

1. 党支部。考虑到中小学的政治敏感性偏低，加之为避免不必要的人事纠纷等原因，调查表明，多数地区的公立中小学，都倾向于设置兼职而非专职的党支部书记职位。这样，就使党支部对校长的监督作用不可能发挥出来。

2. 教职工代表大会。作为非常设机构，即使正常运作起来，也不过一年开会一次。这就使学校的大多重要决策，可以避开教代会会期而进行。即使有些重大决定必须在教代会上做出，但调查显示，多数校长都会熟练运用“微观政治运作”的高超艺术，成功化解诸多反对意见。

3. 教育工会。在现行体制之下，工会被划归党组织的领导序列之下。这样，学校工会主席实际上就成了校长毋庸置疑的下属人员。所以，目前公立中小学的工会，其实就是一个发放各种福利品的机构，而无从真正发挥其维权作用。

4. 校务委员会（校行政会议）。调查显示，大多数学校未设这一机构，故其根本无从发挥作用。一般而言，不少学校都设有“行政会议”或“党政联席会议”，作为校长决策的咨询机关发挥相应的作用。调查显示，无论学校采取何种决策模式，都少有通过表决方式进行重大决策的实例。推究其因，不外乎以下两端：一是目前公立中小学实行的是“校长负责制”而非“委员会制”，故表决方式缺乏法规和政策依据；二是表决方式必然缩小校长决策控制的可能性空间，故校长往往会有意规避有争议的问题。

从以上分析可见，在实际运作中，学校内部的监控机制是较难真正有效约束校长的权力。

那么,学校外部监控机制的真实情况又如何呢?抽象地看,教育局代表政府(国家)或全体人民,行使公立中小学的财产权和管理权。正是教育局委托授权给校长管理公立学校,所以,不论实行何种任用制度的地方,教育局都有权决定校长的去留与升迁,从而拥有对校长最直接、最具体而又最强有力的监控力。但在实际运作中,由于存在以下两大难以克服的障碍,致使教育局的监控能力大打折扣:

一方面,从管理学的角度看,大多数县级教育局都会面临着管理幅度过宽的问题。因为,大多数教育局都管理着几十甚至上百所公立中小学校,要真正有效监控这么多校长,几乎是不可能之事。

另一方面,从信息经济学的角度观察,教育局与校长之间存在着严重的"信息不对称性"。这是因为,目前教育局获取学校方面的信息,不外乎以下几种途径:一是自上而下的开学、期中和期末等例行检查,二是从下至上的例行报表、总结和汇报;三是非常规性的教职工检举、揭发和上访等。在上述三种信息渠道中,校长至少可以有效地控制前两类信息通道中所传输的信息内容。

也正因此,校长的违纪违法问题往往才会因教职工举报而被揭露出来,教育局也往往是最后才发现校长问题的严重性。由是观之,现行校长负责制之下的外部监控机制,同样难以达成有效约束校长权力的预期效果。

(三) 办学自主权受侵害

在现行"校长负责制"之下,学校的办学自主权包括哪些内容呢?《教育法》第二十八条明确规定,学校具有以下各项权利:

1. 根据章程自主管理;

2. 组织实施教育教学活动;

3. 招收学生或其他受教育者;

4. 对受教育者进行学籍管理,实施奖励或者处分;

5. 对受教育者颁发相应的学业证书;

6. 聘任教师及其他职工,实施奖励或者处分;

7. 管理、使用本单位的设施和经费；

8. 拒绝任何组织和个人对教育教学活动的非法干涉；

9. 法律、法规规定的其他权利。

上述各项权利，也就是"办学自主权"的基本内容。对上述学校权利，可从法律属性的角度把它们分成两类：一是行政法意义上的政府管理职权，但是政府自身并不直接行使这些权力，而是通过法律和法规把这些权力授予学校行使；或就某些特定事项而直接把相关权限授予学校。[①] 从其对象上看，这种管理职权往往涉及一类专业性较强的领域，如颁发学业证书、对学生和教师奖励处分权等。二是民法意义上的财产权利及其派生性权力，它一般是政府通过法律法规或政策对学校"一揽子"的授权或委托，如对学校财产的占有、使用和收益权，以及对学校的自主管理、经费使用等权力。另外，也可从权力运作的对象出发，把其分成三个方面：一是组织教育教学权。这种权力，是基于学校作为一种专业组织而产生的专业活动权，它是学校区别于其他社会组织的根本标志。二是学校财产的运营和监控权。这项权力，是保障学校的专业性运作所必需的物质保障，但不包括把学校资产用于与专业无关的活动方面的权力。三是其他权力。主要涉及与学校的专业性活动相关联，或由这种活动派生出来的一些权能，如颁发证书、技术转让收益等。显然，如果仅就现行的法律规定看，无论从哪一种角度衡量，我国的公立学校都被授予了相当充分的权利和权能。

此外，从"学校权利"与"校长权力"的关系来看。首先，"学校权利"肯定大于"校长权力"的范围。因为，从民法角度看，校长仅仅是学校的一个"法人机关"，所以，无论在哪一种制度下面，作为一类社会组织的学校，其整体性的"学校权利"都会大于其中一个组成部分的"校长权力"。其次，"校长负责制"就是"首长制"或"一长制"，这是一个毋庸置疑的管理学的常识。根据管理学中的"权责相符原则"，既然《教育法》已经规定学校的教学、其他行政管理由"校长负责"，那么，就理应赋予校长以相应的管理权力。因此，在"校

① 张树义主编：《行政法学》，法律出版社 2000 年版，第 16—17 页。

长负责制”下面，法律所赋予学校的各项权利，也主要应由作为学校责任人的校长代表学校来行使。由此出发，在现行“校长负责制”之下，学校的上述权利也可被合乎逻辑地理解为校长权力的大致范围。具体看《教育法》的相关规定，我国公立中小学的校长，既被授权行使对学校财产的经营管理权，又可行使一定的行政性职权。如果校长的这些权力能够真正得到落实，应该说他们的办学权力还是相当充分的。

尽管上述分析表明，学校拥有着非常充分的“办学自主权”，但是，由于学校不被看作一种从事专业活动的机构，而被赋予了强烈的政治性职能，所以，政府就很难真正考虑到学校基于专业活动之上的自主管理要求；相反，在优先考虑政治使命的前提下，政府必然要通过具体而微的行政干预来强化对学校的控制力度。在这种背景下，学校所谓的“办学自主权”，无论有无法律依据，都不可能真正得到政府的尊重与保障。也正因为如此，才使一些地方的教育主管部门，具体干预学校的课程表制定、教案检查、周程安排、考试时间和次数等一些细微的教育教学活动，而依《教育法》的相关规定，这些都明显属于学校“教育教学组织权”的范畴。

三、学校领导体制改革

通过对“校长负责制”问题的分析，可以理清解决问题的线索和思路。具体而言，为进一步完善“校长负责制”，可考虑做出如下调整与变革：

(一) 大力提高校长合法收入水平

针对现行校长负责制之下，对校长激励不足的问题，应该考虑较大幅度提高校长的合法收入水平。这一举措的合理性在于：一方面，从“高薪养能”出发，为招揽合适的校长人选，就必须给校长以较高的工资与福利待遇。对办好一所学校而言，校长起着关键的作用，故校长职位对入职者教育水平尤其是管理素养的要求，也远远高于对一般教师岗位的要求。相应地，这就要求给予高素养的校长人选，以明显高于一般教师岗位的工资和待遇。另一方面，从“高薪养廉”出发，给予校长较高的工资福利待遇，既可解除校长入职后为生计所困之忧，又有助于降低甚至免除其贪渎之心。至于校长的收入水平，可比照与校长同等年资的教师和国企管理人员的正常收入水平加以确定。考虑到校长与国企经理人员工作性质、劳动投入和管理风险的差异，我们认为，校长的合法收入水平，可在上述两类人员之间确定一个合理的"中间值"较为妥当。其实，国内有些地方如上海等，已开始对校长任用和薪酬制度加以改革，尝试实行校长聘任制、校长职级制和校长年薪制，从而有助于实质性提高校长的合法收入水平。这种做法无疑是值得肯定并逐渐完善和推广的。

(二) 尝试建立中介性监控机制

针对现行"校长负责制"的监控机制问题，应考虑建立一套稳定长效的校长权力约束机制。管理理论与实践都表明，真正有效的权力约束，只能是通过直接有力的外部监控机制的有效运作才能实现。

在具体设计公立中小学校长的权力约束机制时，有以下两个方面的做法可资借鉴：其一，是国外一些国家公立中小学所实行的领导体制。如苏联的校务委员会、法国的学校理事会、英语国家的学校董事会、德国的教师家长代表会议，以及日本的学校评议会等公立中小学领导制度。虽然形式各不相同，但其共同点却在于，这些国家都设立一种外部机关作为学校的最高决策机构，成员包括校长、教师代表、政府官员和社会人士，并能直接具体地约束校长行使管理职权。[①] 在这种体制下，校长虽可参与决策过程，但已不再是最高决策者，而成为学校决策的执行人和学校日常事务的管理者。其二，目前国内一些地区也在尝试一些约束校长权力的新做法。如在广东顺德和广州天河区，公立中小学即设立"学校事务监督委员会"，成员包括校长、教师代表、家长代表、教育部门官员及社会相关人士，其主要发挥对学校事务的咨询和监督作用。[②] 不过，与国外做法明显不同的是，国内的"校监会机制"并不具备相应的法律地位，也不是公立中小学的最高决策机关，这就减弱了其对校长权力的实质约束力量。

为进一步推进校长负责制改革，可在借鉴上述国内外相关经验的基础

① 曾天山主编：《外国教育管理发展史》，教育科学出版社 1995 年版，第 242—283 页。

② 葛新斌、胡劲松：《政府与学校关系的现状与变革》，《华南师范大学学报(社会科学版)》2001 年第 6 期，第 86—92 页。

上，建构一种新型的公立中小学领导与管理体制。具体内涵包括：

(1) 每所学校皆建立一个新的外部决策机构。这种机构的名称为何并不重要，但其组成人员除校长、教师代表外，一定要有学校外部人员加入其中。具体成员可包括教育主管部门官员、家长代表、社会贤达或捐资助学的热心人士等，以确保校长无法轻易操控该机构的所有人员。

(2) 由这一新机构行使学校的最高决策权。其具体职能包括，负责学校发展过程中的重大问题决策，协助教育主管部门确定校长人选，筹措学校发展所需资金，决定学校重要人事和经费问题，以及监督校长的日常管理行为等。

(3) 校长为该决策机构的执行人和学校日常事务管理者。校长具有学校决策参与权，并负责学校日常管理工作，但必须执行该机构做出的所有决定，并向该机构报告工作。如此，现行公立中小学内部领导体制就会发生几个显著变化：在决策体制上，从首长负责制转向委员会制；在监督机制上，则从内部监督为主转至外部监督为主；其法定代表人，也将从校长变为新设立的最高决策机关。由于这种新体制具有"一校一会"的特点，故能对校长行使权力起到直接约束作用。

(三) 依法保障学校办学自主权

从世界范围内看教育现代化的历史进程，现代化的教育应该具备如下特征：一是实现教育权的国家化转移；二是建立体系完备的学制系统；三是实现教育内容的世俗化；四是奉行教育的宗教中立原则；五是遵循教育的政治中立原则；六是实现教育管理的法治化。据此观之，我国在教育现代化的征程上仍有较长的路途要走。具体而言，近年来，一些地方政府借各种理由，逐渐剥夺学校在经费使用、人事聘任和教育教学安排等方面的合法权益，不断压缩学校自主办学的空间。这就要求：一方面，政府必须依法行政，尤其是要依法保障学校的办学自主权，在履行依法及时足额投入充足教育经费的前提下，确保不侵害学校在教育教学业务活动、人事管理和经费使用等方面的自主权利；另一方面，政府应该考虑到学校作为专业机构的自主性要求，真正加快转变职能的步伐，在保障学校正确办学方向的同时，尽量减少对学校内部事务的不当干预和控制。

第五章
小学德育管理

德育既是素质教育的重要组成部分，也是全面推进素质教育的重要保障。要使小学德育落到实处、取得实效，就需要健全德育管理体制，完善德育工作体系和不断提升教育者的德育专业素质。2004 年 2 月，《中共中央、国务院关于进一步加强和改进未成年人思想道德建设的若干意见》明确提出："教育与管理相结合"，是加强和改进未成年人思想道德建设要遵循的重要原则之一。本章将阐述小学德育管理的任务和内容、小学德育管理体制和运行机制、小学德育管理的原则和方法等，并对如何在小学阶段有效开展班级德育管理进行探讨。

第一节 小学德育管理概述

一、小学德育管理的意义

学校德育由多种要素构成，直接受多方面因素的影响和制约。在构成要素上，学校德育的基本要素包括教育者、道德学习者和德育中介（德育任务、内容、手段、方法等）；在影响因素上，既包括学校外部的家庭、社区、大众媒体和教育管理体制及运行机制等，也包括学校内部的师资水平、管理运行机制、学校领导方式、群体氛围、学校传统。同时，学校德育还深受学校自身的性质、层次、类型所制约。有鉴于此，要使学校德育落到实处、取得实效，管理者就必须针对德育工作的复杂性、特殊性、专门性，对德育过程中所需要的人力、财力、物力、时间、空间、信息等实施有效管理。

所谓小学德育管理，就是学校管理者根据现代社会的德育要求，遵循小学生品德发展和小学管理的一般规律，通过计划、组织、沟通、协调等，促进各种德育活动要素和管理要素的有机整合，从而达成小学德育目标的活动过程。从这一定义中，我们可以看出：

第一，小学德育管理是小学管理的重要组成部分。由于现代学校管理需要不断朝科学化管理和人文化管理相结合的方向而努力，所以，小学德育管理必须以一定的学校管理思想为指导，自觉遵循学校管理的一般规律，把握组织管理的各个环节，达成管理目标。

第二，小学德育管理的指向是小学德育目标。有效开展小学德育管理，必须在德育的根本目的的精神指引下，遵循小学生品德发展的一般规律，把培养小学生的文明行为习惯，基本社会公德，良好的意志、品格和活泼开朗的性格，以及初步的爱国情感和民族精神，作为德育管理活动的内在动因和评价标准。

第三，小学德育管理具有特殊性、专门性。作为小学管理的一个特殊层面，小学德育管理有着自己的管理对象、管理内容，如：作为德育管理对象的各类人员、各种组织或机构及其相互关系，作为德育管理活动要素的人力、财力、物力、时间、空间、信息等，以及作为德育管理内容的各种德育任务、各类德育活动尤其是学生品行、师德等。因此，有的放矢，讲求针对性，是小学德育管理的基本要求。

德育管理是促进人们的德育思想转化为有效的德育实践活动的重要中介。在小学德育实践中，德育管理的意义在于：

1. 明确学校的德育责任，落实德育的实体地位

在教育实践中，并不存在纯粹的德育活动。德育、智育、体育无法截然

分开，当是常识。尽管如此，由于知识、技能对个人和社会发展的重要意义，加上当代中国社会所具有的转型特征，却使得实践中的学校教育逐渐被窄化为以知识传授、技能训练为中心的专门活动，以至于“讲起来首要，做起来次要，忙起来不要”，成为德育处境的真实写照。故此，强调德育之于“成人”的重要意义，注意凸显德育相对独立的实体地位，便十分必要。事实上，我国的教育实践业已表明，德育“从来都是作为一个教育的独立实体客观地存在着”①。加强小学德育管理，有利于进一步明确小学的德育责任，有利于把小学德育建成可以操作和调控的相对独立的实体。

当然，通过加强德育管理以落实德育的实体地位，并不是要在小学里把德育变成是某几个人、某几个机构、某几门课程的事情，而是针对德育面临的复杂问题和教育实践中过于偏重知识、技能的事实，强调专业化的人员、专门的管理对于落实小学德育的重要意义。

2. 强化教育者的德育意识，调动德育工作者的积极性

全员负责、全面渗透，体现了道德及道德教育的本来面目。显然，小学德育的实施主体，必须是全体小学教师。可是，在片面追求升学率、“分数至上”的现实背景下，人人负责却谁也不去负责，表面上涵盖道德价值却无暇顾及道德价值，成为小学德育的真实写照。有鉴于此，加强小学德育管理，通过明确不同学科、不同岗位教师的育人职责，增进他们在德育问题及其解决方法上的沟通、交流与协作，有利于增强全体教师的德育意识，提供他们的专门能力。同时，落实小学德育的实体地位，关键在于设法提高小学德育工作者的积极性、主动性，建设一支包括德育专任教师、班主任、辅导员等在内的高素质的小学德育工作者队伍。只有通过加强小学德育管理，制定出有利于建立小学德育工作专业队伍、激发其工作积极性的规章制度，以及提升其专业能力、促进其专业成长的方案和措施，并对他们的工作经常进行指导、检查和督促，才能真正使小学德育工作者进一步明确自己的角色地位和工作职责，增强他们积极、主动、有创造性地从事小学德育工作的

① 鲁洁、王逢贤主编:《德育新论》，江苏教育出版社 2002 年版，第 130 页。

动力。

3. 改良学校风气,营造良好的道德氛围

校风是学校全体成员在思想、学习、工作、生活诸方面所表现出来的相对稳定的态度和行为方式的总和,包括教师的教风、学生的学风、学校管理者的领导作风等。在学校管理的意义上,校风是一所学校的办学思想、管理意识、管理制度、办学特色的集中体现;在教育伦理的意义上,校风所反映的则是学校的基本精神状态和道德风貌,它广泛渗透于教师的素养及其教学活动之中,学生的素质及其学习活动之中,学校管理者的道德领导能力及其管理活动之中,并通过学校的人际互动、教育活动和整体氛围而得以体现。优良的校风一旦形成,会成为一种强大的感召力和约束力,对每个学校成员尤其是学生在思想、态度和行为上产生潜移默化的影响。因此,不断改良学校校风,营造良好的道德氛围,对于改进小学德育工作、提高小学德育实效至关重要。

然而,小学校风的改良、道德氛围的形成,并非一朝一夕、一蹴而就的事情。它既需要小学管理者依据小学管理的一般规律,通过制度规范、纪律约束等,实施科学化、民主化管理,又需要小学管理者基于小学教育目标和道德领导理念,针对具体时空背景下的对象、事件、情境来随机应变、因地制宜,体现管理的人性化、人本化,努力促进学校、班级成为道德社区。显然,从学校管理的不同领域和具体内容上来说,这些都是小学德育管理的直接使命。

4. 协调各方教育力量,发挥德育的整体效果

个体的品德形成与发展是一个极其复杂的过程,受着学校、家庭、社会以及个体自身等多种因素的影响和制约。因此,积极影响、主动促进个体品德的形成与发展,是一项系统工程。这项系统工程,既涉及对诸种影响因素的综合考虑和对多方教育力量的协调,也涉及对专门育人机构——学校内部各种影响因素、诸种教育力量的统筹。只有这样,才能真正发挥德育的整体效果。

就学校外部而言,小学德育管理围绕小学生的思想现状和品行表现,深

入了解和分析诸种影响因素及其作用方式，从学校实际出发，开发和利用各种德育资源，创设各种活动情境和机会，促进学校与社区之间的有机联系、教师与家长之间的有效沟通，从而在一定程度上整合多方面的教育影响，发挥德育的整体效果。就学校内部而言，德育从来都不是专门机构、专门人员通过专门活动就可以奏效的，它必须有赖于学校内部各种影响因素、各种教育力量的整合。小学德育管理通过制定德育整体方案、明确部门职责、协调内部诸种教育力量、调动全体教职工的积极性等，能够使德育过程纳入到完整的小学管理过程之中，并成为一个具有相对独立性的、动态的管理过程，由此发挥德育的整体效果。

二、小学德育管理的内容

德育管理者和被管理者是德育管理的主要要素，德育管理者是德育管理的主体。除了被管理者这一人力因素以外，通过德育资源、德育活动等所体现出的财力、物力、时间、空间、信息等，构成了德育管理活动的几大要素。从德育管理的任务上看，不断加强对德育工作和学生品行的有效管理，是小学德育管理的基本内容。就小学德育管理的实际展开而言，德育工作管理又可以区分为德育目标管理、德育计划管理、德育组织管理、德育制度管理、德育环境管理、学生品行管理等几个侧面。

(一) 德育目标管理

根据国家德育标准，从小学实际出发，制定本校的总体德育目标和阶段(学年或学期)德育目标，并处理好总目标和子目标、整体目标和局部目标、长远目标和近期目标、组织目标和个人目标之间的关系，指导、督促和评价各级各类目标的完成情况。

需要说明的是，作为小学德育管理的重要内容，德育目标管理不同于作为管理模式的目标管理。在学校管理实务中，小学德育管理对于目标管理基本思想的吸取和借鉴，需要充分考虑小学德育活动和德育的基本特点。

(二) 德育计划管理

根据德育目标和德育管理目标，制定周密的德育工作计划，明确各个阶段的德育工作任务、内容、重点和要求；制定具体的德育活动计划，明确不同学习阶段德育活动的侧重点，并针对不同学习阶段的活动内容，在途径、方式、方法等方面提出要求或建议；检查、督促德育计划的执行情况，促进德育计划的具体落实。

（三）德育组织管理

小学德育组织管理包括：建立德育管理的组织机构，形成基本的德育工作队伍；调动各机构、各部门及其相关人员的工作积极性、主动性、创造性；协调各机构、各部门之间的关系，整合各机构、各部门的力量，形成学校内部的教育合力；加强家庭、社区、学校等教育力量之间的联系，加强三者之间的互动和协作；提高德育管理过程中人力、物力、财力和时间、空间、信息等要素的利用效率和效益。

（四）德育制度管理

建立和健全各种德育管理制度，包括德育机构设置、德育队伍建设、德育资源的开发与利用、学生品行管理等方面的规章制度，尤其是德育机构设置及岗位职责、人员选聘，班级管理制度和班主任的选聘、任用与考核，对全体教职工的德育要求及管理条例，学生守则和其他学生管理规章，等等。此外，德育制度管理还涉及如何保证和督促各种德育制度的落实，并及时进行调整、补充、修改等方面的内容。

（五）德育环境管理

学校德育环境是指学校德育活动得以展开的内外诸种时空条件的总和，包括学校组织外环境和学校组织内环境。前者包括宏观层面上的经济、政治、文化、社会心理环境，中观、微观层面上的社区、家庭、大众传媒等；后者包括学校内部的学校领导方式、师生关系、同辈群体、学校风气或氛围、学校传统，以及学校和班级的空间布置等。狭义上，德育环境专指学校为促进学生品德的形成和发展，有意识地创设的物质环境和精神氛围。就学校组织外环境而言，德育环境管理主要在于设法了解社会环境及其对小学生品德发展的影响，通过多种途径，加强与公共管理机构、社区、家庭的联系和沟通，努力取得家长、社会各方力量对于德育工作的支持和配合；就学校组织内环境而言，主要涉及如何在面向全体学生、全面育人的精神指引下，端正办学思想、改善领导作风、融洽人际关系、加强育人环境建设、形成良好校风和学校传统诸方面。

（六）学生品行管理

学生品行管理既是学校德育管理的基本内容，又是学校德育管理成效高低的直接体现。在小学阶段，如何通过加强小学生的日常行为管理，尤其是生活习惯、学习习惯、人际交往习惯，从而帮助小学生养成良好的品行，是小学德育管理中学生管理工作的中心任务。

三、小学德育管理的时代挑战

（一）物质时代和市场经济的挑战

第二次世界大战以来，西方经济的突飞猛进虽然大大提高了人们的物质生活水平，但在社会上也出现了明显的道德水平低下、人的精神面貌不佳乃至颓废、社会风气败坏等问题，包括吸毒、自杀、性道德问题、各种犯罪以及消费至上、物资至上、个人至上等观念。这种社会状态严重影响了学校正常的教学秩序，阻碍了学生的健康发展。在一些欧美国家，20 世纪 50 年代的青年一代被称为“垮掉的一代”，60 年代出现“嬉皮士”，70—80 年代又出现“疏离的青年问题”，到了 90 年代，有人则把一些青少年称为“长不大的一代”。在日本，在 20 世纪 70 年代以前，犯罪原因多半是贫穷，而当代则产生了更多“以消遣为目的犯罪”。在美国，20 世纪 60 年代的性解放运动产生了不断增长的“孩子妈妈”现象，以至到 20 世纪 80 年代末，有人在大学里发起了所谓的“贞节运动”。所有这些，都极大地冲击着传统的学校德育。因此，从 20 世纪五六十年代开始，西方社会就开始重新重视学校德育，并着手改造传统德育，改变传统的德育模式，力求使受教育者适应现实、寻求精神价值，培养其辨别力、判断力和选择力；而自 20 世纪 80 年代开始，在美国复兴的“品格教育”(character education)运动，其影响也日趋广泛，乃至逐渐成为学校德育的主流声音。

中国社会正处在转型的关键时期，经济体制、社会结构、利益格局、思想观念都在发生着深刻变化，而诸种变化的发生，又是在全球化、信息化、多元化的世界大背景之下得以展开，因而倍显复杂。法治局面未成、利益多元且分化加剧，以及私欲私利的膨胀和对感官享乐的崇尚等，使得处于现代化进程中的现实中国，景况着实令人堪忧，以至于十余年前的慨叹仍不失为真切之声："追逐金钱的活动，在中国从未形成这样一种全面参与、铺天盖地、来势汹汹的金钱潮；对金钱意义的张扬，也从来没有达到这样一种藐视任何道德法则的地步。……以致教养、文化水准很不相同的社会各阶层，在追求金钱的过程中，其行为方式之不道德在本质上并没有多大的差别。"[①]与对金钱、对名利的追逐相对应的就是，人们逐渐将自我、将幸福与对他人、对社会、对人类的关爱相分离，义务感和责任心的缺失俯拾皆是，乃至注重道德修养和提升人文精神成为饭后谈资和喧嚣声中的"呐喊"。对于身处之中的当代儿童、青少年来说，深受此种成长环境的影响乃是必然。小学德育管理由此面临着前所未有的挑战。

此外，由城乡就业结构、家庭结构变迁等引发出来的诸种社会现象，如留守子女、单亲家庭子女等，也使学校德育面临着更为繁杂而艰巨的新问题。

(二) 科技进步和网络时代的挑战

科技和工商业的进步，使得人类社会的发展突飞猛进，人们的生活水平急剧提升，可它却无法解决人类心灵的困扰，无法克服自身所带来的各种问题。这些都需要学校教育直接加以面对。一方面，科技与工商业的进步，造成了社会的急剧变迁，而宗教对各种新的道德问题，对人的物质欲求问题却不能给出令人满意的解答，如堕胎、安乐死以及克隆技术的应用等，这样便需要教育给予并培养人们以相应的思考力和对人类自身价值的认识力；另一方面，在对科技所能解决人类问题的限度，以及它可能带给人类及自然的灾祸，如核武器、能源危机、环境污染、生态破坏、网络"黑客"等有了更加深切的认识之后，人们在进一步重视科技创新、科技发展的同时不再只是谈论科技至上，而是注意到反思人文素养的重要，开始在"科技—人—社会—自然"的大系统中审视人的价值，从人的生活意义和人类的终极意义中重视教

① 刘智峰著：《道德中国》，中国社会科学出版社1999年版，第55页。

育对提高人的素养的意义，以求不断提高人类对自身价值的认识，并祈求在人、社会、自然的和谐之中不懈地提升人自身的价值。

以互联网为标志的新兴媒体的快速发展，在为青少年的学习和娱乐开辟新渠道的同时，更是增加了学校德育的复杂性，提高了学校德育的难度。这些新兴媒体，以空间虚拟、身份隐形为特征，通过自主选择和自由表达，充分满足了青少年的好奇心、求知欲和自主愿望，但学生判断力的迷失、责任的缺位、自控力的消弭，亦在不知不觉中消解着来自家庭和学校的自觉影响，部分青少年更是沉湎其中，不能自拔，以至于精神空虚、自我迷失、行为失范，甚至步上违法犯罪的歧途。如何引导和帮助未成年人更好地利用新兴媒体而不是被新兴媒体所利用，成为现代德育面临的新课题。

(三) 价值多元化的冲击

随着科学技术的进一步发展，尤其是以微电子技术为先导的高科技产业的发展，使得世界范围内的经济、文化乃至政治交往日益频繁、普遍，以至于全球化、国际化正在成为人类社会发展的现实。虽然存在冲突、斗争，但和平、尊重人、尊重民族文化和文化差异、可持续发展等理念已逐渐深入人心。不同民族、种族以及国家和地区之间的交往日趋频繁，文化交融日趋普遍，加之社会变迁本身呈现出新的特点(范围大、速度快、内容新等)，在过去追求单一化社会时所建立起来的稳固的思想意识、价值观念、道德准则等，逐渐失去了以往的权威性，“教育”即意味着长辈影响晚辈的格局受到直接冲击。价值多元化正在成为一种社会现实。但是，价值多元并不意味着价值相对主义和狭隘的个人主义，更不意味着“怎么都行”。面对价值多元化的时代挑战，小学德育管理必须突破以塑造、灌输为基本特征的传统德育模式的局限，在汲取传统德育智慧的同时，注重学校德育为现代化、民主化、多元化的社会发展需求服务，通过客观、民主、协商的方式方法，把价值引导和自主选择有机结合起来，为培养真正自主、自律的现代公民奠定良好基础。

此外，小学德育管理成效之高低，还直接受制于现行的教育管理体制。我国现行的教育管理体制，虽然随着教育事业的发展不断有所调整和改进，但从促进德育落到实处、取得德育实效的角度出发，依然存在着不能充分适应德育改革形势的诸种问题。这些问题既存在于宏观的教育管理体制之中,也表现在微观的学校管理过程里,包括管理职能上的不适应、管理机制上的不适应、评价体系上的不适应、业务指导上的不适应等方面。管理职能过多、过细,业务主管部门之间协调不足、沟通不畅,学校内部管理科层化、等级化,等等,都是此种不适应在教育实践中的具体表征,也是导致学校德育外在化、形式化、边缘化的重要因由。要想应对小学德育管理面临的诸种挑战,彻底根除教育实践中教育服务于管理的非正常现象,就必须进一步深化教育管理体制改革,理顺行政管理、业务督导和自主办学之间的内在关系。

第二节　小学德育管理体制

一、小学德育管理体制

学校组织是整个教育管理系统中的一个具有开放性、动态性的子系统,是整个教育管理体制中的一个层级,也是教育管理的具体对象之一。作为学校组织的重要工作内容,学校德育管理自然也不例外。这是宏观的教育管理层面。在微观层面上,学校组织自身又是一个相对独立的组织管理系统。作为专门的育人机构,学校组织所具有的特殊性、专门性、专业性,决定着学校管理的特殊性和独特的运行方式。因此,“学校没有必要完全反映社会。它可以借助改进了的组织把学校氛围和教学与更广阔的社会中的改革运动结合起来,逐渐尝试着转变学校和社会中不如人意的人类活动和人际关系方面的一些做法。”①

① [加]克里夫·贝克著,戚万学、赵文静等译:《优化学校教育:一种价值的观点》,华东师范大学出版社 2003 年版,第 33 页。

其实,早在20世纪二三十年代,我国小学就十分重视德育管理,尤其是注重建立和健全行之有效的训育制度,加强对学生的思想和品行的管理。如:部分学校在承续1919年之前健全各种规章、条例的做法的同时,改进了训育的级任制,采用值日员制和级任制相结合的方式,级任教员主导,各教员和训导主任、主事校长共同负责;部分著名小学则改级任制为训导制。同时,各学校还特别重视明定校训和童子军的德育管理意义。①

在当代,我国的小学德育管理与小学教务管理、小学总务管理、小学师资队伍建设等一起,共同构成了小学管理的整体,几者相互交叉,相互影响,相互制约,密不可分。但是,它们各具不同性质,各有其特点,因而也各自存在着一种相对独立的管理体制和独特的运行方式。考虑到中小学德育管理的性质和特点,早在1988年,《中共中央关于改革和加强中小学德育工作的通知》就提出:"要建立校长负责德育工作的体制"。到1994年,《中共中央关于进一步加强和改进学校德育工作的若干意见》更是明确要求,各级各类学校要在党委(总支、支部)的统一部署下,建立和完善校长及行政系统为主实施的德育管理体制。此外,为了使学校内外的德育影响更加协调一致,乃至形成教育合力,2004年,《中共中央、国务院关于进一步加强和改进未成年人思想道德建设的若干意见》还特别强调,要建立健全学校、家庭、社会相结合的未成年人思想道德教育体系,使学校教育、家庭教育和社会教育相互配合,相互促进。

总体来看,我国中小学实行的领导管理体制为校长负责制,党组织起指导、监督和保证作用,这就大体决定了我国小学德育管理体制的基本模式(如图5-1所示)。不过,在小学教育实践中,由于受着区域、学校规模、教育条件等因素影响,且不同学校的管理模式、领导风格不尽相同,所以,不同地区、不同学校在德育管理体制上也存在着某种差异。

① 郑航著:《中国近代德育课程史》,人民教育出版社2004年版,第207—208页。

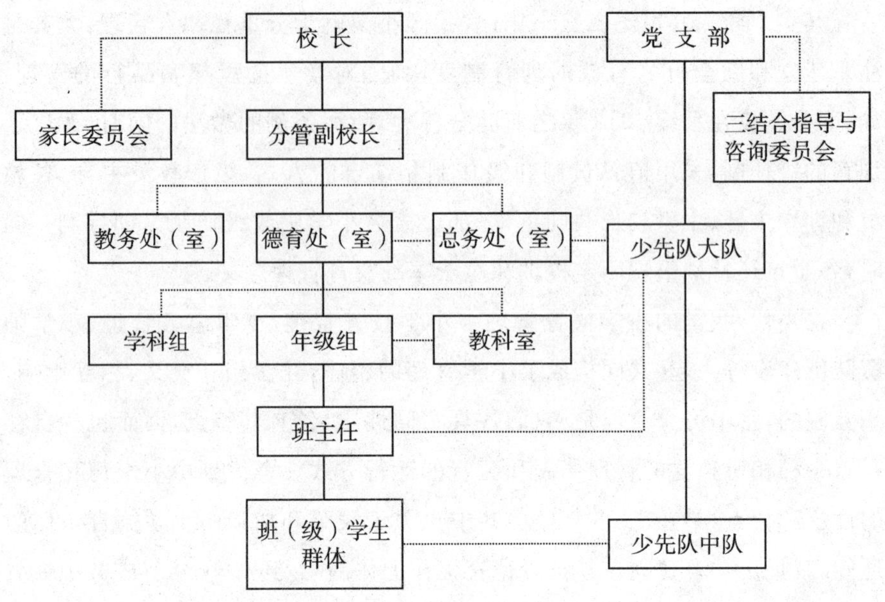

备注：——表示具有直接隶属的管理关系

……表示非隶属的管理关系，但在业务上相互沟通乃至相互交融

图 5-1　我国小学德育管理体制的基本模式

二、小学德育管理的基本环节

依照人们对学校管理过程的一般理解，可以把小学德育管理过程区分为计划、组织、沟通、协调、督导（或评价）等几个功能性环节；依据中小学学校管理过程的几个工作环节，可以把小学德育管理过程看作是由目标、计划、检查、总结等几个环节所构成的整体。① 在这里，我们将分别就小学德育管理的几个工作环节进行具体阐述。

（一）设置德育管理目标

德育管理是为实现学校德育总目标、总任务而服务的。在小学的不同学习阶段，有着不同的德育目标，在不同地区的不同学校，也有着不尽相同的校本德育目标。如何把德育目标分解为具体化、可操作性的目标，调动学校的人力、物力、财力，协调好各方教育力量、各种教育影响因素之间的关

① 胡守棻主编：《德育原理》，北京师范大学出版社 1989 年版，第 246—252 页。

系,便涉及德育管理目标的制定问题。

良好的小学德育管理目标,指明了学校德育工作的具体方向,明确了不同阶段德育工作的重心,有利于增强德育工作的目的性、针对性,有利于对学校内部各种组织或机构、各种人员提出明确而统一的工作要求,有利于调动德育工作者和广大教师参与德育工作的积极性、主动性,从而使学校德育落到实处、取得实效。

小学德育管理目标的设置,必须以小学德育目标为指引,充分考虑小学生品德发展的特点和水平,充分考虑本地、本校的实际情况,要对学校德育管理工作具有明确的指向性和指导意义。在目标设置过程中,既要遵循小学生品德形成和发展的规律,从小学生的品德的实际出发,又要关注小学德育所面临的新形势、新任务,满足个体发展和社会发展的需要;既要体现前瞻性、超前性,又要体现现实性、连续性,以求较好地发挥德育管理目标的指向功能和指导作用;既要体现小学德育的统一要求,又要反映本地、本校的实际状况,使德育管理目标具有针对性、实际操作性;既要体现校长的办学理念,又要切合学校德育工作的基础和条件,从而有利于教师和学生全员参与、全程参与。

(二)制定德育工作计划

小学德育管理目标要想付诸实践,就必须有一个周密的计划和安排,以保证德育管理目标能够有步骤、分阶段得到落实。周密的德育工作计划可以使德育管理者与被管理者有的放矢地开展工作,有利于协调学校各方的工作步调,是使德育目标和内容得以层次化、序列化的重要保证。

制定小学德育工作计划的基本要求是:

第一,以德育管理目标为指引,实事求是,切实可行。在计划制定过程中,依据学校在一定时期或发展阶段的德育管理目标,针对小学生的品德的现状和发展水平,从学校人力、物力、财力等实际情况出发,有步骤、分阶段安排德育工作。

第二,合理分工,优化德育资源配置。根据学校有关机构或部门的性质和特点,对德育工作任务进行合理分工,并从有利于达成德育目标和德育管理目标的角度,设法优化现有的德育资源配置,并通过多种渠道、多种方式,不断开发新的德育资源。

第三，提升工作计划的针对性、有效性。要充分发挥教职工的积极性、主动性，让他们参与德育工作计划的制定并明确各项工作的具体要求，促进他们把学校德育工作计划转化为不同岗位的具体工作任务和要求。

当然，小学德育工作计划的制定必须服务于小学德育目标，服务于小学生的成长。在实际操作中，要努力避免形式主义、长官意志，避免德育管理目标高于甚至掩盖德育目标、学生的成长屈从于管理者或教育者的个人目标等不良现象的发生。

（三）实施德育工作检查

督促、检查是学校管理过程的重要工作环节。与其他学校管理过程一样，在小学德育管理中，检查也可以区分为多种类型。根据检查的时效性，可分为平时检查、阶段性检查和总结性检查；根据检查的内容，可分为专项检查和全面检查；根据检查的形式，可分为实地考查、书面检查和口头汇报；等等。不管何种类型的检查，都必须以小学德育目标和德育管理目标为依据，对照学校德育工作计划加以实施。检查的目的在于及时了解德育管理工作计划的执行情况，关注各种活动方案、应对措施的可行性、有效性。因此，对于小学德育管理工作的检查，要十分注意德育管理工作计划完成的基本情况，包括人力、物力、财力的使用和时间、空间、信息的配置，充分关注德育管理工作的成绩，同时发现德育管理工作中存在的突出问题或困境。

（四）开展德育工作总结

总结是德育管理过程的最后环节。小学德育管理总结的基本任务是：对本次德育管理过程进行回顾，做出评价，找出成绩，概括经验，发现问题，为确定下一阶段的德育管理目标、制定新的德育管理工作计划及实施方案奠定基础，从而使德育管理过程有效进入下一个管理周期，促进德育管理过程的螺旋上升，由此不断提升学校德育管理工作的效果和水平。

在小学德育管理过程中，进行德育管理工作总结要注意这样几个方面：第一，把总结和目标、计划、检查等几个环节看作是一个完整过程。总结要从德育管理目标出发，依据德育工作计划、基于对德育管理工作的检查结果来进行。第二，提高认识，注重分析。要提高全体人员对总结这一环节的认识，运用多种形式，如全面性总结、专题性总结等，引导大家相互交流、相互启发，归纳出有益经验，分析存在的问题及其原因。第三，表彰先进，激励各方力量不断改进德育管理工作。在可能的情况下，要针对总结中发现的问题，提出下一阶段进行改进的意见或建议。

三、小学德育管理的运行方式

与其他正式组织一样，学校德育管理也是实行分级、分层管理的。目前，从我国中小学教育管理体制的运作来看，小学德育管理已经大致形成了三级管理体制，即校长和党支部（总支）、德育室（处）、班（级）三个层级。部分小学受办学规模和人员编制所制约，并未设置专门的德育室（处），中层的德育管理职能由教导室（处）统一负责。小学德育管理正是按照这三个层级，依照德育管理过程的基本环节来运行的，只是各有侧重。

（一）校级德育管理运行

校级德育管理通常是对办学方向、德育整体实施方案、德育管理过程的管理，其管理内容主要包括德育思想、德育目标、德育计划、德育组织、德育制度、德育环境。通常校级德育管理的运行，是校长在国家的办学方针和本校的办学理念指引下，对学校德育工作的整体把握，着眼于学校德育管理的宏观层面，通过岗位设置、人员安排、资源配置、过程调控等得以落实。

在学校德育管理的运行过程中，校长的管理思想、工作思路、领导方式等显得十分重要。校长能否做到既遵循学生品德形成规律和学校管理规律，又体现尊重、平等、公正、关爱、合作的道德精神，直接制约着校级德育管理的有效运行。

（二）学校中层德育管理运行

学校中层德育管理主要是指教导室（处）或德育室（处）对于学校德育工作的管理，它是校级德育管理和班级德育管理的桥梁。小学中层德育管理的运行的基本特点就是，通过对德育实施方案的制定和德育活动的落实加以体现。

学校中层德育管理的运行，需要在把握学校德育管理计划和工作重心的前提下，在广泛征求班级师生意见的基础上，制定出既体现统一要求又留有伸缩余地的德育实施计划和活动方案。制约计划和活动方案的具体落实，则需要少先队大队和年级组的协调、配合。至于德育管理过程中的常规性工作，如升旗仪式、早(午)间操、卫生评比、纪律状况、日常行为表现等的管理，更需要在少先队大队的统一组织下，通过学生自我管理机构或组织加以落实。

(三) 班级德育管理运行

班级德育管理是学校德育管理的基石和落脚点。在我国中小学，班级德育管理的运行，主要通过班主任加以组织和推进。具体内容本章第四节将有进一步论述。

第三节　小学德育管理的原则和方法

一、小学德育管理原则

德育管理原则是德育管理者实施德育管理必须遵循的基本准则和要求，是制定德育工作计划、组织德育管理过程、选择德育管理方式方法的直接依据。遵循德育管理的一般规律，总结我国中小学德育管理的基本经验，我们可以把小学德育管理的原则概括为以下几条：教育性原则、主体性原则、整合性原则、动态性原则、实效性原则。

(一) 教育性原则

教育性是学校作为专门育人机构的根本特性。一方面，学校德育管理作为学校育人工作的主要组成部分，必然受到教育的基本属性和基本规律的制约，并反映教育活动的基本要求。学校德育管理只有以育人为目标，科学组织各项工作、各种活动，才能对学生品德的形成起到促进作用。“育人”“教育”的意义，即在用事实、道理、榜样、情境、氛围等来影响人、熏陶人。另一方面，学校德育管理需要依据学校教育目标确定德育管理目标，这种目标是对学校德育工作提出的规格要求，因此，它必须始终以教育目标为导向，服从并服务于学校教育目标。任何德育管理活动或行为，都必须经得起教育目标的审视和检验。可见，教育性原则是学校德育管理必须遵循的首要基本原则，是发挥德育管理有效性的前提。

小学德育管理贯彻教育性原则，首先，要求德育管理过程各个环节、各种要素必须始终以教育性为第一要义，要把健全人格、发展个性、帮助学生"成人"作为根本标准和内在动因，在德育管理过程中努力避免各种反德育现象的发生。① 其次，它要求德育管理者必须在思想和言行上合乎道德，并且做到身体力行、以身作则，通过施加潜移默化的影响，对全体教职工和学生起到表率、示范作用，并通过增强自己的人格魅力、树立自身威信来影响德育管理过程，达成德育管理目标。在这个意义上，学校德育管理者应先是一位教育者，然后才是一位管理者。

（二）主体性原则

主体性原则是现代管理理论在学校德育管理中的具体运用。现代管理理论要求，在组织管理中，不能只是以工作任务为中心，必须要在人和工作的关系中尊重人、理解人、激励人，努力发挥人的主观能动性，以求主动发挥潜质潜能，较好地完成工作任务。学校德育管理是在学校组织中展开的，其基本运作方式也体现了现代组织管理的一般特性，因此必须体现组织管理过程的主体性特征。

从小学德育管理的特性看，德育管理以育人、提高人的品德素质为宗旨。同时，在管理过程中，无论是管理者及其活动，还是被管理者及其活动，无不体现出人的主观能动性。从动态上考察，小学德育管理过程就是要设法激发被管理者参与管理活动的积极性、主动性、创造性，发挥小学生接受外界教育影响、内化外在的准则和要求的主观能动性，激励他们去思考、判断、体验、选择、行动，形成具有个体特性的品德素质。

在小学德育管理过程中，贯彻主体性原则，应当考虑：第一，尊重和理解

① 郑航编著：《学校德育概论》，高等教育出版社 2007 年版，第 14—15 页。

每一位被管理者,包括尊重他们的人格,尊重他们的权利,维护他们的人格尊严;第二,了解和把握每一位被管理者的实际,从他们的身心发展水平和品德实际出发;第三,充分发挥被管理者的主观能动性,让他们在统一规则、要求的指导下,努力做到自主管理、自主发展。

(三)整合性原则

德育管理的整合性原则,指的是在学校管理环境下,管理者从教育目标和德育管理目标出发,遵循学校管理规律和受教育者品德形成规律,把握各种管理因素、教育因素之间的内在联系,在充分发挥各种因素作用的前提下整合多方面的教育力量,实施动态性的系统管理,以求努力达成学校德育管理目标,促进受教育者品德的发展。

近些年来,学校管理者力图改变过去德育管理中的那种"分散作业"状态,在德育管理的整体系统性指导下,强调系统设计、整体优化。但是,在对于如何保持各种教育力量的相对独立性的前提下实施动态性的系统管理方面,即如何将德育管理的整体性、系统性、动态性以及各种因素的相对独立性有机结合起来方面,却重视不够,因而造成学校德育管理的低效乃至无效的状态。要解决这个问题,就必须在德育管理过程中始终贯彻整合性原则。这是因为:第一,学校德育管理的目标是统一的,是在教育总目标统率之下的子目标体系,但管理活动一旦开始运作,则目标化作各方管理力量、教育力量的具体工作任务。管理目标的实现,有赖于各项具体工作任务的完成,因此,实际的管理运作首先必须保持各种管理力量、教育力量的相对独立性;同时,随着德育管理时空的变化,各种管理力量、教育力量的分散工作又可能偏离原定的目标。此时,作为管理者,就必须时刻注意这种管理目标的整合,特别是对于管理培养人的品德这样一种复杂的社会活动,其直接涉及并以影响人的态度、价值和行为倾向为目标,同时面对着每个具有主观能动性的、发展侧面多样的被管理者,管理者更需时刻通过指导、协调、评价等来整合各自的活动目标和行为。第二,就人的品德发展而言,人的品德发展既是多层次、多侧面的,又是知、情、意、行的统一,动机与行为的统一,政治、思想、道德意识和观念的统一,内在品德发展需要和外在社会文化环境发展要求的统一,是一个完整的结构体系。

因此，德育管理既要进行专项、专门管理，又要使各个层次、各个侧面协调一致，以形成和完善受教育者的品德结构，做到内容与形式统一，思想与实际统一，动机与效果统一。第三，学校德育管理作为一种组织管理活动，也具有层次性和系统相关性等特点，它包括校级、教导处级（中级）和班主任（初级）三个基本层次，包括党（团、队）、政两条管理主线。这就要求：一方面，要根据各个层次、各条管理主线的性质、特点和任务实施管理，使之充分履行自身的管理职能和教育职能；另一方面，各个层次、各条主线又共同构成一个管理系统，这个管理系统的直接目的就是尽可能整合各种管理力量和教育力量，使之朝着共同方向努力，形成合力以发挥作用，所以，在发挥各个层次、各种管理作用的同时，还必须随着管理环境的变化，引导和整合各种力量的作用方向。第四，在我国的教育实践中，学校教育仍是以分科教学为主要形式，管理工作也大致按德、智、体几个侧面分类进行。这样便需要既充分发挥各类课程、各门学科、各项活动的育德功能，又要在教育目标、德育管理目标和统一课程计划指导下系统开展工作。在这里，后者显得尤为重要，因为，如果育智、健体、审美的教育活动力量分散、各自为政则会影响活动效率，使受教育者处于被动接受影响的状态，而育德活动贯穿和渗透于学校教育的一切活动之中，在此情况下便会造成影响方向不一致乃至相反、相互抵触的局面。虽然教务管理也涉及教风、学风、考风，涉及教学环境，需要考虑管理工作的整体环境，但这一切主要是其手段，而对于德育管理来讲，管理这些因素则既是手段，又是目的。由此可见，系统整合性原理是学校德育管理的核心原理。

在小学德育管理过程中，贯彻整合性原则应注意：第一，认识和把握德育管理的特殊性，树立德育管理的系统整合观；第二，健全德育的领导管理体制，增进各个管理层级、各种教育力量之间的纵、横向沟通与协作；第三，建立以尊重人、关心人为基本特征的德育管理模式，促进良好的群体社会心理气氛的形成。

（四）动态性原则

对教育活动的管理，本身就是一个动态过程，因为管理者和被管理者都是具有主观能动性、变化和发展中的人或群体，而管理活动的最终落脚点仍然是影响、教化具有主观能动性、处于变化和发展中的儿童及青少年。从事此种特殊的管理活动,除了遵循组织管理的常规性要求之外,管理工作的各个环节都必须随管理者和被管理者、教育者和受教育者以及教育情境的变化而变化,不断做出机动灵活的调整。作为小学教育管理重要组成部分的小学德育管理,以管理小学德育活动为重心。鉴于小学生品德所具有的极大的可塑性,以及形成过程的长期性、复杂性,小学德育管理过程中必须贯彻动态性原则,随着德育管理的时间、对象、情境的变化而不断调整管理方案和策略。

(五) 实效性原则

德育实效是指学校德育工作的实际成效与结果,其实质即为德育管理目标的实现程度。注重小学德育管理实效,是管理效益原理在小学德育管理之中的必然要求和具体应用。这一原则要求,在小学德育管理过程中,要合理而有效地运用人力、物力、财力和时间、空间、信息,使有限的德育管理资源发挥最大效益。

在学校德育管理中,德育管理活动所投入的各种管理资源与其成效之间并非必然呈现出正相关。这种相关性所反映出的德育效果,可能是正效果,也可能是零效果,甚至可能是负效果。鉴于德育管理实效具有滞后性、模糊性、隐形性等特点,要贯彻实效性原则,必须切实解决德育到位的问题,做到思想与实际、目的与行为、形式与内容、动机与效果相统一。目前,在小学德育管理实务中,部分学校存在着重形式轻内容、重外在轻内在、重频次轻效果的现象,以至于产生了德育管理目标控制德育目标、“管人”高于“育人”的不良局面,需要予以克服。

二、小学德育管理方法

所谓德育管理方法,是指为了达成德育目标,在德育管理过程中履行管理职能时所运用的活动方式、策略。由于人的品德存在着由思想意识(或认识)、动机、行为几者交织而成的内在结构,国内学者便依次把德育管理方法分为行为控制法、动机激励法、思想教育和自我管理法。① 此外,由于一个人

① 鲁洁、王逢贤主编:《德育新论》,江苏教育出版社2002年版,第533页。

的品德形成特别容易受到环境的感染和熏陶，所以，通过环境来施加隐性影响、发挥隐性作用，从而提高德育管理的效果，达到陶冶性情、养成品行的效果，也是德育管理的一种重要方法。以下将主要从学生管理的角度出发，阐述几种德育管理的方法。

（一）行为控制法

行为控制法是管理者为了达成预期的德育管理目标，对管理组织（或机构）及其成员的行为实施直接控制的一种方法，具有直接性、强制性、权威性等特点。行为控制法通常采用行政手段和法规手段得以落实，因此又可区分为行政方法和法规方法。

行政方法是学校管理人员依靠自己在德育管理中履行领导者、组织者、管理者责任时所拥有的权力和权威，通过学校内部的德育管理层级，采取命令、指令、决定、议决、通告、通报、报告等形式，组织、指挥、协调、监督、控制德育管理过程的做法。这种方法重在权力、权威的运用和自上而下的运作方式，管理者和被管理者之间体现的是决策与执行、权威与服从的关系。此法具有强制力，有利于上情下达，统一领导，可确保学校德育管理的基本方向和学校德育决策果断付诸实施。但是，由于管理者素质的参差不齐，对德育规律的忽视、对学校作为专门育人机构的认识含糊、对自上而下运行体系的推崇，加上教育管理体制的积弊和学校管理传统的滞碍，行政方法极易导致德育管理过程中科层化和长官意志，从而降低德育实效。鉴于小学作为专门育人机构的规模、特性，小学德育管理应尽量避免简单地使用行政方法。

法规方法是管理者运用法律、法令、条例、决议等和各种规章制度、行为准则以落实德育管理的方法，具有公正性和权威性，能够有效调节各种管理要素之间的复杂关系，有利于建立稳定有序的学校德育管理体系。在小学德育管理过程中，国家和地方的各种相关法令、法规，都在一定程度上具有此种功能。以此为基础，各小学内部从本校实际出发，依据有关法令、法规建立起来的各种德育管理规范、规则，更加具有行为控制的功能，是学校加强德育常规管理（工作任务常规、管理过程常规、德育活动常规等）的有效手段，是端正校风、形成学校传统的重要路径。

(二) 动机激励法

德育管理中的动机激励法,是指管理者借助物质、名誉和精神鼓励等手段,激活被管理者主动从事或积极参与德育管理活动的内部动因的方法、策略。在现代组织管理中,由于管理效能越来越取决于群体或个体的内在心理动因,尤其是取决于被管理者的积极主动参与、合作和创新,管理学家亨利·法约尔就提出,激励是管理的核心。时至今日,建立和不断完善激励机制,激发全体教职工和学生参与学校德育管理的积极性、主动性,逐渐成为强化小学德育管理、取得德育实效的重要保证。

建立和完善小学德育管理的激励机制,首先,必须设置适当的目标,这种目标既要反映德育管理过程的基本要求,又要切合被管理者的内心需要,使学校组织目标与被管理者的个体需要、兴趣和价值取向结合起来。同时,这种适当的目标必须是具体的、现实的并具有针对性的,能够引导被管理者产生发现德育问题、探究德育问题、解决德育问题的积极心向。其次,要区分外在激励和内在激励。外在激励的特点在于,促进人们努力获取存在于行动过程之外的某种需要,常用的方式包括赞许、奖赏、晋升等;内在激励的特点在于,使人们获得行动过程之内的某种需要及其满足感,表现为被管理者的目标认同和自我肯定,以及良心和责任心、使命感的唤醒等。心理学家把这种由认同感而产生的内在激励叫作"倚同作用",是一个人的行为内驱力。此外,物质激励和精神激励并举,约束、监督与参与、合作并用,皆为小学德育管理过程中有效运用动机激励法的基本要求。

(三) 环境陶冶法

所谓环境陶冶法,就是管理者通过物质环境的建设和精神环境的营造,使被管理者在不知不觉中主动参与德育管理、积极配合的方法。对周围环境的耳闻目睹和来自环境中人际氛围的熏陶感染,既是儿童品德发展的直接源泉,也是决定德育实效高低的重要因素。"近朱者赤,近墨者黑","入鲍鱼之肆久而不闻其臭,入芝兰之室久而不闻其香",即生动地说明了环境对于品德形成、人格塑造的种种意义。学校是儿童学习、生活的主要场所,是儿童认识社会、获取社会经验的重要源泉。学校和教室里的环境布置,学校作为教育社区的建设，学校管理中的制度及其运作，学校和班级中的活动方式、人际互动及其氛围，教师的言行举止，学校管理者的领导方式与作风，学校传统，等等，都是不可或缺的德育手段和德育资源。从德育管理的意义上，如何从育人的角度精心设计、统筹安排和全心营造德育环境，变“管”为“不管”，变管制、强迫为自主、自觉，考验着学校德育管理者的管理水平和管理艺术。

关于学校如何塑造积极道德文化，美国著名的品格教育学者托马斯·利康纳（Thomas Lickona）提出了六个重要因素：

（1）校长在道德和学术上起到表率作用；

（2）能在所有的校园环境中塑造、提升和维持学校的价值观的校园纪律制度；

（3）全校范围内的社区感；

（4）学生民主自治；

（5）渗入到各种关系中的相互尊重、公平、协作的道德氛围；

（6）安排教学时间来展开道德问题教育。①

上述观点对改善和加强我国的小学德育管理，具有一定的启示意义。

三、小学生在德育管理中的自主性

德育管理是为了人、通过人、归于人的教育管理活动，因此，必须时刻注意发挥学生在德育管理过程中的自主性。管理者通过改善领导方式和作风，促进被管理者在思想和行为上进行自我控制、自我评价、自我调节，从而达到自我发展的目的，便是学校德育管理中的自我管理法。自我管理法是学校德育的最高形式，也是学校德育管理的最高形式。

在小学德育管理中，发挥小学生的自主性，需要从以下几个方面入手：

第一，引导小学生进行自我认识，激发其自我管理的意愿和动机。自我认识是个人对自己的认识和看法，涉及一个人对自己的思想、行为、能力、自我形象等的自我知觉、自我认同。在德育管理中，管理者要注意引导小学生

---

① ［美］托马斯·利康纳著，刘冰等译：《美式课堂：品质教育学校方略》，海南出版社 2001 年版，第 310 页。

学会自我认识,包括对物质自我、社会自我、精神自我、群体自我和关系自我的认识,帮助他们进行自我肯定、自我认同,由此激发他们进行自我管理的意愿和动机。

第二,引导小学生的自我分析、自我评价,帮助其建立积极、完整的自我形象。积极、完整的自我形象,是一个人自尊、自信的源泉,而这种自我形象的建立,首先基于一个人的自我分析、自我评价。根据心理学家关于如何保持积极的自我观念的研究,①我们可以把引导小学生进行自我分析、自我评价的策略概括为:(1) 用物理世界来指导自我评估(如表达物质需求、对环境做出情感上的反应等);(2) 与周围的人进行社会比较;(3) 进行反射性评价(即解释他人对自己的看法);(4) 学会反思和自我反省;(5) 对发生在自己身上的任何事进行归因分析。

第三,引导小学生进行自我控制、自我调节,形成自我管理的意志力。在个体品德的形成和发展中,知行脱节、知易行难,从来都是不易攻克的难题。为此,要发挥小学生在德育管理中的自主性,就必须在活动和交往中重视培养他们的专注精神,提高他们的自我控制能力和自我调节能力。在小学德育管理中,训练和提高小学生自控力的技巧、策略大致包括:鼓励积极、主动交往,指导分解活动步骤,提供大量的练习和实践机会,对良好表现给予积极反馈,进行有利于提高自信心和自控力的自我暗示,等等。

第四,引导小学生的自我锻炼,实行在教育者指导下的自理、自治。自我锻炼是自我管理的基础。在小学德育管理中,管理者要鼓励小学生从我做起,从现在做起,从身边的小事做起,注重日积月累,由此逐渐养成良好的品行习惯。随着小学生年龄的增大,生活经验的不断丰富,管理者应更加注重激发和培养他们的主动精神、创新精神,让他们在自理、自治之中发生积极变化,获得良好发展。

① [美]乔纳森·布朗著,陈浩莺等译:《自我》,人民邮电出版社 2007 年版,第 62 页。

第四节 班级德育管理

一、班级及其德育功能

(一) 班级的含义

所谓班，指的是按照一定年龄、学业程度、师生比例所分编而成的，相对稳定的学生群体，是学校进行教育、教学工作的基本单位。班的划分往往与学年、学级相联系，因而通常称为班级。

班级既是一种社会群体，也是一种社会组织。作为社会群体，班级存在着群体成员之间的交往与互动，存在一定的群体角色、人际关系和群体氛围；作为社会组织，班级具有作为教育基本单位的组织目标、组织机构体系、制度规范等。因此，在探讨班级和班级教育问题时，可以存在不同的研究视角。班级社会体系理论是欧美教育社会学理论的一个重要学派，该学派把班级看作是一种特殊的社会群体或社会系统，注重对班级结构和功能的研究，着眼于班级和课堂的人际交往、角色体系、学生亚文化等的微观分析。班级集体理论则是苏联教育社会学的一个重要分支，该理论把班级看作是一个集体教育，注重研究班级集体的社会特征、组织体系、组织活动、社会环境等问题，以及班级群体如何由自在群体向自为集体的转变和飞跃。[①] 此外，随着学校管理学的进一步发展，部分国内外学者还尝试着从管理学角度，探讨班级作为学校管理系统中的一个子系统的计划、组织、协调、控制等问题。

无论何种研究视角，都必须始终关注班级作为有意识地组织起来的学生群体的特殊性，关注班级作为教育教学基本单位的特殊性，特别要关注班

① 唐迅著：《班级社会学》，南京大学出版社 1990 年版，第 22—34 页。

级作为具有专门化功能的社会组织特性。在教育实践中，要想真正有效地发挥班级的育人功能，必须充分考虑班级作为社会群体或社会组织的诸种外在因素，如社会信息、社区环境、家庭氛围、学校文化等，也必须充分考虑班级作为社会组织的诸种内部因素，如组织结构、组织体系、制度规范、组织活动、人际关系、群体氛围等。

班级是学生在学校生活中所属的正式群体，由学校、教师依据有关的教育法律、法规，遵循一定的社会原则（人道原则、公正原则、民主原则等）和教育原则（循序渐进原则、因材施教原则等）来加以组织的。班级群体成员的主要任务是通过学习而获得发展。与其他正式群体或社会组织相比，班级具有两个重要特性，即功能自足性和半自治性。①

（二）班级群体的发展

班级虽然具有正式组织的基本特性，但能否使每个学生产生心理上的认同感、归属感，乃至成为一个具有教育影响力的集体，却取决于班级群体的发展水平。从班级的综合功能上看，班级的人际结构、班级氛围、班级态度或舆论、班风、班级传统、班级成员的社会化成熟程度、角色选择和职业选择的社会适应力、个性的养成、自主性和自我调节能力、个体潜能的发挥和发展，以及入学率、升学率、合格率、优秀率、教学效率，等等，都是衡量班级发展水平的重要指标。不过，从班级作为育人组织的群体影响力方面考察，班级群体的发展水平主要从几个方面得到反映：(1) 共同的群体意识；(2) 一定的群体规范；(3) 被大多数成员认可的共同目标；(4) 群体成员之间自主交往与互动的程度。

就小学阶段而言，根据日本学者对小学儿童同伴团体所进行的相关研究，②可以把小学班级群体的发展大致划分为以下五个时期：

(1) 孤立期。学生个体初步聚合在一起，各自处在探索和谁交朋友的过程之中。

(2) 水平分化期。由于空间的接近，如上学同路、座位相邻、活动同组

① 吴康宁著：《教育社会学》，人民教育出版社 1998 年版，第 276 页。

② 韦有华著：《个别心理辅导》，上海教育出版社 2000 年版，第 244 页。

等，个体之间开始建立一定联系。

(3) 垂直分化期。凭借学业成绩的高低、身体状况的强弱、性格特征的外倾或内倾等，分化为处于主动与被动、控制与被控制的不同个体。

(4) 小群体形成期。个体之间分化并形成若干小群体，且在小群体内部出现了核心人物，同时，小群体成员之间的团体意识明显增强，制约团体成员的内部规范也开始形成。

(5) 集体形成期。各个小群体之间出现联合，形成较大群体，并出现更大范围、更具影响力的核心人物，团体意识和团体规范得到进一步加强。

(三) 班级的德育功能

从学校管理的视角看，班级的德育功能可以通过教育和管理两大功能得以实现。教育功能就是保护身心健康，增进知识、技能，发展智能、个性，健全人格诸方面，管理功能就是班级作为学校管理的基层组织，通过计划、组织、实施、评价等环节来保障教育目标和管理目标的具体落实，尤其是不断提高学生的自主管理、自主发展的意识和能力。两大功能相辅相成。

从作为社会群体的特性上看，班级对学生的品德形成与社会性发展具有重要影响，这种影响透视出的育德功能，广泛渗透于班级对于学生个体发展的一般功能之中。

1. 归属功能

人类天生就有一种寻求伙伴、与人聚合的心理倾向，这种倾向反映在个体作为完整的人的需要层面，就是人的归属需要。家庭是儿童作为生活者、成长者的首属群体，班级则是他们作为生活者、成长者的次属群体(或者第二归属群体)。对学生的归属需要的满足，是班级作为社会群体或社会组织的基本功能，只不过这种功能具有了更多的正式组织特征。

与首属群体不同，班级作为次属群体具有同龄性、群体性、自主性、平等性等特点。在班级中，学生的年龄相仿，心智水平相当，学业程度相近，大家在一起共同学习、共同生活，每个人都有同等的机会得到本班其他成员的尊重、认可和接纳，以至于一旦教师或家长提出不让他们上学的“恫吓”，他们便会着实变得伤心、难过起来。这主要是因为他们感到可能失去与同龄人特别是班级同学共同生活的乐趣，失去在同龄人中得到“自我确证”的机会。在班级生活中，如果学生的归属需要得不到满足，便可能直接导致他们的学业不良或品行不良。

2. 社会化功能

学生归属班级群体的过程，是他们不断走向社会化过程的重要组成部分。班级的社会化功能，是教育者以学校教育目标和班级组织目标为导向，在班级课堂内外的正式、非正式的交往和互动中，借助课程、组织制度、群体氛围等加以实现的。班级社会化功能的基本内容包括：传递一定社会主导的思想意识和价值观念；传授系统的科学文化知识和有关的技能、技巧；促进学生习得各种社会规范、行为准则，养成良好的品行和行为习惯，培养他们适应社会环境和群体生活的能力；培养学生在社会生活中的角色意识，增进他们的群体意识和亲社会情感。

3. 个性化功能

个体社会化的过程，同时又是学生增长个人阅历、发展自己个性的过程。在班级中，教育者按照一定的社会要求促进学生社会化，只是一个“外烁”的过程。要真正使得外在的经验个体化、个性化，必须遵循儿童身心发展的基本规律，从学生个体发展的实际需要与可能出发，经由学生的内化机制和自主活动得以实现。同时，学生个体的这种个体化、个性化过程，也是他们不断地进行自我建构的过程。在有目的、有意识的班级活动与交往中，学生的自我意识可以不断得到唤醒，业已形成的“自我概念”可以不断得到加工。正是在这种“不断被唤醒”“不断被加工”的过程中，他们关于自我、关于社会、关于世界的思想、观念，以及独特的个性和自主生活方式逐渐形成。

4. 选择功能

班级的选择功能，指的是班级可以为学生在多元价值观、多重社会角色及不同的职业结构等方面提供多种参照和选择的可能性。① 例如，在班级课程设置和教学过程中，教育者可以为不同学业程度、不同兴趣爱好，甚至不

① 唐迅著：《班级社会学》，南京大学出版社 1990 年版，第 204 页。

同个性的学生提供不同类型、可供选择的选修课、课外学习小组，或者教学方式、教学策略，等等；又如，在班级组织和人际互动中，教育者可以通过设置不同类型、不同层级的岗位，以便不同个性、不同才能的学生都有机会得到某种锻炼，并让他们在升迁、评选、变换过程中感受社会角色、岗位职责、人际交往的社会意义。除了促进学生个体的成长之外，班级提供的各种可供选择的条件和机会，还可能成为他们日后升学、就业的某种经验。

二、小学班级德育管理的具体运作

根据师生在班级管理中所发挥的作用，可以把班级管理区分为民主集中型管理模式和合作型管理模式。[①] 前者以教师为中心实施班级管理，后者则是基于独立个体的参与、合作来展开班级管理。小学班级德育管理中，选择何种班级管理模式，直接取决于班级特性、班级发展水平、教师管理水平及能力。在教育实际中，小学班级德育管理的具体运作包括以下几个方面：

(一) 健全班级管理组织和制度

班级组织机构是班级的社会结构和运行机制的统一体(图 5-2)。建立和健全班级组织机构，首先要进行班级组织机构的设计，其核心是班委会，是由正副班长，学习、生活、文娱、体育等委员组成的班级领导集体；同时，为了便于管理与教育，还必须对班级进行小组编排，将全班学生按照性别、学业状况、兴趣特长、个性倾向等相当的原则，分编成若干小组，使之成为班级教育活动的基本单位。为了加强班级管理，形成班级教育网络，班主任还可以社区为背景，建立家长委员会一类的机构，其工作内容包括参与班级管理和教育设想、计划的讨论或咨询，辅导学生的校外、闲暇活动，共同做好学生的个别管理与指导工作，对班级其他工作提出意见或建议等；或者以班主任为纽带，建立教师指导协调机构，其工作内容包括召开讨论分析会、教师联席会、“教育会诊”等。

---

① 张人杰主编:《国外教育社会学基本文选》，华东师范大学出版社 2009 年版，第 439—445 页。

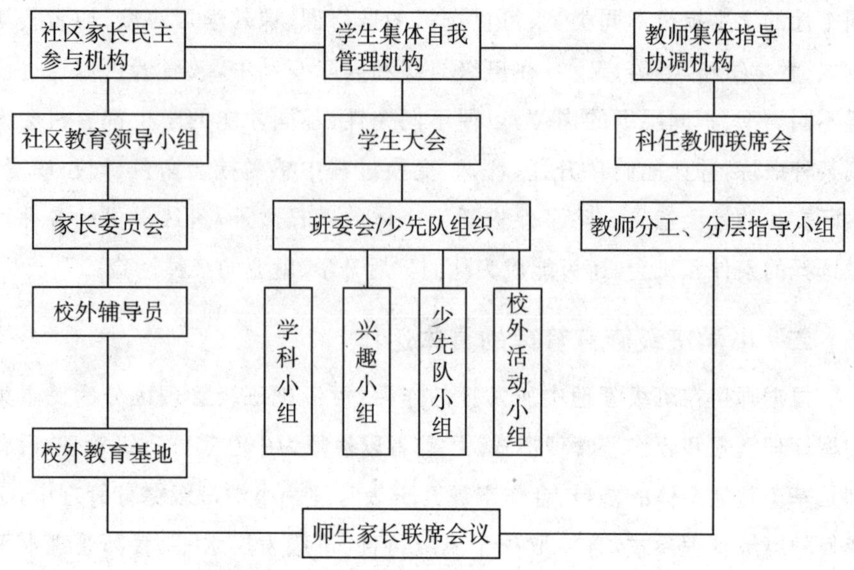

图 5-2　小学班级管理组织机构示意图

资料来源　唐迅著:《班级社会学》,南京大学出版社 1990 年版,第 171 页。

制定班级管理规范,是组织和培养班集体的重要一环。通常,小学班级内部的管理规范主要包括:课堂规则、语言规范、板书格式、坐姿、上课常规、考试规则、评分标准等,学习纪律,学生守则,班级舆论,班风等。

(二) 培养班级管理骨干

一个好的班级群体,有赖于一批团结、得力的班干部,这些班干部是班级骨干,是班主任的得力助手。因此,必须在遵循一定标准的前提下,按照民主、平等、公正的原则,培养和选拔班干部。为了发挥班干部的助手作用,并锻炼学生的组织、交往、自我管理能力,班主任要对班干部进行适当分工,使他们既能明确各自的职责,又能团结协作;在班级管理过程中,班主任还应当加强对班干部的工作指导,并经常和他们一起讨论、分析班级情况;为了提高班级管理与教育的有效性,并尽可能使每个学生都有机会得到一定的锻炼,班主任还必须灵活把握班级组织的机构设置、人员配置、运作方式等问题,如通过"两制一会",即班干部轮换制、值日(周)班长制、周会落实管理策略。

（三）建立班级管理常规

建立班级管理常规，是小学班级德育管理行之有效的保证。小学班级管理的常规主要包括：做好班级的计划和总结；做好小学生的学籍管理工作；做好考勤、值日、晨（夕）会和早（课间）操的组织，以及课堂内外的秩序等方面的日常管理工作；根据《中小学生守则》和《小学生日常行为规范（修订）》，注意对小学生进行常规训练，促使他们养成良好的学习和生活习惯，努力使各种日常的教育要求内化为他们的内在准则，努力培养小学生的规则意识、责任意识和集体荣誉感；引导学生自主积极参与班级事务，努力在班级中营造民主平等、团结互助、健康向上的群体氛围。

（四）加强班级个别指导

除了对班级群体进行指导和教育之外，对班级每个成员进行品德和心理的指导和教育，也是小学班级德育管理的重要工作内容。从指导性质和目的来说，班级个别指导包括两个侧面：一是旨在促进学生的身心健康和全面发展的发展性指导，二是旨在预防和矫治学生的品行不良乃至问题行为、罪错行为的防治性指导。小学班级德育管理中的个别指导，主要包括生活指导、人格指导、心理指导。生活指导主要涉及日常生活习惯、饮食与营养、闲暇与娱乐、消费等，人格指导主要涉及情绪与情感的表达、一般人际交往、异性交往与性心理、亲子关系、自我修养、克服问题行为或遏制罪错行为等，心理指导主要涉及心理品质的培养和心理健康问题。与专业性的心理辅导不同，班级个别指导主要是基于日常的学习、生活，在师生之间、学生之间的活动与交往中进行的，也包括出于某种指导意图而进行的谈话、言语或非言语的交流，以及经由团体指导而落实的某些追忆、反思等。

（五）优化班级道德环境

人际交往对于小学生具有特别意义，因为在与他人交往的人际网络中，“他人的言说在未成年人身上所激发的，是某种完全自身独有的、完全属于自身的语言，并同时又是他与他人联系的产物，是他生活于其中的那个人际交织网的表达；因此，随着与他人的这种交往，在单个人身上便产生了思想、信念、情感、需求和性格特征，它们展现的是他最个人性的东西，是他自己的

‘自我’。”[1]由于个人的人际交往与其所生活的社区密不可分，与社区中所形成的习俗或习惯、社会风气、道德舆论等紧密相连，所以，如何通过加强人际沟通、营造和谐氛围、提升班级文化品位等，努力促进班级成为真正体现尊重、关爱、平等、公正、合作和具有责任心的道德社区，是改进班级德育管理的当务之急。

班级道德环境的优化和道德社区的建设，关键在于开展多种多样的活动，在于引导班级舆论、形成优良班风。这要求在班级德育管理中，必须让小学生积极参与各项管理，包括共同讨论班纪、班规，设计和布置班级环境，协同管理班级各项事务，等等，以及开展多种多样的班队活动，鼓励学生在活动中交往，在交往中发展，同时通过良好的班级道德环境使之受到熏染。

（六）组织做好学生的综合素质评价

组织做好学生的综合素质评价工作，指导学生认真记载成长记录，实事求是地评定学生操行，向学校提出奖惩建议，是班级管理中班主任工作的主要内容。面对重智轻德、重结果轻过程、重行为轻动机的局面，小学班级德育管理尤其需要重视对学生进行综合素质评价。在组织综合素质评价过程中，尤其要注重学生的品行表现，注重细节，注重微妙变化，注重个体差异，注重动态评价，注重发挥评价对学生品德形成的激励和行为指导作用。

（七）形成班级教育合力

要落实班级德育管理，班主任还必须经常与任课教师取得联系，主动会同各科教师商讨本班的教育工作，互通情况，保持德育影响的连续性、一致性；必须密切与学校团、队组织的联系，协调团、队与班级的活动；必须经常与家长保持联系，互通情况，取得家长的支持与配合，指导家长正确教育子女；必须注意争取社会力量对班级德育管理的支持和配合。

三、小学班主任的培养与管理

（一）小学班主任的角色

鉴于班级作为社会群体或组织所具有的诸种功能，就需要委派一位教

---

① [德]诺贝特·埃利亚斯著，翟三江、陆兴华译：《个体的社会》，译林出版社 2003 年版，第 39 页。

师负责班级的全面工作，这位教师就被称为班主任。在中小学教育实践中，班主任被视为“中小学日常思想道德教育和学生管理工作的主要实施者，是中小学生健康成长的引领者”，班主任工作已经成为各级各类学校教育工作不可缺少的组成部分。

在我国中小学，为了凸现班主任的角色地位和班主任工作的重要性、专门性，1988 年 8 月国家教育委员会颁行的《小学班主任工作暂行规定》和《中学班主任工作暂行规定》，初步对班主任的职责、工作原则和方法、任职条件和待遇等做出了具体规定。2004 年 2 月，《中共中央、国务院关于进一步加强和改进未成年人思想道德建设的若干意见》也提出：“要完善学校的班主任制度，高度重视班主任工作，选派思想素质好、业务水平高、奉献精神强的优秀教师担任班主任。”[①]2009 年 8 月，教育部印发的《中小学班主任工作规定》，更是从配备与选聘、职责与任务、待遇与权利、培养与培训、考核与奖惩等几个方面，系统地对中小学班主任工作做出了明确规定。

一般来说，在班级管理与教育中，班主任履行的角色有：(1) 专业的教学者(或教育者)；(2) 关怀者；(3) 指导者；(4) 示范者；(5) 咨询者；(6) 管理者；(7) 组织者；(8) 协调者；(9) 交往者；(10) 合作者；(11) 监护者；等等。其中，教育者、管理者和指导者，是班主任在班级教育实务中扮演的主要角色。作为教育者，班主任的角色与其他教师的角色并无二致，因此，班主任是否能够履行职责，在很大程度上取决于其管理者和指导者的角色。

班级组织的功能自足性和半自治性，决定了班级组织一方面需要来自教师尤其是班主任的组织、协调、控制、监督，另一方面更需要来自班主任的尊重、理解、沟通、指导。学生作为发展的主体，其自主性、自觉性、能动性、创造性正是在这种外在控制与内在诱发相交织的统一过程中，通过他们自己独特的话语意境和行事方式来得以发现、予以发挥并得到发展的。从班级组织的目标和功能特性来说，后者往往比前者显得更为重要。从这个意义上说，班主任的角色更多地应是指导者，而非管理者。正因如此，班主任

① 中华人民共和国教育部办公厅编：《教育系统加强和改进未成年人思想道德建设教育思想大讨论学习资料》，人民教育出版社 2004 年版，第 7 页。

常被冠以“班级导师”之名。因此，在当代班级德育中，班主任要有效地履行育人职责、取得教育实效，必须实现由管理者角色向指导者角色的重心转移。[①] 2009 年 8 月颁布的《中小学班主任工作规定》更是明确提出：“班主任要努力成为中小学生的人生导师”。

（二）小学班主任的培养

班级德育中班主任的素质，与学校德育对教师的素质要求相一致。不过，从道德教育的专业性上看，和专门的德育课程教师一样，班级德育中的班主任作为健全人格的指导者和道德成长的促进者，应当具有更高、更全面的素质要求。美国品格教育学者凯文·莱因（Kevin Ryan）就认为，教师要真正发挥道德教育者的作用，必须具备七种资格或能力：(1) 教师必须是良好人格与有德之士的积极典范；(2) 教师必须将学生的道德生活与人格发展视为专业的责任和首要的工作；(3) 教师必须能使学生参与道德的讨论；(4) 教师必须能清楚地表明自己的道德观点以及在一系列伦理与价值问题方面的明确立场；(5) 教师必须帮助学生同情他人的道德处境；(6) 教师要能在课堂上创造积极的道德气氛，也就是建构一个相互支持和关切的道德环境；(7) 在校内或社会上，教师要能提供学生参与活动的机会，好让他们有表现伦理的与利他的行为的经验。[②]

根据国内学者阐述教师素质的一般做法，我们可以把小学班级德育中班主任的素质概括为：(1) 品德素质，包括个人道德修养（通过日常的言谈举止、待人接物所体现出来的精神风貌）和职业道德（工作态度、工作品质、行为准则和专业精神等）；(2) 专业素质，包括德育意识（专业意识、角色意识、情境意识等）、德育知识（专业知识素养和一般知识素养）和德育能力（组织管理能力、沟通协调能力、移情能力、自我调控能力等）；(3) 身心素质。为此，选聘小学班主任，除了满足教师任职条件的基础，还必须通过多种途径和方式，采取多种措施，加强班主任的培养和培训，并努力促进班主任的专业成长。具体说来，培养小学班主任应着眼于这样几个方面：

---

① 郑航：《班主任：从管理者到指导者》，《中国教育报》2003 年 4 月 19 日，第 4 版。

② 戚万学、杜时忠主编：《现代德育论》，山东教育出版社 1997 年版，第 392 页。

1. 制定班主任培养、培训规划,有组织地开展班主任岗位培训

学校必须根据教育行政部门的有关规定和本校发展的实际需要,制定班主任培养、培训计划,有步骤、分阶段地组织教师参加班主任岗位培训。

2. 专业培训和自主提高相结合,不断提升班主任的业务素质

学校根据教育行政部门的有关规定和定期奖励、表彰制度,制定本校的班主任工作规程和激励制度,鼓励在职班主任参加专业培训,推行以老带新的班主任"师徒制",以及通过多种途径进行自主提升,形成满足本校发展需要的班主任骨干队伍,并促进部分班主任成长为优秀的班主任。

3. 围绕班级管理中的热点、难点问题,组织开展校本专题教研活动

提高班主任素质,促进班主任专业成长,除了加强职前培养和职后培训,需要更多地从本校实际出发,从班级管理的实际出发,围绕班级管理中的热点、难点问题,通过专题讲座、定期研讨、专题协作等,精心组织和深入开展校本教研活动,努力促进班主任之间的交流与合作。

(三) 小学班主任的管理

鉴于班主任工作所具有的专门性和专业性,2009 年 8 月颁布的《中小学班主任工作规定》,对于中小学班主任的待遇与权利、评价与奖惩等做出了具体规定。根据这些规定,小学班主任的待遇与权利包括:(1) 学校在教育管理工作中应充分发挥班主任的骨干作用,注重听取班主任意见。(2) 班主任工作量按当地教师标准课时工作量的一半计入教师基本工作量。各地要合理安排班主任的课时工作量,确保班主任做好班级管理工作。(3) 班主任津贴纳入绩效工资管理。在绩效工资分配中要向班主任倾斜。对于班主任承担超课时工作量的,以超课时补贴发放班主任津贴。(4) 班主任在日常教育教学管理中,有采取适当方式对学生进行批评教育的权利。至于对班主任的评价和奖惩,《中小学班主任工作规定》也明确提出:教育行政部门要建立科学的班主任工作评价体系和奖惩制度,学校要建立班主任工作档案。这些具体规定是对小学班主任实施有效管理的直接依据。

第六章
小学课程与教学管理

课程与教学是一种特殊的社会组织活动，涉及教育行政部门、课程研制者、学校管理机构、教师、学生、课程与教学内容以及家长和社会团体等等之间的多重复杂关系。长期以来，教育实践中逐步孕育并发展起了专门的课程与教学管理活动，以协调、规范、组织、引导并优化课程与教学活动，从而更新学校结构、优化课程品质、促进教师教学、提升学习结果和提高教育质量。本章拟在呈现课程与教学管理整体概貌的基础上，进一步阐述小学课程与教学管理的相关具体问题。

第一节　课程与教学管理概述

探讨"课程与教学管理"问题，首先需要对基本概念有一定的理解，进而把握管理的多种层次，分析课程与教学管理的基本原理。

一、课程与教学管理的概念

在我国教育管理领域，多年来主要提的是"教学管理"，鲜有"课程管理"一说。这与新中国成立后大力引进苏联教育学的历史传统有关。其典型表现为：一是移植苏联式中央集权的教育管理制度，全国中小学统一使用一个“教学计划”、一套“教学大纲”和一套“教科书”；二是取消了“课程”的提法，搬用苏联的“教学计划”“教学大纲”“教科书”和“教学法”等一整套专门概念及其理论，形成了配套的高度统一的“教学”思维方式。在这样的背景下，课程仅仅被定位为教学活动中的一个要素——“教学内容”，而且“教学内容”是全国统一和相对稳定的，正所谓“万人一书”。因此，较之“课程管理”，“教学管理”成为主要的关注点和聚焦点，人们着力落实对教学工作的管理，确保对教学活动各要素进行合理组合，促使教学活动有序高效地展开，从而完成教学计划和教学大纲规定的教学任务。

自20世纪80年代中期开始，我国教育管理体制呈现出由“集权”向“分权”转化的趋势，地方和学校的教育管理权力逐步扩大；但直至进入90年代我国中小学课程管理体制改革才正式拉开帷幕。1992年《九年义务教育全日制小学、初级中学课程计划（试行）》首次在课程表中规定了地方课程，同时实行“一纲多本”的教科书制度。1996年《全日制普通高级中学课程计划（试验）》第一次将“课程管理”作为课程计划中的单独一部分列出，规定普通高中课程由中央、地方、学校三级管理。1999年《中共中央、国务院关于深化教育改革全面推进素质教育的决定》提出，要“建立新的基础教育课程体系，试行国家课程、地方课程、学校课程”。2001年《基础教育课程改革纲要（试行）》明确提出：“为保障和促进课程适应不同地区、学校、学生的要求，实行国家、地方、学校三级课程管理。”新的课程管理体制的确立与实行，促使“课程管理”这一概念逐步凸显出来，成为教育管理领域的新兴主题。

由“教学管理”到“课程管理”，决不只是名词术语上的变化或仅仅是一种文字游戏，其中体现着课程与教学管理观念的深刻变化。这表明，当代人们观察、思考、研究和解决相互关联的课程与教学问题的立场和取向，发生了根本性的转换。人们所关心和着力的事项，实现着从“怎样教学”的教学管理问题向“教学什么”的课程管理问题的重心转换。与过去截然不同的现象出现了，人们已经开始普遍地自觉或不自觉地站到了解决“教学什么”问题的课程管理立场，来观照“怎样教学”的教学管理问题，从而把教学管理纳入到课程管理的“轨道”，开始形成以课程管理为核心和取向的“课程管理思维”方式，并逐渐扩展演变为教育管理领域的行为方式。在这里，并不意味着教学管理不重要了，更不是要用“课程管理”取代“教学管理”。恰恰相反，这意味着，教学是实施课程和达到教育目标的根本途径，课程管理与教学管理正在走向全面整合。

由此，课程与教学管理，在本质上已经超越了以往的“教学管理”的内涵，意指在一定社会条件下，课程与教学管理者依据一定的管理原则和方法，对一定课程与教学系统的人、财、物和信息等因素进行决策、计划、组织和控制，以有效地实现课程与教学系统预期目标的活动。

二、课程与教学管理的层次

近年来，我国基础教育课程管理体制从“中央一统”走向“三级分权”，地方教育行政和学校分获了部分权力，于是，课程与教学管理形成了国家、地方和学校三个层次。每一层次的管理机构与职责具体如下：①

(一) 国家课程与教学管理机构的职责

国家一级课程与教学管理的职能部门是国家教育行政部门的最高机构——教育部，其主要职能是制定国家基础教育培养目标、课程计划框架和课程标准等宏观的政策，并指导和监控地方、学校贯彻执行国家课程政策。国家对于课程的控制程度，从国家课程到地方课程，再到校本课程，逐步减少，课程管理权力的重心一级级下移。

国家课程与教学管理机构的具体职责有以下几个方面：

(1) 宏观指导我国基础教育课程改革，并具体制定相应的课程政策和国家基础教育课程计划框架。

(2) 组织制定或修订、审定我国基础教育各个阶段的课程计划。包括统一规定国家课程在各个教育阶段的中观课程结构，如学习领域或科目数，总课时、周课时及课程分配结构，严格控制学生在校学习时间和基本学业

① 教育部基础教育司组编：《走进新课程：与课程实施者对话》，北京师范大学出版社 2002 年版，第 197—200 页。

负担。

(3) 颁布国家课程标准,确保统一的基本学业要求,规定国家基本的教育质量要求。

(4) 制定国家课程实施过程的指导性意见,引导地方和学校根据实际情况创造性地实施国家课程计划。

(5) 确定基础教育课程的评价制度,确保国家基础教育课程在各个阶段的目标得到有效的落实。

(6) 制定三级课程管理政策,颁布地方、学校课程管理指南,为地方课程和校本课程的开发以及地方一级和学校一级的基础教育课程管理提供基本的规范。

(7) 制定教科书或教材开发与管理的政策,定期向学校和社会公布经过审定的中小学教材目录和教材使用情况评估报告。

(8) 监控国家基础教育课程整体运行质量,对中小学教学、评价与考试、课程资源开发与利用等情况定期进行抽查和跟踪研究,并提出评估报告。

(二) 地方课程与教学管理机构的职责

地方一级课程与教学管理的职能部门是地方教育行政部门,其在课程与教学管理方面的主要权利和责任是,贯彻执行国家课程计划和课程标准,按照地方的实际情况与发展需要,为落实国家课程标准制定具体方案,开发地方课程,指导学校合理地实施地方制定的课程计划。

地方课程与教学管理机构的具体职责有以下几个方面:

(1) 省(自治区、直辖市)一级教育行政部门按照国家课程计划的要求,制定本地实施的各个教育阶段的课程计划,并报教育部基础教育司备案。同时,制定课程计划实施方案。

(2) 负责对全省(自治区、直辖市)中小学教学、评价与考试、课程资源开发与利用情况进行监控,组织研究机构通过抽样调查、跟踪研究等方式对中小学课程运行质量做出评估,及时发现、反映和解决基础教育课程改革中的问题。

(3) 依据教育部颁布的地方课程管理指南,组织专家或与专家合作开发地方课程，并制定学校实施地方课程的指导性意见。

(4) 通过下属各级教育行政部门，负责监督与评估当地学校执行国家课程计划的状况，确保各个阶段的课程计划得到全面有效落实。

(5) 通过下属各级教育行政部门，负责指导学校制定学校课程计划的具体实施方案，以及校本课程的合理开发。

(6) 县一级教育行政部门要在规定的时间内审议各中小学上报的校本课程开发方案，并反馈审议意见。

(三) 学校课程与教学管理机构的职责

所有课程计划只有到学校才能得到真正的落实，学校一级的课程与教学管理对于确保基础教育课程目标的实现范围和实现水平具有重要意义。学校课程与教学管理机构主要包括学校教导处和课程开发委员会或部分学校设置的课程中心，重点是关注国家课程和地方课程的有效实施，以及校本课程的合理开发。

学校课程与教学管理机构的具体职责有以下几个方面：

(1) 根据教育部和本省(自治区、直辖市)课程计划的有关规定，从当地社区和学校自身的实际出发，制定学校学年课程实施方案，报县一级教育行政部门备案。

(2) 依据教育部颁布的学校课程管理指南，结合本校的传统和优势，独立自主或与校外有关机构或人士合作开发校本课程，提供给学生选择。校本课程开发方案必须在规定时间内报县一级教育行政部门审议。

(3) 选用经国家一级审定或省一级审查获得通过的教材。教材的选用应体现民主原则，应该有教师、学生代表参加，并通过多种途径听取学生家长的意见。

(4) 反映国家和地方课程计划在实施中所遇到的问题，建立校本课程的内部评价机制，以保证校本课程与国家课程、地方课程在总体目标上的一致性和互补性。

(5) 根据上级教育行政部门的规定，结合本校的实际情况，对学校的所有课程实施管理。特别是对于教学、评价与考试、课程资源开发与利用等方面要进行自我监控,确保学校基本办学质量的稳定和提高。

三、课程与教学管理的过程

顺应当下“课程与教学一体化研究”和“课程与教学整合论”等发展趋向,“课程研制过程”(process of curriculum development)成为开展课程与教学管理的“内在基本线索”。“课程研制是一个更具综合性的术语,它包括了规划、实施和评价。”[①]实际上,课程与教学规划、实施和评价三个阶段依次演进并相互作用,循环往复并不断发展,实现着课程与教学的改革、变迁和创新。由此,课程与教学管理可以进一步具体化为“课程与教学规划管理”“课程与教学实施管理”和“课程与教学评价管理”。

(一) 课程与教学规划管理

课程与教学规划,就是对课程与教学活动进行计划并做出规定的过程。具体来说,包括制订课程计划或方案,研制课程标准和编制教材等。与课程和教学规划相关的,还有两个术语,即课程与教学设计、课程与教学决策。它们的区别和联系分别是,课程与教学规划是一个综合的课程与教学决策过程;而课程与教学设计则是产品和独立存在的实体,是课程与教学决策过程的产物。

课程与教学规划管理,就是对课程与教学规划进行管理。由于课程与教学规划具有明确方向、描绘蓝图的价值,影响范围广,作用时间长,因此,课程与教学规划管理显得格外重要。在一定意义上,课程与教学规划管理被视为课程与教学管理的首要任务。但是,规划管理的成功,并不意味着课程与教学管理的成功。因为再美好的课程与教学计划和方案,都必须付诸实践,才能真正地发挥效用,进而实现预期的课程与教学目的。

(二) 课程与教学实施管理

课程与教学实施就是把规划好的计划、方案和标准等付诸实际的过程。实质上就是将课程理想变成现实的过程,将课程计划落实为教与学的行动,从而把课程领域转变为教学领域。课程与教学实施管理,即是对课程与教

① Oliva, P. F. Developing the Curriculum. Pearson/Allyn and Bacon, 1997. p. 23.

学实施进行管理,其核心是对教学活动的管理。

由于诸多影响因素的存在,整个课程与教学实施过程有着不可预测性和不确定性。长期以来,人们形成了关于课程与教学实施的三种取向:①第一,忠实取向(fidelity orientation),倡导"按部就班"地执行预定课程与教学方案。第二,相互调适取向(mutual adaptation orientation),强调预定课程与教学方案和学校情境之间的相互适应,既包括课程与教学方案为适应具体学校或课堂的实际情况,在目标、内容、方法和组织形式等方面进行调整,也包括学校或课堂的实际情境为适应课程与教学方案而发生的改变。第三,创生取向(enactment orientation),认为预定的课程与教学方案仅仅是师生进行或实现"创生"的材料或背景,是一种课程资源,师生应该借助于这种资源,在具体情境中,不断地联合缔造新的教育经验。总体而言,当下的课程与教学实施管理,需要在现实意义上,调和与平衡影响课程与教学实施的诸因素,促成与推进课程与教学方案的采纳、调适与应用,进而实现课程与教学的预期目标,并不断创生出课程与教学的新文化。具体来说,在目标维度,它是在众多复杂性中求得调和与平衡的过程。这就需要管理者系统地考虑课程与教学实施的诸多影响因素,最大可能地发挥和协调每一个因素的功能,使之产生最大功效。在操作维度,它是采纳、调适与应用课程方案的再创造过程。"采纳"不等于实施的完成,"调适"代表一种努力,"应用"的方案才是实际运作的课程方案,应用方案与最初的课程方案相比,已经发生了根本的变化,是一种发展了的或者发展中的行动计划。这就需要管理者有效地利用各种课程资源,推动预定课程与教学方案积极而富有创造性地调适、应用和创生。在效果维度,它是落实课程与教学理想以创造课程与教学新文化的过程。这就需要管理者调动课程与教学实施者的积极性,发挥其实践智慧,促使课程与教学的新文化得以孕育、生成和发展。

(三)课程与教学评价管理

课程与教学评价是对课程与教学实施的结果进行评估,以确定预期的

① Snyder, J. et al. Curriculum Implementation . In Jackson, P. W. Handbook of Research on Curriculum. New York: Macmillan Publishing Company, 1992. pp. 404—418.

课程与教学目标是否实现，理想的课程与教学方案和计划是否获得成功。课程与教学评价管理，即是对课程与教学评价进行管理。

评价具有“检查”“反馈”和“激励”等功能，因此，为了更好地展开课程与教学活动，不仅需要对课程与教学实施进行评价，还需要对课程与教学规划进行评价，也需要对课程与教学评价本身进行评价。可见，课程与教学评价管理，涉及面广，复杂度高，主要包括对教师教学评价、学生学习评价和课程产品评价等的管理。

第二节 小学课程与教学规划管理

小学课程与教学规划管理，有国家、地方和学校三种层次。就学校层次而言，主要有两重任务，即国家和地方课程校本化实施的规划管理和校本课程开发的规划管理。同时，为了进一步提升和优化管理成效，小学课程与教学规划管理应当并正在走向民主。

一、校本化课程实施的规划管理

理想之所以是理想，是因它具有超现实的特点，它总是面向未来。同时，理想也只有根植于当下的现实，才能获得生长的土壤。国家和地方教育行政部门拟定的课程理想、规划的课程方案，必须要“因校制宜”和“因人（学生和教师）而异”地逐步实现。这就涉及国家和地方课程校本化实施的问题。

就 2001 年我国启动的新一轮基础教育课程改革而言，其中，小学阶段必须设置的国家课程为“品德与生活”“科学”“语文”“数学”“外语”“体育”“艺术（或选择音乐、美术）”和“综合实践活动”（详见表 6-1），另外，还需根据地方教育行政部门的规定，设置一定的地方课程。

表 6-1　我国小学阶段国家课程设置表①

<table>
<tr><td></td><td colspan="6">年　级</td></tr>
<tr><td rowspan="9">课程门类</td><td>一</td><td>二</td><td>三</td><td>四</td><td>五</td><td>六</td></tr>
<tr><td>品德与生活</td><td>品德与生活</td><td>品德与社会</td><td>品德与社会</td><td>品德与社会</td><td>品德与社会</td></tr>
<tr><td></td><td></td><td>科学</td><td>科学</td><td>科学</td><td>科学</td></tr>
<tr><td>语文</td><td>语文</td><td>语文</td><td>语文</td><td>语文</td><td>语文</td></tr>
<tr><td>数学</td><td>数学</td><td>数学</td><td>数学</td><td>数学</td><td>数学</td></tr>
<tr><td></td><td></td><td>外语</td><td>外语</td><td>外语</td><td>外语</td></tr>
<tr><td>体育</td><td>体育</td><td>体育</td><td>体育</td><td>体育</td><td>体育</td></tr>
<tr><td colspan="6">艺术(或选择音乐、美术)</td></tr>
<tr><td colspan="2"></td><td colspan="4">综合实践活动</td></tr>
</table>

客观的事实是,教育部颁布的课程方案和一系列规定,都是面向全国所有小学校、教师和学生的。然而,由于我国区域间经济发展的不平衡,各地区间的教育发展水平严重失衡,加之城乡之间的巨大差别,整齐划一的改革方案和规定难以适应所有地区的教育改革和发展的需要已是不争的事实。国家课程方案之外,地方教育行政部门颁布了地方课程方案,即面向本地区所有小学校、教师和学生的课程。但是,即使是同一个地区、同一座城市,不同学校之间仍然有很大差异。因此,统一的课程改革方案客观上需要不同学校创造性地加以改造,以适应本学校的实际。可见,国家和地方课程的校本化实施已成必然。校本化课程实施,首先需要一系列的课程与教学规划来保障。

鉴于此,校本化课程实施的规划管理,需要学校调动一切资源,在坚持国家和地方课程改革基本精神的前提下,根据本校性质、特点和条件,将国家和地方层面规划和设计的面向全国和本地区所有学生的课程方案和计划,创造性地转变为适合本校学生学习需求的课程方案和计划,包括课程设置的校本化整合、课程目标的校本化调适、课程内容(含教材)的校本化处

① 教育部:《关于印发〈义务教育课程设置实验方案〉的通知》,教基[2001]28 号文件,2001 年 11 月 19 日。

理、课程资源的校本化开发与利用、教学方法的校本化调整以及课程与教学评价的校本化优化等。

例如，东北师范大学附属小学根据国家新课改的现状，结合多年实践探索的经验，认为原有的品德与生活、品德与社会这两大综合学科的教材还不尽理想、不太成熟，且相对地弱化了道德、社会各自的基础和品性，故将其各自独立开来，由两大综合学科分离为三大独立的学科："道德"、"生活"和"社会"。学校采用课程选择模式，引进国外优秀的道德科教材、生活科教材和社会科教材，对其进行本土化、校本化的改造。其中，就所选的《以充实的心灵》为主题的教材，共 6 册，218 课，学校做出重大修改的有 3 课，一般程度的本土化处理有 187 课，删去 28 课，占原教材总量的 12.84％。①

在经济条件相对落后的农村，学校的课程与教学资源比较匮乏，这就需要对课程资源进行校本层面的规划，开发与利用大量替代性的课程资源。比如科学课程的实验仪器、药品的短缺问题，在农村时常出现。这时，可以建议和指导教师带领学生利用生活中的常见用品和废弃物制成简易的实验仪器，或替代实验用的化学药品。诸如用贝壳或鸡蛋壳代替碳酸钙，用食用碱代替碳酸钠，用废铁刨花或铁屑与硫酸反应制取硫酸亚铁，用植物的花、叶等制取酸碱指示剂，用铁质瓶盖制作燃烧匙，用废电池制取碳棒（作电极）、锌（制氢气）、二氧化锰（作催化剂）、氯化铵（制氨气）等。这样的课程资源规划管理，既有助于解决实验仪器、药品的短缺问题，又可以培养学生的实践能力以及节约、环保的意识。

在校本化课程实施的规划管理方面，值得特别提出的是对综合实践活动的规划管理。综合实践活动要求自小学 3 年级开始设置，实行弹性课时制，每周平均 3 课时。这是一门独特的课程，它是国家课程计划中规定的一门必修课程，但与其他国家课程有显著区别。语文、数学、外语等国家课程，都有国家课程标准和教材，而综合实践活动则只有指导纲要或实施指南，如《国家九年义务教育课程综合实践活动指导纲要（3—6 年级）》。综合实践课

① 熊梅、脱中菲、王廷波：《校本课程开发实践模式探索》，《教育研究》2008 年第 2 期，第 61—65 页。

的实施能够充分体现课程的生成性和适应性。可以说,这是一门国家规定课名、课时和一般要求,地方统一协调和指导,由学校自己开发的课程。就这一具有特殊性质的课程,需要加强管理力度,从师资建设、组织建设和制度建设等方面进行有力、有效地规划。

当前综合实践活动课面临的一个重大问题,是未形成多学科结合的稳定的教师队伍,这就要求,学校从实际出发,优化配置学校的人力资源,建立专职与兼职相结合的教师队伍。专职教师是学校综合实践活动的负责人,要承担起学校综合实践活动课程实施的规划、组织、协调与管理等方面的责任。学校领导、班主任、任课教师以及有关社会力量都可以成为综合实践活动的指导教师或兼职教师。另外,可以充分发挥学校原有的劳动技术课程专职教师和信息技术教师的作用。而且,学校要根据实际,明确一个部门来协调校内各部门之间的关系,发挥各部门在综合实践活动实施中的作用,保证综合实践活动的有效实施。

另外,为了给予综合实践活动一定的政策支持,需要建立和健全综合实践活动课程制度,主要包括:学校综合实践活动课程规划和实施方案,学校综合实践活动课程教师配备制度,学校综合实践活动教学评价制度,学校综合实践活动教师工作量计算办法,学校综合实践活动科研制度,学校综合实践活动档案建设制度以及学校综合实践活动安全保障制度等。

二、校本课程开发的规划管理

除国家和地方规定的课程之外,学校中还有校本课程,即学校自行开发的课程。校本课程的主导价值在于满足学生具体的、特殊的学习和发展需要。根据相关规定,地方和学校课程的比例应占学校总课时的10%—12%。[①] 因此,开发校本课程,既是一项具有挑战性的任务,也是一个值得努力的方向。在校本课程开发的过程中,规划阶段的管理任务主要有:

(一)组织建立

成立校本课程开发委员会或工作小组,可以为校本课程开发提供必要

① 教育部基础教育司组编:《走进新课程:与课程实施者对话》,北京师范大学出版社2002年版,第24页。

的组织保证。这一机构主要负责引领校本课程开发的总方向，拟定校本课程开发的规章制度，审议教师申报的校本课程等。在一定意义上，机构的名称代表着学校课程开发的愿景，如某校的“梦想课程开发中心”内蕴着“让孩子拥有自己的梦想”的期望。

机构的成员应该具有广泛的代表性，不仅有学校教师和行政人员代表，还应有学生、家长、教育行政部门官员、社区人士、校外专家等代表，他们各自扮演不同的角色。教师代表、主任与校长等学校行政人员，是主要的决策者，自始至终都投身校本课程开发的建设并进行决策。学生和家长代表是主要的参与者，自始至终参与校本课程开发各个阶段有关议题的讨论，并提供必需的各种支持。社区代表和校外专家，是学校发展的强劲支持力量，在校本课程开发过程中，能够提供许多切实可行的建议和富有启迪的智慧。教育行政部门官员，是教育资源的主要掌握者，在教育哲学和教育目标确定上，起着相当重要的作用，在课程资源比较稀少的状况下，争取他们的支持和帮助，是促进校本课程开发的有效策略。

（二）情境分析

情境分析，就是要在探讨校本课程开发各种必要性和可能性的基础上，对开发什么样的校本课程做出决策。主要包括需求评估、资源调查和决策拟定三个小环节。

需求评估，就是对学生的学习需要、家长的期望、社区和社会的要求以及学校的发展需求等进行调查研究，这主要是调查开发相关校本课程的必要性。课程的适用范围越大，其有针对性地满足学生个性学习需要的可能就越小。由此，我国才突破长期以来只强调共性和统一性的国家课程开发模式，逐渐推行三级课程管理体制，针对国家和地方课程难以照顾不同地区和学校学生具体学习需要的不足，鼓励以校本课程予以弥补。在这样的背景下，学校如果脱离了本校学生具体的、特殊的学习需要去进行校本课程开发，就等于否定了校本课程开发的根本价值、背离了校本课程开发的美好初衷。可见，需求评估特别要注意评估学生的学习需要，这也是以往校本课程开发经常忽视的方面。学校可以采用多种手段，比如观察、访谈和问卷等，评估本校学生兴趣的范围、层次和类型。

资源调查，是弄清校本课程开发的条件和限制，包括师资力量，各种课程材料和设备、资金情况以及社区潜在资源等，这主要是调查开发相应校本课程的可能性。

决策拟定，是通过分析需求评估和资源调查取得的信息，在想开发什么课程和能开发什么课程之间找到平衡，进而拟定应该开发而且有条件开发的课程目标和门类等，明确校本课程开发的总体方向和具体思路。

（三）文件编制

在调研校本课程开发所处境遇、明确开发方向的基础上，可以考虑编制课程方案等一系列文件，既进一步将开发活动加以具体化和操作化，也为整体性的开发活动提供制度保障。在学校层面，需要拟定的文件主要有《校本课程规划方案》《校本课程开发与建设细则》《学校课程开发委员会章程》《校本课程开发立项、审议制度》《校本课程教学班管理办法》和《校本课程开发教师工作量计算办法》等。

其中，《校本课程规划方案》是校本课程开发的总体方案和纲领性文件，大致包括如下基本内容：课程开发背景、课程总体目标、课程结构与门类、课程实施与评价的建议和保障措施。

课程开发背景，主要从开发的必要性和可能性两方面入手，梳理需求评估和资源调查所获得的信息，呈现校本课程开发的背景。如列举学生学习需要和家长期望的调查结果，剖析学校发展需求，明确校本课程与国家和地方课程的配合程度，探讨学校开发各种类型校本课程的可能性，如此等等。

课程总体目标，结合校本课程开发的具体背景，拟定课程开发的整体目标。目标应包括三类：一是优化学生学习活动方面的目标，二是促进教师专业发展方面的目标，三是推动学校文化发展方面的目标。

课程结构与门类，主要说明校本课程的组织，设置前需要回答以下问题：

(1) 将校本课程组织为必修课还是选修课？

(2) 必修课包括哪些门类？适用年级有哪些？课时要求如何？

（3）选修课包括哪些门类？适用年级有哪些？课时要求如何？

当下的校本课程开发出现了一种现象，即是将校本课程定位为在全校范围内铺开的课程，即“全校性”校本课程。如开发“乒乓特色”课程，就要求从一年级起每周开设乒乓球课，力求“人人爱打乒乓球、会打乒乓球”。虽然校本课程开发自兴起以来，就与学校特色建设形成了一种密不可分的关系，但当前二者结合的基本形式是学校借校本课程形成一种文化特色，“科技文化”校本课程促成学校科技教育特色，“剪纸文化”校本课程促成学校剪纸教育特色……这种特色，表现为参与人数多，整体水平高。然而，这也在一定程度上要求学生按照学校特色的要求，具有统一的爱好、相同的技能，导致学校变为某项活动、某种技巧的“专业培训学校”。这样做，恰恰不利于学生个性化地成长，有悖于教育的根本目的，有悖于校本课程作为国家和地方课程的补充“要充分满足学生具体特殊学习需要”这一基本诉求。因此，在一定意义上，校本课程的形式绝不仅是全校统一的单一模式，而是多样而灵活的丰富样式。从空间维度上看，可设全校统一的课程、全级统一的课程、全班统一的课程和走班选修的课程；从时间维度上看，可设持续整个小学阶段的课程、年段的课程、年级的课程、学期的课程和微型的课程①。从价值维度上看，可设提升知识和技能的课程、满足兴趣爱好的课程、开展思维训练的课程和进行文化熏陶的课程。

课程实施与评价的建议，主要是对校本课程的实施和评价做出具体规划。包括对教师培训、教学活动、教师教学评价、学生学习评价等做出设计和安排。

保障措施，主要说明学校的校本课程开发组织机构及成员，经费的支持情况以及其他一系列的配套措施等。

（四）课程申报

教师始终是校本课程开发的主体，关于校本课程开发的一系列文件编制完成后，即可组织教师在熟悉文件的基础上，针对学校《校本课程规划方

① 曾文婕：《微型化：校本课程开发的深化之路》，《教育发展研究》2009 年第 4 期，第 51—55 页。

案》中规定的课程门类，结合自身的实际情况，申报相应的课程。比如，就学校拟开的修身类课程，教师如果在生命美学方面颇有心得，可考虑申报《人生的诗意》课程，教师如果在摄影方面有所造诣，可考虑申报《摄影与人生艺趣》课程。

为了统筹安排、规范操作、保证质量，教师进行课程申报时，需要在规定时间内，提交所申报课程的《课程纲要》。主要内容包括：开课教师、教学材料、适合对象、学习时间、课程目标、课程内容与实施方式、课程评价以及课程简介等。具体可参考表6-2。

表6-2 《课程纲要》样例

<table>
<tr><td>课程名称</td><td colspan="3"></td><td>开课教师</td><td></td></tr>
<tr><td>教学材料</td><td></td><td>适合对象</td><td></td><td>学习时间</td><td></td></tr>
<tr><td>课程简介</td><td colspan="5">限200字内，供学生选课/学校审议用</td></tr>
<tr><td>背景分析</td><td colspan="5">为什么要开设这门课程？可从学校的教育理念、学生需求、已有资源等方面分析。</td></tr>
<tr><td>课程目标</td><td colspan="5"></td></tr>
<tr><td rowspan="5">课程内容
与
实施方式</td><td>1</td><td colspan="4"></td></tr>
<tr><td>2</td><td colspan="4"></td></tr>
<tr><td>3</td><td colspan="4"></td></tr>
<tr><td>4</td><td colspan="4"></td></tr>
<tr><td>……</td><td colspan="4"></td></tr>
<tr><td>课程评价</td><td colspan="5"></td></tr>
</table>

教师申报课程后，由校本课程开发委员会进行课程审议。审议的主要内容有：申报课程的目标与学校校本课程开发总体目标的吻合度，申报课程的内容的科学性与合理性，申报课程开设的可能性以及教师本身的课程开发资质等。

审议通过的课程，则成为学校正式开出的校本课程，并由学校统一制作

《校本课程简介》等材料，既供教师和家长等传阅，也供学生了解相应课程，进而有针对性地进行选课。

三、民主化课程与教学规划管理

具有现代意义上的学校课程与教学，正在朝着开放化、社会化、人性化的方向迈进，在这样的背景下，课程与教学规划需要走向民主，方能保证规划的质量。走向民主化的课程与教学规划管理，需要积极创设条件，有效听取学校管理人员、教师、学生、家长、教育行政部门、专家学者等各方的意见和建议。

然而，我国小学课程与教学规划管理在其历史与当下的发展过程中，某些主体总是力图使自身极端化，并产生了一些异化的形态。校长意见的绝对化出现了行政垄断的改革，它表达的是没有边界的长官意志；专家学者意见的绝对化导致了学者把持的改革，它只是某些学术观点的玩弄和炫耀；如此等等。毫无疑问，这些力图使自身极端化的主体，正窒息与扼杀着其他主体的活力，进而窒息与扼杀着整个课程与教学规划管理的生命力。因此，在课程与教学的审议和决策过程中，如何真正做到"向一切人开放，倾听一切人的声音"，既是未来的发展方向，更是值得探讨的紧迫问题。

第三节 小学课程与教学实施管理

课程与教学实施管理的关键，是将规划出的各种课程与教学方案转变为实际的教与学。如果没有有效实施，再美好的规划，也难免沦为空谈。课程与实施涉及的要素，不胜枚举，千头万绪，结合当下新课程改革的基本理念和现实遭遇，需要着重抓好教师培训和教学活动两方面的管理，并逐渐践行弹性化的管理理念。

一、教师培训管理

基础教育新课程的实施，对小学课程与教学实施管理提出了全新的要求与挑战。作为主要的课程实施者，面对新课程提出的新要求，一线教师在观念上都较为认同。受教育部委托，课程专家评估小组先后于 2001 年 12 月、2003 年 3 月、2004 年 11 月和 2006 年 12 月对基础教育课程实施状况进行了四次评估，几次评估的结果基本一致，都表明教师对课程改革具有较高和较稳定的认同感。① 但是，教师在观念上对新课程改革的认同度高，并不必然意味着对课程改革很有热情、很有劲头。事实上，在课程与教学实施过程中，教师普遍表现出“不安”的情绪。这一方面源自打破惯习而带来的迷失感。虽然教师认为课程改革可以理解并接受，而且非常重要，但是对自己熟悉的课程与教学进行全方位改变的这种过程实在是令人焦虑，甚至是痛苦和沮丧的。另一方面源自能力不足而带来的压力感。在传统教学中，教师拿着教科书和教学参考书就可以“自信”地走进教室了。而在新课程理念下，自己却不知如何具体操作，产生了“教了几十年书，现在竟不会上课了”的困惑。当一个人面对一件事情，一边发现自己不能完成它，感觉自己找不到出路，一边又认识到此事非常重要，这只能使其更不安、更沮丧。在这样的背景下，加强对教师培训的管理，使教师对课程与教学实施能力得到持续提升，就显得尤为重要。经过探索和实践，在学校层面，教师培训可以采用如下方式展开：②

1. 专业报告式。如就小学课程与教学实施中的关键问题，或许多老师感到非常困惑的问题，邀请专家学者或主管领导做报告。

2. 课题引领式。通过组织教师参加课题研究，提高教师的理论水平和实践能力。当前，有的课题研究存在重申报、轻研究，重出文章、轻解决实际问题的倾向，应特别注意研究的课题要从学校实际出发，以解决学校课程与教学各方面的问题、提升教师的课程与教学实施素质、促进学校的课程与教

① 马云鹏：《基础教育课程改革：实施进程、特征分析与推进策略》，《课程・教材・教法》2009 年第 4 期，第 3—9 页。

② 蒋明珠：《校本培训模式实践初探》，《全球教育展望》2006 年第 7 期，第 78—80 页。

学发展为目的。在做法上，不求人人设计课题，但求人人参与行动。

3. 微格训练式。把课堂教学分为不同的单项技能分别进行训练，如导入技能、提问技能、演示技能、板书技能等，每次只集中训练一两项技能，以便掌握。在采用此模式时，多采用教师自主报名的形式。先由教师自行查找有关资料进行备课，然后付之于实践——上课，并辅以全程录像，接着进行个人反思，撰写一份课堂分析报告，然后与教研组和专家交流讨论并再次备课，最后再实践、再反思。如有必要可再一次重复以上过程。对上课教师来说，这是剖析、总结和提高的过程，对教研组老师来说可以吸收别人的长处，优化自己的教学过程。尽管程序烦琐、费时费力，但实效显著，特别适合对青年教师和骨干教师的培养。

4. 案例剖析式。从教学案例描述的教学实践中探寻方法，总结得失，寻找理论支撑。选择合适的，具有真实性、典型性、浓缩性和启发性的案例，是案例剖析培训的基础。教学案例可来自本校教师的教学实践，亦可摘自报刊，可以将问题指向课程与教学实施中带有共性的典型困惑。案例研究是一种超越课堂教学本身的教学知识增长，更是剖析别人、剖析自己的专业成长阶梯。在案例剖析时应提倡各抒己见，让每一位教师畅所欲言，努力创设一种平等、互助、友好的交流氛围，让教师们在这样的氛围中相互质疑、相互启发。许多新思想、新灵感在此过程中会不断地激发、碰撞、裂变、融合，使问题迎刃而解。

5. 校际交流式。各个学校在办学风格、管理方式、师资队伍等方面都存在一定差异。组织校际间的交流可以借鉴别人的成功经验，取长补短。校际交流可以是相同学科教师间的听课、评课，可以是实地见习、互访，也可以围绕某一主题进行探讨。

6. 教育叙事式。教育叙事就是“讲教育故事”。要求教师以合理有效的方式解决自己在教室或其他场所里遭遇的课程与教学问题，然后将自己怎样遇到这个问题，怎样解决这个问题的整个教学过程“叙述”出来。教育叙事是记录教师教学生涯和成长历程的重要方式，也是教学反思的重要方式。许多青年教师普遍存在着理论水平丰富、工作精力充沛，但实践经验缺乏的问题。学校可以针对青年教师在工作中遇到的具有普遍性和典型性的问题预设主题,然后在有经验的老师中征集成功或失败的故事,每次教师会开始时利用十几分钟,在交流中解答,在切磋中传授,在分析中提升。教育叙事式培训具有生动性和实效性等特点,深受老师们的欢迎。

7. 网络共享式。随着网络技术的普及应用,使超越时空的网络共享成为可能,网络共享的形式因其便捷实用深受教师喜爱。首先,可实现备课笔记、教学札记、课件设计、练习方案等的共享。在实践中,可以先从骨干教师、学科带头人的课堂教学设计的全面开放做起,逐渐延伸到整个教研组全体教师的全面教学设计和成果共享。当然,在此过程中,在管理上要注意避免教师对网络资源的照搬照抄,影响对教材和教学方法的自主钻研,阻碍个人教学特色的形成,限制自身的专业发展。其次,利用校园 BBS(Bulletin Board System)平台集结众人智慧,实现优势互补。在课程与教学实施中的困惑可随时获得帮助,感想可及时和同事分享。在此过程中要注意加强操作管理,尽可能采用校内实名注册上网的形式,避免"谁都可以发表的混乱"。

二、教学活动管理

教学活动始终是学校教育的核心,教学活动的管理始终是学校教育管理的重点。针对新课程改革的要求,学校的教学活动管理特别需要做好集体备课和上课等方面的管理。

(一) 集体备课管理

基础教育新课程改革在倡导学生合作探究学习的同时,也要求教师展开同伴互助、合作研究,形成研讨氛围,发挥"集体效应"的优势。集体备课作为教师合作研讨的一种有效形式,对于发挥教师团队合作精神,集思广益,取长补短,具有不可或缺的作用。但是,目前,许多学校的集体备课存在形式化严重的问题。集体备课成为"网上资料的拼盘"或"个人独裁"等现象屡见不鲜,导致教师视集体备课为"负担"。

针对这样的情况，在学校管理层面，首先需要澄清对“集体备课”的认识。[①] 第一，“集体”是个什么概念？是指包括所有同学科教师的教研组还是使用同教材教师组成的备课组？同一教研组有多少教师？使用同教材的教师是否够得上成为一组？其中新老教师配置的情况如何？教师课业负担如何？一个教师只教一门课还是兼教其他课，只教一个年级的一门课还是兼教其他年级的同一门课？第二，必须经过集体准备的“课”是个什么概念？是指一门课程的课程标准、教材分析、学期的课程计划，或是指按教材中的单元组合的若干课，还是一节一节的课？是专指公开课还是指日常课？是有选择的集体备课还是无例外的集体备课？

在澄清认识的基础上，可以具体按“准备活动”、“集中探讨”和“教后反思”三个步骤展开集体备课。

第一，准备活动。备课组长明确主备教师和辅备教师。主备教师设计出教案，在集中探讨前的两三天把教案发给组内每位教师，同时，准备好主讲内容，交给备课组长。辅备教师认真阅读和思考主备教师的教案，为集中探讨做好充分准备。

第二，集中探讨。这一阶段，可按照下述步骤加以展开：(1) 交流上一次集体备课的教后反思以及备课存在的问题，备课组长可有针对性地进行主题发言或以讲座辅导的形式，给予其他老师以专业引领和指导。(2) 主备教师结合主备教案，阐述主讲内容。(3) 主备教师和辅备教师就主备教案进行充分交流。(4) 在参考他人发言的基础上，每位教师根据本班实际情况，形成个性化、特色化的教案。

第三，教后反思。每位教师对自己的教后情况进行总结，同时，重新设计教案中需要改进和完善的环节。

为了充分彰显集体备课的实效，已经获得成功经验的小学，特别提出在管理层次上，应注重落实集体备课中的“四次调整”[②]：

① 陈桂生：《“集体备课”辨析》，《中国教育学刊》，2006 第 9 期，第 40—41 页。

② 瞿梅福：《集体备课：从“减负”到“能力提升”：记一所小学的四次探索》，《人民教育》2007 年第 10 期，第 47—49 页。

(1) 第一次调整。即辅备教师在集体备课活动前,一定要抽时间浏览主备教案,注上个人见解,对主备教案做教前的设想调整。

(2) 第二次调整。即在集体备课集中活动时,主备教师发言后,辅备教师根据主讲内容从不同角度、不同侧面谈个人见解。所有教师在听取大家对教案的调整意见的基础上,积极思考,博采众长,对教案做一些修改调整,以便形成一个合理的、个性化的教案。这是集体智慧的结晶,也是个人智慧的激活。

(3) 第三次调整。即做好平时的教后反思。尽管教学预案对学生可能遇到的问题做了充分考虑,但事先的设计与具体的实施之间总会有一定的距离,加之教学之后教师也常会发现预设教案的某些不足。因此,要将自己课后的反思分析也记到教案中。教师可以记录成功的经验,也可记录教案的修改,还可以记录学生的创新和问题,包括一些突发事件的应对以及分析处理的成败得失。第三次调整还可采用教学案例的形式,记录教师在教学活动中的经历与思考。

(4) 第四次调整。即在下一次集中探讨开始时,一般要针对上次的集体备课,由教师交流各自的教后反思。大家就教学处理、训练题的设计、学生学习表现等情况做交流。这是教案运用于课堂教学后的深刻感悟。在交流的过程中,要求教师及时跟进思考,广纳众长,对教案做进一步的补充调整。

为强化教师"四次调整"的意识,并学会运用"四次调整"改进教学,学校可以要求教师在集体备课纸上采用不同颜色的字来标注每次的调整,如第一、二次调整用蓝色,第三次调整用黑色,第四次调整用红色。

(二) 上课管理

上课的管理,涉及的维度多,范围广。除了做好出勤等常规管理之外,在基础教育新课程改革的背景下,尤其需要通过管理活动,对教师上课的理念和行为进行有针对性的指导和引领。

新课程改革对教师的教学方式、学生的学习方式都有新的要求,老师对上课产生了许多的疑惑,也导致了诸多的问题。比如,新课程改革倡导合作学习,在许多小学课堂,合作学习一时成为一种时尚,但调查发现,小组合作学习流于形式的较多。经常出现的教学场面是:讨论时,学生各说各的,学生讨论后,教师依次听取汇报,汇报完毕,活动便宣告结束。[①] 又如,新课程改革倡导让学生动起来,让课堂活起来。然而,有的课从表面上看学生是动起来了,课堂气氛也很活跃,但仔细观察便会发现,这些课只流于形式上热热闹闹,没有真正激发学生深层次的思维。课堂上,学生一会儿忙这,一会儿忙那,教室里乱糟糟、闹哄哄,为活动而活动;教师不善于捕捉学生发言中有价值的东西,忽视引导学生深入讨论,只满足于课堂此起彼伏的热烈场面。一位教师教学《节约用水》,有位学生指出洗车场用水很多,很浪费,而另一位学生却认为,洗车就需要用很多水才能洗干净。两种截然不同的意见,恰恰是引导学生深入讨论的焦点,而教师却轻描淡写地给予简单的肯定"很好"。如果教师能由此引导学生思考日常生活中如何解决"需要用水"和"节约用水"的矛盾,可以大大提高课堂教学的质量。据了解,这种现象在一些实验区较为普遍。[②] 在这样的背景下,学校管理的一个关键任务就是,让教师知道什么样的课是好课,进而让教师明白应当如何上好课。

一般来说,一堂好课的基本要求包括:[③]

(1) 有意义。在一节课中,学生的学习是有意义的。初步的意义是学生学到了新的知识;进一步是锻炼了学生的能力;往前发展是在这个过程中学生有良好的、积极的情感体验,产生了进一步学习的强烈要求;再发展一步,在这个过程中学生会越来越主动地投入到学习中去。

(2) 有效率。表现在两个方面:一是对面上而言,一堂课下来,对全班学生中的多数学生是有效的,包括好的、中间的、困难的学生;二是效率的高低,有的高一些,有的低一些,但如果没有效率或者只是对少数学生有效率,那么这节课都不能算是比较好的课。

(3) 有生成性。一节课不完全是预设的,而是在课堂中有教师和学生的

---

① 李建平:《小组学习≠合作学习:课堂教学改革难题及对策分析之六》,《中国教育报》2003 年 11 月 4 日,第 2 版。

② 李建平:《课堂越活越好吗?——课堂教学改革难题及对策之一》,《中国教育报》2003 年 10 月 28 日,第 2 版。

③ 叶澜:《什么样的课算一堂好课》,《福建论坛(社科教育版)》2005 年第 11 期,第 4—6 页。

真实的、情感的、智慧的、思维的、能力的投入，有互动的过程，气氛相当活跃。在这个过程中既有资源的生成，又有过程状态生成，这样的课可称为丰实的课。

(4) 常态性。即平实的课，平平常常、实实在在的课。这种课是平时都能上的课，而不是很多人帮忙准备，然后才能上的课。

(5) 有待完善的课。课不可能十全十美，十全十美的课作假的可能性很大。只要是真实的就是有缺憾的，有缺憾是真实的一个指标。公开课要上成是没有一点点问题的课，那么这个预设的目标本身就是错误的，这样的预设给教师增加了很多心理压力，然后做大量的准备，最后的效果是出不了"彩"。生活中的课本来就是有缺憾的、有待完善的，这样的课称为真实的课。扎实、充实、丰实、平实、真实，说起来很容易，真正做到却很难，但正是在不断追求的过程中，教师的教学专业水平才能得到提高，教师的心胸也变得博大起来，同时，教师也才能够真正享受到教学作为一个创造过程的欢乐和智慧的体验。

但是，需要注意的是，在明确一堂好课基本要求的前提下，每个学校应根据自己的生源状况、师资力量和发展期望，在管理层面定位出更为具体的好课标准，进而制定出相应的管理目标和方法，渗透到具体的管理活动之中。

除了让教师知道好课的标准之外，还需要创设条件，使教师明白如何去上好课，这就需要与教师培训相结合，以多种有效的方式组织教师进行观摩研讨、评课和议课。

三、弹性化课程与教学实施管理

在许多学校，一提到课程与教学实施管理，就会自然而然地将之等同于统一的规范和规定，有的学校甚至还提出了"统一备课、统一进度、统一作业、统一考试"的"四统一"要求。虽然学校的刚性规章和制度，是学校办学经验的结晶和反映，对于稳定学校秩序、提高教育质量起着保障作用，每个人都必须接受规定的制约，但是，如果学校管理见章不见人，重章不重人，变本加厉地在规章制度上做文章，把规章细则化、标准化，而且配合量化评分和经济制裁，把领导变成了监工，把依法治校变成了以罚治校，那么这种管理就严重扭曲了课程与教学的本性，教学过程被程序化、机械化、标准化了，管理变成了检查，教师疲于应付。这样过于强调程序控制，过分倚重刚性制度，经常性地进行检查、通报的管理，既难以切实解决课程与教学实施中的实际问题和具体困难，又容易造成主体之间的矛盾和抵触。可以说，由于课程与教学实施过程有着明显的不可预见性和不确定性，其管理活动不可能也不应该完全做到规范化、程序化。

因此，当前的课程与教学实施管理，需要在充分考虑课程与教学实施复杂性和特殊性的基础上，尊重课程与教学实施者的工作特点，遵循他们的心理和行为规律，努力搭建一个弹性的课程与教学实施管理平台，注重课程管理的灵活性，尽力帮助他们解决课程与教学实施过程中的实际问题。比如，许多学校的教导处，要经常检查教师的教学进度，如果教师没有按统一要求上课，就会受到责难。但弹性的管理，即可开放空间，在一定原则范围内，让教师在课堂教学过程中根据教学的进程和学生发展的需要随时调整教学内容、教学节奏等，强调在活动中生成动态的课程资源，甚至开发出新的微型课程。

第四节　小学课程与教学评价管理

对小学课程与教学评价进行管理，需要明确三个问题，一是“评价什么”，即评价的对象；二是“谁来评价”，即评价的主体；三是“如何评价”，即评价的方法。结合以往评价管理的问题，当下的小学课程与教学评价管理应更多地凸显过程性。

一、评价对象管理

虽然课程与教学十分复杂，要想对其做全面的评价几乎是不可能的，但是，从近年来国际课程与教学评价的发展情况看，在评价对象的确定上，都主张开放化和多元化，以期达到比较全面地评价课程与教学的目的。然而，受"应试教育"评价现状的影响，长期以来，我国课程与教学评价的对象通常局限于学生，尤其是学生的知识学习。这是一种片面的、"唯知识"论的评价观。因此，避免评价对象的"狭窄化"，拓展全方位的评价对象，是课程与教学评价对象管理的一个重要任务。就小学课程与教学而言，评价的对象主要包括：学生学习评价、教师课程开发与教学实施评价、课程产品评价以及学校课程与教学管理成效评价等。

学生学习评价，包括对学习过程和结果的评价。在学习过程维度上，涉及"学习兴趣""学习动机""学习投入""学习方式"和"学习观念"等对象。在日常认识层面，人们通常将学习结果狭隘地局限为"学业成就"甚至"学业成绩"，然而，专门研究表明，学生的学习结果包括"学业发展"(academic development)、"人格发展"(personal development)、"社会性发展"(social development)和"生涯发展"(career development)四个方面。① 因此，在学习结果维度上，除了突出评价"学业成就"之外，还需关注对学生各方面发展的评价。

教师课程开发与教学实施评价，一方面，需要评价教师的课程开发意识、知识、能力和结果。诸如，教师在课程开发方面有什么误解？还欠缺哪些课程开发的知识？能力表现如何？所开发的课程质量如何？等等。另一方面，需要评价教师的教学实施，即通常所说的教学评价，可以分解为教学理念、教学目标、教学内容、教学方法、教学进程和教学效果六个主要指标。其中，教学理念包括理念的来源与内容，教学目标包括目标的制定与落实，教学内容包括内容的选择与处理，教学方法包括方法的选择与运用等，教学进程包括教学环节的划分和处理等，教学效果包括达标的程度、学困生转变的程度等。

① Esters, I. G. & Douet, K P. Influencing student achievement through counseling: The story of a commonsense professional development school. NASSP Bulletin, 2001, 85(624). pp. 38—45.

课程产品评价，指对学校开发的校本化课程实施的方案、综合实践活动课程方案以及校本课程规划方案等进行评价。如果学校开发了校本教材，还需要对教材的“合理性”和“可行性”等进行评价。

学校课程与教学管理成效评价，包括对学校一系列课程与教学的管理理念、方式方法和成效等进行评价。主要要求对学校课程与教学评价管理本身进行评估，诸如检讨评价方案、评价实施过程与结果，对正在进行或已完成的评价进行信息收集和价值判断，进而总结成功经验和纠正评价工作的不足。

二、评价主体管理

在课程与教学评价活动中，进行评价的个人或组织称为评价主体。过去，对学校课程与教学评价的主体主要是上级教育行政部门，对教师评价的主体主要是学校行政领导，对学生评价的主体主要是授课教师。这样，课程与教学评价往往成为权力人士单方面的活动。课程与教学评价主体存在的局限性，不利于评价质量的改善。因此，避免评价主体的“单一化”，鼓励多元化的评价主体以适当的形式参与评价，是课程与教学评价主体管理的迫切任务。而且，强调被评价者的主体作用，不仅可以使他们积极配合，还能促进他们通过参与、交流乃至自我评价，主动地、客观地检查自己的工作和学习，进而改进不足，完善自我。具体来说，学生、教师、家长和社会人士、专家学者、学校行政领导和教育行政部门都是学校课程与教学评价的主体。①

当代教育理论特别强调学生应当成为积极的学习者，他们不仅需要自主设计和主动参与学习活动，而且要积极参与课程与教学决策；不仅要评价自己的学习活动，而且要评价学校和教师的课程与教学活动。小学生绝不会因为他们的年龄小而在评价中不能起积极的作用。事实上，小学生完全有可能参与到对自身学习的评价以及与自身有关的课程与教学评价中来。学生对自身学习的评价，是认识自我、发展自我、激励自我的一种手段。而且，小学生从自己的年龄特点、接受水平、真实感受出发，对课程开发与教学

① 黄甫全主编：《小学教育学》，高等教育出版社 2007 年版，第 262—264 页。

活动等做出的独特评价，往往是改善课程与教学的宝贵资源，特别需要创设有效的条件来获取和捕捉。

教师是学校课程与教学规划的参与者，是学校课程与教学的主要实施者，他们可以深入了解学生学习的成功之处和问题所在及其成因。除了评价学生学习之外，教师作为评价主体，还应参与对课程产品的评价和对学校课程与教学管理成效的评价。特别需要指出的是，教师也是自身教学活动的评价者，这既是小学课程与教学评价之必然需要，也是小学教师专业发展的有效途径。

中国传统社会的主要特点，是以五伦为本位的家与国“同构”，家庭是其中最基本、最具自主性和无所不能的社会细胞。这种传统影响深入人们骨髓和心灵深处，在中国人的心里，家族主义根深蒂固，家族社会力量异常强大。因此，每一个家庭都十分看重子女的成长，为了给子女争取更好的学习和发展条件，家庭总是千方百计地并持续地对学校的课程与教学进行干预。同时，长期以来我国的课程与教学改革由政府及有关专家决定，鲜有公共社会团体或人士参与。但是随着民主政治的建设和发展，公共社会力量开始兴起而逐步成长壮大，并开始涉足教育领域，官员及专家包办课程与教学决策的情形已悄然改变。可以预言，公共社会将积极参与我国当前与未来的课程与教学改革，并不断扩大其影响力，从而干预甚至决定课程与教学的变迁。因此，学校管理者应当疏通和开拓渠道，让家长和社会人士积极参与课程与教学评价，进而获取更多更广的有效信息。

小学教育正逐渐朝着专业化方向行进，专业化的课程与教学活动需要一定的专业化评价体系与评价进程。因此，专家学者理应在评价中发挥作用，他们可以为决策提供专业理论的支撑，至少可减少、避免决策者受个人主观认识与经验局限，所犯的教育专业理论方面的基础知识性和方向性错误。当然，如果学校要聘请专业人员或者顾问对自己的课程与教学进行评价，作为管理者应该综合考虑本校的资源、评价的范围和教师的专业水平，从而决定是否引进。

学校行政领导，是为人熟知的课程与教学的评价主体，有非常便利的条件对学校课程与教学进行全面评价。但是，过去学校行政领导通常将评价视野聚集于对教师教学和学生学习的评价，今后应注意对自己的课程与教学管理成效展开自我评价。

教育行政部门是政府的教育职能部门，在集权制国家和地区，它们主导着整个学校教育，包括主导整个小学教育。在我国，小学教育以公办小学为主，小学教育经费以政府拨款为主。所以，教育行政部门凭借自身拥有的教育行政权力和掌握的大量教育资源，成为小学教育评价的"强力"主体。然而，在一定程度上，教育行政部门往往将学生的考试成绩、学校的升学率作为衡量学校课程与教学成效的指标。鉴于此，在学校管理中，如何通过适当的方式，将学校课程与教学的全方位成就呈现给教育行政部门，得到他们的认可和监督，是值得思考的问题。

三、评价方法管理

现代教育评价从产生之初，就受到科学管理思潮的影响，追求精确和客观，长于用自然科学的方法搜集被评对象的信息，进而做出价值判断。逐渐地，人们在选择评价方法时，常陷入这样的误区：只有量化方法，才科学、合理，运用质性评价方法，就有不科学之嫌。毋庸讳言，数量具有简明、精确的特点，它能够减少人的主观推论，更重要的是，数量能够用现代科技所提供的统计工具加以处理。量化范式下的标准化测验、常模测验一度成为世界范围内盛行的评价工具和手段。过去很长一段时间里，我国课程与教学评价的主要方法也是量化评价。但是，随着评价的逐步扩展和研究的深入，人们越来越感到课程与教学活动的全面量化是不可能的，许多用于诊断、改进课程与教学的评价结果也不需要完全量化。一味的量化评价只能把复杂的课程与教学活动简单化，而且往往遮蔽了其中一些有意义的、根本性的内容。课程与教学活动生动活泼的个性被抽象成一组组僵硬的数字，学生在各个方面的发展和进步，也被简化为可能的几个数量，课程与教学的复杂性和学生状况的丰富性则泯灭于其中。[①] 因此，避免评价方法的"机械化"，择

① 汪霞：《我国课程与教学评价的改革》，《天津市教科院学报》2003 年第 1 期，第 34—37 页。

用多样化的评价方法，成为我国小学课程与教学评价管理中需要解决的问题。

就此，学校管理需要以“贯通一体”的评价管理意识，灵活选用多种质性评价方法和量化评价方法。这就要求，在评价中不能将某一特定方法摆在绝对支配性的地位，而应从具体评价需要出发，综合开发与应用观察、访谈、问卷测量、路径分析、结构方程模型和追踪数据分析等方法。例如，要测量教师课堂教学行为的调适程度，需要采用观察的方法；要了解教师和学生对课程改革的认识和感受，需要问卷调查和访谈方法。又如，在多年的学习动机评价中，自我报告问卷一直占据主导地位。但它难以揭示对学习动机产生影响的丰富背景信息，从而使本来相互联系的变量孤立起来，而非结构性访谈恰好能较好地解决这个问题。再如，对学生学习评价，不仅可以用测验、作业等方式进行，还可以采用成长记录袋评价（portfolios assessment）的方式。成长记录袋，可以收集学生的作文、模型制作等文本资料、影音资料等，记录着学生在某一时期一系列的成长故事，为教师和家长提供了其他评价手段无法获得的有关学生学习与发展的细节信息，也是学生积极深入地参与自我评价的有效途径。而且，一系列的成长记录袋，是小学生美好人生历程的一段成长足迹，是小学生人生初始时期的一笔宝贵财富。有条件的学校，可以利用网络空间创建成长记录袋，既节约纸张，更便于教师、家长、同学和学生自己浏览和评论。

值得注意的是，仅因循一些常用的评价方法，人们把握课程与教学活动的能力很可能停滞不前。就课程与教学这个充满契机的、各个变量有着复杂存在方式的评价对象，如何引进和创生出一些新的评价方法来考察、分析与洞悉它的整体全貌，也是一个让人颇费神思却极具诱惑的问题。虽然西方学界新近创用的方法，比如现象描述分析、现场研究、临床诊断、深度访谈、历史比较法、名义小组技术、纵向比较研究和网络领域研究法等，为我们提供了丰富的资源，但是不得不承认，它们无一不体现着“西化”的强劲态势，而中国课程与教学评价方法的未来发展，还需在中西方法的边界处度量和开启。这不只是因为近百年来西方评价方法对中国评价方法的全面替换已在学界形成了一种“反抗”力量，更重要的是我们的生存、文化、思想仍然背靠着传统，缺失了传统之维的完全西化的方法，根本无法支撑起整个课程与教学评价的“大厦”。在这样的背景下，如何实现中国课程与教学评价智慧与西方前沿评价方法的整合创生，就成为未来课程与教学评价管理的发展方向。比如，挖掘孕育于中国悠久教育历史传统之中的档案袋管理智慧，使之获得复兴、高扬和现代性转换，并与引进自西方的成长记录袋评价走向融合，就是一个可以探讨的课程与教学评价管理的主题。

四、过程性课程与教学评价管理

评估只是手段，促建才是目的；良好的课程与教学评价不应指向过去，而应指向未来，最终应着眼于未来课程与教学的改善、学生的全面成长和教师的专业发展，这是公认的事实。但是，重评轻建、“评”“建”脱节的现象，在许多学校的课程与教学管理实践中并不鲜见。主要表现为重视对名目繁多的评价指标进行终极评审，往往疏于对课程与教学建设过程的跟踪与管理。这是一种本末倒置的做法。课程与教学评价逐步从重视被评对象取得的成果向关注取得成果的过程及其改进转变，从分等鉴定向激励发展转变，已是课程与教学评价管理的大势所趋。当然，注重过程性的课程与教学评价，并不是拒斥结果评价，而是一种观念上的转变，它代表着以“动态生成”超越“静态表现”的评价价值观，体现了发展性的评价价值取向，表现了发挥评价的激励、促建功能的价值诉求。

走向过程性的课程与教学评价管理，要求从形成评价目标、拓展评价主体、制定评价方法，到广泛地搜集各种资料，形成建设性的改进意见和建议的整个评价系统，都体现以评价促进发展的理念。可以欣喜地看到，在课程与教学评价实践中，人们已经越来越多地使用一系列评价工具去诊断课程与教学活动过程中存在的问题。比如除了在期末时对教师教学进行量化考核外，一些学校开始尝试建立“教师成长记录袋”，通过不断的记录、反馈等，为教师专业发展提供保障和激励。建立既能满足学校管理需要又能支持教师发展和学生成长的评价体系，目前已成为大家共同努力的方向。

第七章
小学校本行动研究管理

本章首先讨论校本行动研究的教师角色管理，由此清澄有关行动研究的可能误解并确认校本行动研究的关键特征。接下来讨论校本行动研究的过程管理和成果管理。

第一节　校本行动研究者管理

无论在我国还是美国、英国、澳大利亚等英语国家，对行动研究的理解一直存在大量的争议。就我国有关行动研究的研究文献来看，尽管不乏严肃认真者，但也确实有人随意地想象行动研究，以为只要教师在教育实践中有所“思考”，就已经执行了行动研究，或以为只要中小学教师与大学或研究机构的研究人员一起“合作”，就算是地道的行动研究，这导致行动研究在不同的情境中不同程度地被误解和滥用。不少人纷纷夸示“本研究使用行动研究法”，却不知行动研究的实质为何物，实在需要对行动研究怀有必要的敬畏感。

行动研究的关键特征可以概括为“参与”“合作”“改进”和“方法”。不同的行动研究者可能对行动研究提出不同的定义，但基本上都是在以上四个特征上做出自己的解释和理解。所以，在追究行动研究是什么时，不能简单地将行动研究理解为“教师研究”（参与）或“合作研究”（合作）、“实地研究”（改进）或“科学研究”（方法），真正意义上的行动研究必须同时具备参与、合作、改进、方法等四个特征。

一、走出“合作尴尬”而真实地“参与”研究

“参与”即教师参与行动研究，也可以理解为“教师成为研究者”（teachers as researchers）。凯米斯（S. Kemmis）明确以“参与”（involvement）概念来表达“教师成为研究者”的理念。他将行动研究的“核心目的”归结为“改进”和“参与”。其中“参与”强调的是教师参与整个研究的全过程，在计划—行动—观察—反思的每一个阶段都有教师的声音。①

教师“参与”研究作为行动研究的首要特征，凸显了行动研究所鼓励的“教师成为研究者”以及教师成为“反思性实践者”的特性。但这个特性也使行动研究从一开始就蕴藏了“校外研究者与教师之间”的“合作尴尬”的难题。

当中小学教师打算以行动研究的方式解决问题时，往往需要“校外研究者”（outsiders）的合作和帮助。“校外研究者”介入中小学教师的行动研究是必要的，他们可以通过“合作”的方式为中小学教师提供相关的专业支持，比如通过讨论、协商或者必要的专题讲座等方式为中小学教师提供相关的教育理念和研究方法的信息。这种“合作”参与研究的观念导致后来“合作性行动研究”（collaborative action research）概念的产生。因此，行动研究常常也被称为“合作性行动研究”或“合作研究”，强调参与行动研究的教师由个人化的、孤岛式的研究走向群体合作性研究。行动研究虽然可以是教师个人化的反思性教学，但行动研究更理想的方式是一种群体的反思，或者说，是基于教师个体反思的合作性研究。

---

① See Carr，W. & Kemmis，S. Becoming Critical：Education，Knowledge and Action Research，Deakin University Press，1986. p.165.

“校外研究者”的介入原本出于一番“善意”，这使行动研究有了“合作”的精神。但是，校外研究者的介入，也带来了行动研究的困难。当中小学教师缺乏必要的研究经验而“参与”行动研究时，行动研究的困难往往在于没有大学研究人员（即校外研究者）的“合作”和“指导”。而一旦大学研究人员介入行动研究之后，行动研究的困难又恰恰来自校外研究者与中小学教师的“合作”与“指导”。有人称之为行动研究的“合作尴尬”。

这种“合作尴尬”主要表现为中小学教师在“合作的行动研究”中丧失自己的独立性，越来越丢失自己的专业自主。当教师越来越成为“校外研究者”（或称为“专家”）的执行者或者“被试”（object）时，行动研究的“合作”便由原来的“共同发展”“相互促进”等退化为“人事障碍”。

不过，“合作尴尬”与其说是行动研究的“人事障碍”，不如说是行动研究中常常需要警惕的一个困难，或者说，“合作尴尬”显示了行动研究的某种艰难性。行动研究的“艰辛”之处就在于，初始化的行动研究总是需要有“大学研究者”（专家）的介入和合作，但这种“合作”又只能以中小学教师“专业自主”为前提。

走出“合作尴尬”是一个艰辛的过程。对大学研究者而言，这种“艰辛”意味着既为中小学教师小心地提供专业引导和专业支持，又不能越出引导和支持的范围而“越俎代庖”；对于中小学教师而言，这种“艰辛”意味着既要从大学研究者那里汲取“专业智慧”，但同时又不得不守护自己的专业自主，随时能够为自己的观念和行为做专业辩护。也就是说，中小学教师在行动研究中需要采取“合作”的态度，而这种“合作”又不以牺牲自己的“专业自主”为前提。

唯其如此，才有“走出”“合作尴尬”的可能。在“合作尴尬”的境遇中，大学研究者和中小学教师是否能够承受“走出”的艰辛，隐隐约约地决定着行动研究的效度。

二、教师挣脱“制度束缚”而赢得实践和观念的“改进”

在早期的行动研究（勒温和科里时代）探索中，行动研究被视为通向民主的途径，尤其重视改善人际关系中的不平等、偏见等问题。行动研究被引入教育领域之后主要用来改进学校的课程与教学实践，科里(W. Carr)称之为“改进学校实践”。为彰显行动研究的“改进”功能，科里将有关行动研究的思考直接题为《改进学校实践的行动研究》。后来埃利奥特(J. Elliott)发表《指向学校变革的行动研究》以及施马克(R. A. Schmuck)发表《指向变革的实践性行动研究》等等，与科里的主题遥相呼应。

自从凯米斯将行动研究的目的归结为“改进”(improvement)与“参与”之后，“改进”再度获得更丰富的含义，比如“改进”越来越多地内涵了“批判”的追求。在凯米斯和埃利奥特等人那里，“改进”虽然也意味着改进教师的教学“行为”，但更意味着“改变”教师对行为以及相关“制度”的“理解”。教师对“制度”的理解和改变意味着教师需要将以往的教育观念中的一切信条、建议、指导、警告、规范、制度、体系等“用括号括起来”，使其处于一种“待疑”状态，使之进入批判性思考的范围。对教师“观念”进行批判性反思的结果将导致教师的行动研究走向“批判的行动研究”(critical action research)。“批判的行动研究”尽管被认为是行动研究在20世纪80年代出现的一个“新方向”，但行动研究从一开始便有了“批判”的情结。行动研究所追求的“改进”，已经内在地蕴含了“批判”的意味。

不用怀疑，这种“改进”及其所蕴含的“批判”精神是必要的，但人们却不禁生疑，中小学教师真的能那么容易地经由“批判”而“改进”自己的教学行为和教学观念吗？

如果中小学教师只是通过自我批判的方式来改变自己的教学行为和教学观念也许并不“艰辛”。真正对中小学教师构成“艰难”的因素在于，教师的教学行为和教学观念似乎总是牵涉相关的“教学制度”(也有人称之为“社会情境”)。当中小学教师面临某种“教学制度”的障碍时，他们真的能够对这种“制度”发出“批判”吗？

教师日常地生活在种种“制度”条款中。教师虽然日常地享受“制度”给他们带来的报酬和便利，但教师也日常地受“制度”的规范和约束。与生活方式包括经济生活方式和教育生活方式的“变化”“更新”相比，“制度”总是相对地显得“保守”“滞后”。

试问,当"制度"对教师构成障碍时,教师应该如何做?"制度创新"一直饱受关注和倡导,但谁负责"制度创新",中小学教师吗?中小学教师真的能够对教育现象背后的"意识形态"有所敏感和觉醒,中小学教师真的能够从"独善其身"走向制度关怀和制度批判的"兼济天下"吗?

如果能,行动研究便有了可能,即便如此,其道路也艰;如果不能,行动研究几乎无法获得进展。因为行动研究做到一定的程度,总需要引起相关制度的变化。某些中小学教师的行动研究表面上看是为了"改进"教学行为和教学观念,但行动研究一旦展开,行动研究总是向中小学校长以及相关的教育行政部门发出某种邀请或者抵制。而一旦涉及制度的变革和更新,就会引起相反方向的抵制和守护。这正是行动研究的困难所在。

就此看来,行动研究向来是艰辛的。唯其艰辛,才显高贵。行动研究是否能够收获某种"改进",在于中小学教师是否能够挣脱"制度束缚"而赢得观念和实践的"改进"。

三、教师汲取"他人智慧"而"系统"地思考和分析问题

行动研究与"正规的研究"(主要指教育实验研究)相比,确实存在不少差异。美国教育研究方法论专家博格(W. Borg)在1963年出版的《教育研究导论》一书中将"行动研究与正规的教育研究、随意性问题解决法"之间的差异归纳为十条。后来又在《应用教育研究:教师实用指南》(1981年第1版,1987年第2版,1993年第3版,1999年第4版)一书中将行动研究与"正规的研究"(formal research)的差异调整为九条。①

但是,博格等人对"正规的研究与行动研究的差别"一直持有一种比较复杂的心态。当博格在1963年出版的《教育研究导论》一书中以列表的方式提出了十条"正规的教育研究、行动研究与随意性问题解决法的差别"(Differences among Formal Education, Action Research, and the Casual

① See Gall, J. Gall, M. Borg, W. Applying Educational Research: A Practical Guide. Longman, 1993. pp. 390—410; Gall, J. Gall, M. Borg, W. Applying Educational Research: A Practical Guide. Longman, 1999. pp. 478—480.

Approach to Problem Solving in Education)①时,行动研究虽然与"正规的教育研究"相比显得不那么重视"控制性"和"精确性",但与"随意性问题解决法"相比,行动研究却又显得具有较强的"科学性"和"精确性"。

后人在引用博格的资料时,仅仅选择了"正规的教育研究与行动研究的差异",放弃了博格对"行动研究与随意性问题解决法"的比较。舍弃了"行动研究与随意性问题解决法"的比较之后,总给人一种误导,以为行动研究根本无"精确性"或"科学性"可言。

从早期的行动研究活动来看,当时行动研究的倡导者很重视使用"科学的方法"(scientific method)来解决实际问题。对勒温(K. Lewin)来说,行动研究除了民主的意义,还意味着一种"科学研究方法",它是用"科学研究方法"来解决社会问题、改善人类关系。勒温本人也被称为"实验主义者"。勒温将行动研究的过程描述为"计划—行动—观察—反思—再计划……",也被认为具有"实证主义"的痕迹。也就是说,由勒温开始的早期行动研究既追求民主发展又重视科学方法,早期的行动研究也因此被称为"科学的行动研究"。

勒温之后,行动研究领域对"科学方法"一直有不同的意见,甚至有人对"科学方法"不以为然,拒绝使用数字统计等定量研究的语言,但是"科学方法"在行动研究中一直若隐若现,以不同的方式被传承下来。

在讨论行动研究的特征时,斯登豪斯(L. Stenhouse)除了将行动研究理解为"教师成为研究者"之外,他特别提出了行动研究作为一种"研究"的前提性资格问题。什么才算教育研究？斯登豪斯的回答是:"研究是一种系统的、持续的、有计划的和自我批判的探究,这种探究应该进入公众的批判领域。"②有时,他简单地表述为"研究就是公开而系统的探究"。

这里所谓的"系统"(systematic),实际上就是强调行动研究必须使用必

① Borg, W. Educational Research: An Introduction, David McKay Company, 1963. pp. 320—322.

② Stenhouse, L. What Counts as Research? British Journal of Educational Studies, 1981, 29(2); Also See Rudduck, J. & Hopkins, D. (eds). Research as a Basis for Teaching: Reading from the Work of Lawrence Stenhouse, Heinemann Educational Books Ltd, 1985. pp. 15—19.

要的“科学方法”,包括阅读必要的文献,汲取“他人经验”和“他人智慧”,而不是个人的随意性问题解决。“科学方法”作为行动研究的古典精神之一,除了被斯登豪斯解释为“系统而公开”之外,在博格等人那里又被理解为系统地“收集资料和分析资料”。系统地“收集和分析资料”使行动研究区别于一般的“随意性问题解决”或经验总结。它使行动研究因为遵守某种科学的研究规则而名副其实地具备“研究”的资格。从这个意义上说,行动研究者需要有一定的理论眼光或科学的精神,在中小学教师不具备理论准备时,需要有校外的研究人员作为促进者参与行动研究,作为教师的“批判的朋友”,为教师提供基本理论假设和研究技术。这也正是行动研究中常常有校外研究者介入的原因。

正是出于对行动研究的科学性的维护,斯登豪斯才特别提醒人们:行动研究作为一种研究方式,首先必须具备“研究”的基本资格。凡称得上一种研究,它就必须是“系统的”或“持续的”探究而不是零碎的或偶然的思考。

试问,中小学教师在行动研究中,是否考虑过必须使用某种“科学方法”?是否考虑过必须阅读必要的文献以便汲取“他人经验”和“他人智慧”?是否考虑过必须比较系统地“收集和分析资料”,比如做一些“教师手记”和“学生成长记录档案”?

诚然,对于一个中小学教师而言,如此“系统”的做法会有些困难。但中小学教师若指望自己的行动研究是真实的和有效度的,这些“系统”的研究就成为无法越过的坎。

四、教师以个人实践语言“公开”表达自己的做法

斯登豪斯特别提醒,行动研究首先必须是一种“研究”,而“研究就是公开而系统的探究”。[①] “公开”(to be made open)意味着教师向公众表达自己的研究过程和研究成果,使自己的研究成为“公开的”探究而不是私下琢磨。斯登豪斯坚持真正的研究应包括获得公开发表的资格。他认为“私下的研

---

① Stenhouse, L. The Problems of Standards in Illuminative Research, Scottish Educational Review,1979, 11(1).

究在我们看来简直称不上研究。部分原因在于未公开发表的研究得不到公众批评的滋养,部分原因在于我们将研究视为一种共同体活动,而未发表的研究对他人几乎没有用处”①。

因此,一种称得上研究的活动就应该争取公开发表以便进入公众对话的一个部分。公开发表的价值还在于,一方面它为批评打开了一扇门户,使之经由批评而得到改进成为可能;另一方面它将传播研究的成果,从而可能带来课程知识的增长,并因此便于他人利用已有的研究成果。埃布特(D. Ebbutt)也认为,如果行动研究指望成为一种合法的“研究”形式,那么,研究的参与者就必须提出他们活动的书面报告。而且,这些书面报告应该以适当的形式公开发表以便接受公众的批评。② 也就是说,参与行动研究的教师必须将“写作”视为自己的责任和权力,在“写作”中提升自己的反思水平。

问题在于,教师如何公开“发表”或者如何公开“写作”? 当教师感到“写作”困难或者公开“发表”困难时,其困难似乎还不在于缺乏写作的时间或者缺乏写作的技巧。教师的困难主要在于教师丢失了自己的“个人化实践语言”。教师常常模仿大学研究人员按照“规范格式”创造教育论文,使用大量的似是而非的概念,转述或引用名人名言,但这种模仿的结果使教师逐渐放弃了自己的“个人化实践语言”而转向“学术语言”。这种“学术语言”相对于教师的“个人化实践语言”来说,原本是一种陌生化的“人工语言”。很多中小学教师就在这种近乎陌生的“人工语言”中尝试着创作教育论文。于是,便出现了教师的“写作困难”或“表达困难”。严重的情形,会出现教师几乎无话可说,教师已经处于“失语”的困境。

走出表达困难的出路在于教师重新找回自己的“个人化实践语言”,使教师的写作更加“口语化”,让教师的“写作”成为一种“讲述”。当教师向周围的同事或公众“讲述”自己的教育研究经历,包括研究中出现的种种“事件”时,教师已经在公开自己的研究及其成果。

---

① Stenhouse, L. What Counts as Research? British Journal of Educational Studies, 1981, 29(2).

② Ebbutt, D. Educational Action Research: Some General Concerns and Specific Quibbles. In Burgess, R. (ed.). Issues in Educational Research: Qualitative Methods, The Falmer Press, 1985.

教师在多大程度上找回自己的语言，就在多大程度上走出了自己的表达困难。教师在多大程度上走出表达困难，行动研究就有了多大程度的可能和希望。

总的说来，行动研究若期望有效，则不得不克服行动研究中的种种困难，比如“合作尴尬”“制度障碍”“系统缺失”和“教师失语”等等。有人可能因此而抱怨这样定位行动研究反而会增加行动研究的“艰难”。确实，在行动研究容易被想象为某种“随意性问题解决”的境况中，行动研究既然作为一种“研究”，倒真的需要人们对它怀有必要的“敬畏感”。

第二节　校本行动研究过程管理

对于怎样做行动研究的提问，行动研究领域提出种种“过程”“程序”或者“步子”等说法和做法。任何研究总是始于“问题”，并针对问题提出解决问题的“计划”。行动研究就是一个按照“计划”解决“问题”并不断回头“反思”问题是否被解决的过程。具体地说，行动研究就是在“问题—设计—行动—反思……”的过程中展开自己的教学工作。①

一、将日常教学中遇到的“问题”转化为“假设”

有效的行动研究所研究的“问题”及其“假设”来自教师的日常教学生活。教师在日常教学中总会遇到一些需要解决的问题。教师也总是在自己的日常教学中不断地解决这些问题。

教师在大量地、随意地解决问题的过程中可能发现某个问题似乎并不能一次性地解决。这需要教师多次、连续地观察、“追究”这个问题。教师一旦开始连续地观察和追踪某个教学问题，就意味着这个问题已经转化为研

① 刘良华：《怎样做校本教学研究》，《人民教育》2003年第5期，第31—33页。

究的“课题”。这是一个“问题课题化”的过程。

教师连续观察或追踪的问题可能在三天、一个星期或者一个月内获得解决。按照“课题研究”的一般过程来看，能够称得上研究的“课题”至少持续一年或者更长的时间。但对于行动研究来说，课题研究的时间持续长短并未成为一个标准，没有必要认定一年或者更长时间的研究就是“课题研究”，而一个星期的研究就不是“课题研究”。“课题研究”的关键特征是“解决问题”，“解决问题”的关键在于研究者是否持续地关注、思考这个问题并以行动解决这个问题，关键在于研究者解决这个问题的质量，而不在于解决过程的时间长度。

对于一个连续地观察和探究某个问题的教师而言，其行动研究质量除了取决于个人的素质和“个人经验”外，更重要的是他是否倾听、接受、汲取了“他人经验”或者“他人智慧”。

二、设计一个解决问题的“计划”

在确认了日常的教学“问题”只有经过“设计”才转化为研究“课题”这个观点之后，接下来需要澄清的是“设计”究竟意味着什么。

其实“设计”对于教师并不陌生，教师一直在与“设计”打交道，比如备课，写教案，等等。教师日常的“教学设计”(即备课)所形成的方案即教师的“教案”。行动研究意义上的“设计”虽不完全等同于一节课或一个单元的“教学设计”，但它实际上离不开教师日常的、具体的、以一节课或一个单元教学为单位的“教学设计”。行动研究中的“设计”意味着教师发现某个值得追究、追踪的教学问题之后，在接下来的一系列的课堂教学的设计(备课)中寻找和确定解决该问题的“基本思路和方法”。这样看来，行动研究的“设计”在很多时候与教师日常的“教学设计”是一致的，只不过前者更强调对“问题”保持某种追踪(持续地关注)。

不过，“设计”与其说是个体化的“备课”“写教案”，毋宁说是具有合作意义的(不是形式化的)“集体备课”和“说课”。“集体备课”和“说课”实际上是借鉴“他人的经验”或“他人的智慧”。当教师在集体备课、说课中借鉴“他人的经验”或“他人的智慧”来“设计”解决教学问题的“基本思路与方法”时，这种“备课”活动或“教学设计”活动就具有“行动研究”的意味。

“他人经验”或“他人智慧”在哪里？这些经验或智慧隐含在教师的同事（准确地说是同行）的课堂教学中，比如“观摩教学”“公开课”“优质课”等等。尽管这些观摩教学、公开课、优质课等活动可能会发生变形、扭曲，但真实的、正常的观摩教学、公开课、优质课等往往能够使观摩者、观察者、听课者因启发、共鸣而“见异思迁”“见贤思齐”。

这些经验或智慧也隐含在大量的教育文本中，比如古典的教育名著或有质量的教育时文。当教师阅读名著或者时文时，就意味着这位教师在与著者结伴而行，与著者切磋交流。懂得阅读的人总是既倾听又提问，这是一种经验与智慧的对话与交往。

“他人的经验”有时隐含在校外专家的报告或者录像里，教师可以听专家的报告，或看专家做的关于“有效教学”的录像。“他人的经验”更可能保存在同事的课堂里，教师可以到同事的教室里听同事上课。听课后与同事一起分享和交流自己的想法。某些有价值的“他人的经验”“他人的智慧”已经写在他人的书本或者文章里，教师可以在某个时间读一篇自己感兴趣的文章，或者读一本自己感兴趣的书。读一本书，就是与作者展开一场谈话。

从某种意义上说，行动研究的质量，多半取决于教师是否懂得阅读，是否懂得汲取“他人经验”和“他人智慧”并转化为“自己的经验”和“自己的智慧”。当有了自己的经验和智慧，教师就因此而获得一种眼光。这种眼光将使教师在日常教学生活中内在地孕育捕获问题和解决问题的敏感、灵性和激情。

也就是说，一个有责任感的教师总是“想方设法”地“设计”解决问题的方案，而“想方设法”又意味着教师既反思“自己的经验”，又琢磨“他人的经验”。当教师将“自己的经验”与“他人的经验”做比较时，自己在“想方设法”地教学时便有了着落，有了灵感。

三、在“行动”中调整计划

“行动”是指将已经“设计”好的方案付诸实践。如果行动研究所“设计”的方案是一节课或一个单元的教学过程，那么，接下来的“行动”既包括教师的“上课”,也包括相关的合作者的“听课”(即一般所谓的“集体听课”,此时教师的“上课”被转化为“公开课”或称之为“研讨课”)。

但“行动”并非机械地执行原来拟订的计划。教师在按照原先拟订的计划去解决真实的问题时,总会遇到“预料之外”的问题,会发生“预料之外”的事件。行动研究虽然建议事先拟订“行动计划”,但同时也建议教师关注行动过程中所遭遇的真实的问题和事件,并根据真实的问题和事件调整和改变原先拟订的计划。“在行动中调整计划”看起来是一个简单的策略,但它内涵了行动研究的一个基本精神,即“研究过程是动态的”。这种“动态过程”不仅意味着教师在具体的操作过程中“微调”原先设计好的研究计划,而且可能完全改变或“更新”原先的行动计划。比如英国学者麦克尼芙(J. McNiff)曾以自己的行动研究经历呼吁人们关注行动研究中的“分枝问题”(spin-off problems)。就是说,在行动研究的过程中,最初研究的“问题”可能会分化出与之相关的另外问题。而“分枝问题”一旦出现,就应该得到关注,使之进入研究的视域。所以,麦克尼芙说:“我越是努力寻找解决办法,就越感到被牵引着离开我所探究的主问题,而去处理另外的、同样重要的问题。”①

“分枝问题”的提出具有象征性意义,它丰富了人们对行动研究的“过程”的理解。就教师的“上课”而言,课堂教学往往是一种“目标中心”的“目标教学”模式,强调“要完成教学目标”或者“教学过程中不允许添油加醋”。行动研究对“分枝问题”的关注,在某种程度上是对“目标教学”的冲击;“行动研究”意义上的教学行动不仅意味着观察事先所“设计”的方案是否能够解决问题,而且意味着在“教学对话”中创造性地执行事先“设计”的方案。教师一旦进入真实的课堂,面对具体的学生,教师不得不保持某种“教学对话”的情境,在“教学对话”中根据学生的实际学习状况、根据教学过程中发生的意想不到的教学事件,去灵活地调整教材、调整教案。

如果行动研究所研究和解决的问题是在课堂教学之外,行动研究所提

① McNiff, J. Action Research: Principles and Practice, Macmillan Education Ltd, 1988. p. 35.

倡的“动态过程”就显得更为重要。比如一个小学教师打算解决“课间十分钟学生活动安全隐患问题”,教师原本计划“严格控制学生的活动范围和活动强度,以免学生在追逐、奔跑、打闹中出现伤亡事件”。而在具体的行动过程中,教师发现这个计划的实施和执行导致学生普遍反抗和抱怨,大量学生因休闲、娱乐、放松不足而导致课堂教学中产生沉闷、怠倦的情绪。教师究竟应该严格执行原先拟订的行动计划还是修改、调整甚至放弃原先的计划?这是教师不得不考虑和选择的问题。真实的行动研究不仅允许教师调整和改变原先的计划,而且鼓励教师根据教育的理想和学生发展的当下需求而使行动计划显示为“动态过程”。

四、“反思”行动中发生的事件

由于行动研究常常是一种基于教师个体自主思考的“合作研究”,这种反思也可以称之为“集体讨论”,它与此前的“集体备课”“集体听课”相呼应。事实上,行动研究需要经常性地与中小学已经存在的集体备课、集体听课、集体讨论等教学研究制度相结合。在课后“讨论”的过程中,教师们一般能够“提出问题”,但对于如何“解决问题”往往感到“无计可施”。教师们的困惑是不知道“别人是怎么做的”或者不知道“他人的经验”是什么。

这样看来,无论是“教学设计”,还是“教学反思”,其关键都在于开放自己的眼界,汲取“他人的经验”,并将他人的经验转化为自己的“设计”和自己的“行动”。如果对“他人的经验”缺乏了解,教师们就只能凭自己个人琢磨去“解决问题”。而这种个人自我琢磨的结果常常是使很多教学问题“不了了之”,或者对现实报以“无可奈何”的感叹。

其实,由于对“别人的经验”缺乏了解,教师不仅无法“解决问题”,甚至无法“提出问题”,导致教师对自己的教学问题因“习以为常”而“视而不见”。

可见,“反思”除了思考“自己的经验”,还得要了解“他人的经验”。只有反思“自己的经验”,并使“自己的经验”与“他人的经验”相互观照,教师才能真正发现和解决问题。

第三节 校本行动研究成果管理

行动研究的成果展示以及相关的研究报告的撰写一直面临两种危险：一是满足于“小故事”而导致研究报告过于“随意”而失去“研究”的规范；二是为了追求研究的“规范”而丢失了行动研究的魅力。出色的行动研究报告往往在“规范”与“故事”之间。它既显示行动研究的规范过程，又显示行动研究者自身的“成长线索”和“个性身份”。

一、从“规范格式”开始

从研究技术来看，行动研究接近实验研究，不少人认为“行动研究就是准实验研究”。因此，行动研究的报告与实验研究的报告类似。对于那些初次做行动研究的教师而言，最好先追求研究的规范而不必把注意力放在“讲故事”的技巧上面。

规范的研究报告一般包含三个部分。

第一部分，“问题的提出与研究的假设”。研究者最好叙述自己最初遇到了什么问题，然后搜寻周围的或遥远的“同行”是如何解决这个问题的。即研究者遇到问题之后，需要告诉读者：据“我”了解，这个问题在“同行”那里已经解决到什么程度。如果行动研究者能够简要地回答“我遇到了某个问题”“这个问题在同行那里已经解决到了什么程度”，那么，接下来就可以建立自己的“研究的假设”。

第二部分，“研究的过程与方法”。这个部分是行动研究报告的核心内容。行动研究者需要向读者比较详细地报告自己的研究过程，重点叙述“解决问题的种种方法”。但除了报告自己的“解决问题的种种方法”之外，也需要清晰地显示研究的对象、时间、地点，并详细地叙述自己在研究的过程中遇到了何种预料之外的困难，为了解决这些预料之外的困难，研究者做了哪些补救的措施。

第三部分,"研究的结果与讨论"。与实验研究类似,行动研究报告需要告诉读者:经过一段时间的研究之后,引起了何种程度的变化。为了显示研究的结果与效果,研究者需要提供比较详细的研究所引起的重要事件和相关的研究数据。为了显示行动研究所引起的效应,研究者除了详细地叙述那些引起变化的"重要事件"之外,最好从多个角度分析研究数据所隐含的"研究行为与研究对象之间的相关关系"。在分析研究行为与研究对象之间的相关关系时,需要真实而谦卑地提出:哪些变化是由行动研究引发的,哪些变化是由别的因素引起的。

二、显示行动研究的"螺旋循环"

"行动研究之父"勒温 20 世纪 40 年代曾经用"步子"、"螺旋循环"(spiral of cycles)等隐喻设计了行动研究的一般过程。① 在他看来,行动研究的第一步就是在情境中"探察"(reconnaissance),这一步将形成一个研究计划。第二步是执行已经确定下来的"总体计划"。第三步是"观察"行动的过程。第四步重新设计一个计划、执行和观察的进程,以便评价第二步的执行效果。

20 世纪 80 年代凯米斯将勒温的"螺旋循环"稍做改造,构成"计划—行动—观察—反思—再计划……"。有人称之为"凯米斯程序"或"迪金程序"。②

勒温的"步子"经凯米斯调整后,"计划—行动—观察—反思……"几乎成为行动研究过程的经典性表述,但由此也引起争论。如前所述,英国学者麦克尼芙以自己的行动研究经历呼吁人们关注行动研究中的"分枝问题"(spin-off problems)。也就是说,在行动研究的过程中,最初研究的"问题"可能会分化出与之相关的另外问题。而"分枝问题"一旦出现,就应该得到

---

① Lewin, K. Group Decision and Social Change. In Swanson G. Newcomb, T. & Hartley, E. (eds). Readings in Social Psychology, Holt, New York, 1952.

② According to Ebbutt, D. Educational Action Research: Some General Concerns and Specific Quibbles. In Burgess, R. (ed.). Issues in Educational Research: Qualitative Methods, The Falmer Press, 1985.

关注，并使之进入研究者的视域之内。

如果说，麦克尼芙的“分枝问题”过程观显示了行动研究的“改进”和“系统”精神，那么，另一位英国学者怀特海(J. Whitehead，麦克尼芙的前辈)所设计的步骤则暗示了与“参与”“公开”等行动研究精神相关的另一个秘密。这个秘密隐含在他所设计的行动研究的五个步子中：①

(1) 我遇到一个问题，我发现我的教育价值在我的实践中遭到否定；

(2) 我设想一个解决问题的方案；

(3) 我按照方案行动；

(4) 我评价我的行动效果；

(5) 我根据我的评价调整我的问题、设想以及行动。

表面上看，这里五个步子并没有突破“凯米斯程序”，实质上，它悄悄地给行动研究输入了一个一直处于潜伏状态的新精神。这就是行动研究的“叙事研究”(narrative research)特征，也有研究者称之为“叙事的行动研究”(narrative action research)。

所谓“叙事研究”，也就是由研究者本人(“我”)“叙述”自己的研究过程中所发生的一系列教育事件：包括所研究的问题是怎样提出来的；这个问题提出来后“我”是如何想方设法去解释问题的；设计好解决问题的方案后“我”在具体的解决问题的过程中又遇到了什么障碍，问题是否被解决；如果问题没有被解决或没有很好地被解决，“我”后来又采取了什么新的策略，或者“我”又遭遇了什么新的问题。

当“我”这样叙述“我”在研究的过程中发生的一系列“教育事件”时，“我”在“叙述”的过程中已经在“思考”或“反思”，这也就使“我”的“经验性教学”转化为某种“反思性教学”(reflective teaching)。

更重要的是，当“我”这样叙述“我”在研究的过程中发生的一系列“教育事件”时，我已经是在收集研究资料和解释研究资料。叙述的内容也就构成

① Whitehead，J. An Analysis of an Individual's Educational Development：The Basis for Personally Oriented Action Research. In Shipman，M. (ed.). Educational Research：Principles，Policies & Practices，The Falmer Press，1985.

了“我”的可供“公开”发表的研究报告。这种研究报告使以往的“议论文”“说明文”式的研究报告转换为某种“记叙文”式的、“散文”式的、“手记”式的、口语化的心得体会。它显得更亲近读者或听众，如陈向明博士所言：容易“使有类似经历的人通过认同而达到推广”。①

总体上看，这种“叙事的行动研究”的基本特征是：

第一，是“我”讲“我”自己的故事，而不是他人的故事。如怀特海所设计的那样，明确采用第一人称的写作方式。从这个意义上说，任何叙事研究的报告都可以视为一种教师的“自传”。也正因为如此，叙事研究特别看重“自传研究”。

第二，教育叙事研究讲述的是一个“过去”的、已经完成的教育事件，而不是对未来的展望或发出的某种指令。它所报告的内容是“实然”的教育实践，而不是“应该”的教育规则或“或然”的教育想象。这也使叙事研究的标题表达落实为某种“过去时态”而不是“将来时态”，它朴实、诚恳地向读者叙述“我”已经做了什么而不是指手画脚地命令读者“应该”去做什么。

第三，教育叙事研究所报告的内容往往是“我”参与其中的研究过程中发生的一系列真实的教育事件。

第四，所叙述的“教育事件”具有某种“情节性”。其“情节性”相当于麦克尼芙提出来的“分枝问题”。“分枝问题”显示为某种偶然性节外生枝，使人感觉既突然波折，又真实可靠。

第五，教育叙事研究采用归纳而不是演绎的方式获得某种教育知识或教育信念。这种归纳的研究方式使叙事研究在提升相关的教育理论时显示出某种“扎根理论”的道路。

三、隐含行动研究的“教育冲突”

行动研究报告写作的最大困难在于，既需要努力回想研究过程中所经历的人和事，又不能将所能回忆的所有事实都排列出来。行动研究报告的写作是否成功，取决于研究报告所讲述的研究事件与数据是否隐含了内在

① 陈向明：《王小刚为什么不上学了》，《教育研究与实验》1996年第1期，第31—45页。

的“教育冲突”。

好的行动研究报告总是显示或暗示了某种冲突。冲突越宏大、深刻、不可调和，与这种冲突相关的故事就越可读、动听、迷人、感人。冲突越微小、越容易解决或缓解，与这种冲突相关的故事就越不值得阅读。

没有必要期望每一个教师提交的行动研究报告都是震撼人心的，但教师可以尽量讲述自己研究道路上的“教育冲突”。凡有“教育冲突”发生的地方，就隐含了与研究者相关的成长故事。凡是没有“教育冲突”的地方，就没有令人感动的事件。好的行动研究报告总是引领读者或听众进入某种教育事件及其源源不断的冲突之中。

教育日常生活不断在制造和涌现教育冲突，有些教育冲突是可见的，但大量的教育冲突是看不见的。这些教育冲突潜伏在教育日常生活中，它们保持沉默，处于遮蔽状态。这些看不见的、沉默不语的教育冲突堆积在一起，构成了真实的教育日常生活。做教师的人，实际上一直被大量的保持沉默的“教育冲突”所包围、围困。

只有那些对教育冲突比较“敏感”的人，才会关注、注视、识别并面对这些沉默不语的“教育冲突”。所谓“敏感”，实际上是某种“眼光”（“理解力”和“判断力”）。而某人是否具有发现教育冲突的“眼光”，取决于这个人是否已经形成了自己的“个人化的教育理论”。如果这个人具备了“个人化的教育理论”，那么，他对教育实践就有了自己的理解和判断，就能够“慧眼识冲突”。

教师的行动研究报告不能通篇讲教育道理、教育理论，否则就不是教育行动研究报告，而是宏大的思辨研究式的教育论文。但是，教育行动研究又需要研究者有自己的“个人化的教育理论”；教育行动研究报告的撰写需要教师个人已经建立了自己的“教育道理”，需要研究者用他的“个人化的教育理论”“个人化的教育道理”去照亮、公布那些沉默不语的“教育冲突”。人们一直居住在自己的日常生活中，但是只有鲁迅那样的人才识别了“狂人”“阿Q”“孔乙己”这些隐藏在中国人的日常生活中的“国民性”及其冲突。鲁迅之所以能够识别这些“国民性”及其冲突，是因为鲁迅的头脑里积累了关于中国的“国民性”的理解和理论。鲁迅在写小说之前已经形成了自己关于中国人的“国民性”的理解、理论。鲁迅的小说不过是把这些理解、理论还原为具体的角色。人们可以因此而抱怨鲁迅的小说过于“主题先行”，过于模式化，但人们不得不承认，几乎所有的小说家在写小说、讲故事的时候都有“主题先行”的痕迹。写小说表面上看是“讲故事”，实质上是宣布自己的道理、理论。小说家和哲学家、思想家其实是一家人，他们都在宣布、传播自己的理论。小说家只是惯于用讲故事的方式宣布自己的理解、理论，哲学家习惯于用写论文的方式宣布自己的理解、理论。

这样看来，教师撰写行动研究报告并不简单。教育行动研究报告并不直接论述教育道理，但研究者又必须掌握、领会相关的教育道理，然后再把这些教育道理巧妙地隐藏在自己的“描写”中。有“深度”的教育行动研究报告与词语的华丽无关，描写的“深度”只取决于所描写的研究的故事背后是否隐含了相关的教育道理或教育理论。

第八章 小学财务与后勤管理

小学财务管理不同于一般的经济实体，作为公益性组织的学校与追求利润的企业在资金的来源和使用方面都有较大差异。尤其在市场经济条件下，学校财务管理活动与财务关系日趋复杂。本章主要介绍学校教育经费来自何处，学校财务管理和资产后勤管理的特殊性何在，以及如何有效地进行学校财务管理等内容。

第一节　教育经费构成与财政管理体制

一、我国教育经费构成

一般而言，从现实情况和经费统计的角度看，教育经费的来源可以划分为：(1) 财政预算内教育经费拨款；(2) 各级政府征收用于教育的税费；(3) 企业办学教育经费；(4) 校办产业、勤工俭学和社会服务收入用于教育的经费；(5) 社会团体和公民个人办学经费；(6) 社会捐资办学经费；(7) 事业收入;(8) 其他。[①] 下面从国家财政性教育经费投入和非财政性教育经费投入两个层次逐一说明教育经费的构成。

(一) 国家财政性教育投入

国家财政性教育投入包括国家财政预算内教育拨款投入,各级政府征收用于教育的税费,企业办学校教育经费,校办产业、勤工俭学和社会服务收入用于教育的经费等财政预算外的教育经费投入。预算内经费和预算外经费共同构成整个公共教育经费投入。

1. 财政预算内教育拨款投入

财政预算内教育拨款投入是指中央、地方各级财政或上级主管部门在本年度内安排,并划拨到教育部门和其他部门主办的学校、教育事业单位,列入国家预算支出科目的教育经费投入。财政预算内教育拨款包含教育事业费拨款、科研经费拨款、基建拨款和其他经费拨款。

2. 财政预算外教育经费投入

财政预算外教育经费投入指不纳入财政预算编制、不在预算中列收列支的那部分财政教育经费投入。主要包括以下几个部分:

(1) 各级政府征收用于教育的税费收入。即中央和地方各级政府为发展教育事业而指定机关专门征收,并划拨给教育部门使用的实际数额,如城市教育费附加、农村教育事业费附加以及地方教育费附加。其中,城市教育费附加是指按照国家规定向凡缴纳增值税、营业税、消费税的单位和个人,按三税的规定比例征收的教育费附加。农村教育事业费附加自 2000 年实行农村税费体制改革以来,已全面停止向农民个人征收农村教育费附加。地方教育费附加是指地方政府开征的用于教育的税费。

(2) 企业拨款。即中央和地方所属企业在企业营业外资金列支或企业自有资金列支,而拨给所属学校的经费收入。

(3) 校办产业、勤工俭学和社会服务收入用于教育的经费收入。包括校办产业、勤工俭学、社会服务收入中用于补充教育经费的部分,以及在教学、

① 范先佐著:《教育经济学》,人民教育出版社 1999 年版,第 203 页。

科研及其辅助活动之外，开展非独立核算经营活动取得的收益用于补充教育经费的部分，即经营收入的结余、附属单位交款和其他收入中对校办产业投资收益之和。包括用于教职工个人的福利、奖励和改善办学条件、集体福利、教学设施等方面的经费投入。

(二) 非财政性教育投入

1. 社会团体和公民个人办学投入

社会团体和公民个人办学投入是指办学的单位或公民个人举办的各级各类学历教育和非学历教育机构的教育投入和实际支出，主要指民办教育投入。

2. 社会捐(集)资办学收入

社会捐(集)资办学收入是指城镇、农村、厂矿、企事业单位和个人根据自愿、量力的原则捐(集)资助学，以及港澳台胞、海外侨胞、外籍团体、友好人士等对教育的资助和捐赠。

3. 事业收入

事业收入是指学校和教育事业单位开展教学、科研及其辅助活动依法取得的，经财政部门核准不需上缴财政专户管理的预算外资金，以及经财政专户核拨回的预算外资金，包括教学收入和科研收入、借读学生缴纳的借读费、住宿学生缴纳的住宿费以及按照有关规定向学生收取的其他费用等。

4. 其他收入经费投入

其他收入经费投入是除上述各项收入以外的其他各项收入，即附属单位缴款和其他收入中扣除对校办产业投资收益之和。

二、基础教育财政管理体制

从 20 世纪 80 年代以来，我国政府教育财政管理权限下移，教育财政的“分级管理”给整个教育体制带来了生机和活力，但也存在一些问题。20 世纪 90 年代末，我国实行税费改革以来，基础教育发展严重不均衡的现象更为突出。进入新世纪后，随着公共教育财政体制的逐步完善，中小学教育经费有了新的保障，2008 年我国在城乡全面实施了义务教育免费政策。

(一) 以县为主的分级管理体制

从新中国成立到20世纪80年代初期，在计划经济体制下，义务教育经费投入以政府包办为主。1985年《中共中央关于教育体制改革的决定》明确了分级办学、分级管理的教育管理体制：乡村义务教育实行三级办学、两级管理的体制，即县、乡、村三级办学，县乡两级政府管理。而事实上，我国农村中小学主要由乡（镇）级政府负责。由于乡（镇）级财力有限，集资、借贷建校便成为农村义务教育发展的重要途径。2001年国务院《关于基础教育改革与发展的决定》规定，义务教育实行“在国务院领导下，由地方政府负责、分级管理、以县为主”的体制。但税费改革在教育财政方面取消农民的农村教育事业费附加，取消农村教育集资等收费，以县为主的财政投入体制仍然无法满足农村义务教育发展的实际需要，农村小学办学经费短缺的情况依然存在。

(二) 义务教育投入新机制

2005年12月24日，国务院印发了《关于深化农村义务教育经费保障机制改革的通知》，逐步将农村义务教育全面纳入公共财政保障范围，建立中央与地方政府分项目、按比例分担的农村义务教育经费保障新机制。农村义务教育投入在改革中逐渐纳入公共财政体系，从此，我国义务教育真正从“人民办”走向了“政府办”。

2006年，全国人大常委会对《义务教育法》做了新的修订。在义务教育经费保障机制改革和新修订的义务教育法中，均规定了义务教育实行经费省级统筹，管理以县为主的义务教育财政体制。新机制的主要保障措施是：全部免除农村义务教育阶段学生学杂费；对贫困家庭学生免费提供教科书并补助寄宿生生活费；提高农村义务教育阶段中小学公用经费保障水平；建立农村义务教育阶段中小学校舍维修改造长效机制；巩固和完善农村中小学教师工作保障机制。①

新机制改革的实施步骤是：2006年，西部地区农村义务教育阶段中小学

① 张学敏、叶忠著：《教育经济学》，高等教育出版社2009年版，第224页。

生全部免除学杂费;中央财政同时对西部地区农村义务教育阶段中小学校安排公用经费补助资金,提高公用经费保障水平;启动全国农村义务教育阶段中小学校校舍维修改造资金保障新机制。

2007年,中部地区和东部地区农村义务教育阶段中小学全部免除学杂费;中央财政同时对中部地区和东部部分地区农村义务教育阶段中小学校安排公用经费补助资金,提高公用经费保障水平。

2008年,各地农村义务教育阶段中小学生均公用经费全部达到省(区、市)2005年秋季学期开学前颁布的生均公用经费基本标准,中央财政安排资金扩大免费教科书覆盖范围。

2009年,中央出台农村义务教育阶段中小学公用经费基准定额。各省(区、市)制定的生均公用经费基本标准低于基准定额的差额部分,当年安排50%,所需资金由中央财政和地方财政按照免学杂费的分担比例共同承担。

2010年,农村义务教育阶段中小学公用经费基准定额全部落实到位。

(三) 小学经费拨款方式

小学教育经费拨款主要以学生人数为依据,因此,各学校经费拨款的差异也主要是由学校规模所导致的。我国小学教育事业费拨款基本上采用的是“定员定额”方法。所谓定员定额,就是指按事业机构规模的大小或事业的需要,合理地确定其各种编制、房屋和设备标准,行政和业务费用开支额度、器材的储备量。

定额标准的制定按人员经费和公用经费分类核算。人员经费包括教职工经费和学生经费,分别用教职工经费标准定额乘以教职工人数,学生经费标准定额乘以学生数再加总求得人员经费总额。公用经费则用公用经费各项开支标准定额乘以在校生数再相加求得公用经费总额。

小学基建经费拨款采取的是基建预算加基建补助的方式。基建预算的方法是按照学生人数和每生应占有的校舍面积定额,计算应有的校舍规模;然后从应有校舍规模减去现有校舍面积,计算出校舍面积缺口,即需新建的校舍面积。最后计算新建校舍所需各种建筑材料和设备费以及购置配套教学仪器、设备的费用,构成新建校舍预算,再加上危房翻建费和设备费,三项合计就构成了地方小学基建预算。基建预算额再加上国家每年安排的一定数量的基建补助拨款，就是该校所得基建基金。

第二节 小学财务管理

学校作为提供公共产品或准公共产品的非营利性组织，在许多方面和企业组织有相同或相似之处，比如它们都是处于相同的社会经济环境之中，是社会经济体系中不可分割的部分。使用相同或相似的经济资源以实现它们各自的目标，即以较少的投入提供尽可能多的产品或服务。与此同时，它们都会采用相同或相似的方法进行财务管理，建立完整的会计信息系统，向管理者、监督机构提供相应的财务信息。学校运作与管理开始出现了与市场密切相关的经营行为①，学校作为一个利用一定的经济资源而向社会提供公共产品或准公共产品的组织，加强对财务活动的组织和管理，对于学校开展正常的教学活动十分必要。

一、小学财务管理的含义及其特点

小学学校财务管理主要是指组织财务活动与处理财务管理的管理，是按照国家财政法规的要求，依据学校教育事业的发展计划，对预算内、外资金的筹措、计划、组织、使用、指挥、监督、调节等工作的管理。学校的财务工作是整个学校工作的重要组成部分，学校各项资金的安排和使用，都直接关系到贯彻国家有关法规、政策，关系到学校各项工作的有效开展。充分发挥学校财务工作的作用，是积极推行素质教育，为国家培养高素质人才的重要条件之一。

从本质上讲，学校财务管理是指发生在学校内部的经济管理活动，它具

① 张学敏、叶忠著：《教育经济学》，高等教育出版社 2009 年版，第 265 页。

有以下两个特点：

一是政策性强。学校的一切经济活动，从表面看，似乎只是收支活动。可是，该收什么，收多少，什么时间收；哪些该用，用多少，哪些不能用。这些收支活动，关系到学校素质教育的实施，关系到教育质量，涉及师生员工的切身利益等等，国家和教育行政部门对此都有明确的规定。学校财务管理必须根据有关政策、制度，正确处理收支活动。

二是涉及面广。学校财务管理不仅为教育教学服务，还要承担育人重任；既要安排财尽其力，又要使物尽其用；不仅要千方百计地节约行政开支，还要利用优势开辟财源；在校内为广大师生服务，在校外正确处理与有关部分发生的经济联系等等，涉及面较为广泛。①

二、小学财务管理体制与任务

（一）小学财务管理机构

学校财务管理机构是学校在一定的经济管理体制和财务管理体制下，为实现学校财务管理目标，开展财务决策、控制、核算、分析与财务监督的实施机构。财务机构设置根据《会计法》及有关法律法规，结合各学校实际情况，按照科学、效益、精简的原则来设置。小学一般不设专职会计，而由中心小学或结算中心设专职会计进行管理，各小学作为中心小学或结算中心的报销单位，不单独建账，即事先向中心小学或结算中心领取备用金，事后凭单据向中心小学或结算中心报销，对经费的收支设立必要的登记簿备查。

（二）小学财务管理的任务

小学学校财务管理的根本任务是：遵照国家的教育方针及财政制度，结合学校推行素质教育和本校的实际情况，按照教育规律和经济规律，科学管理和使用各项经费，保证学校教育教学任务的完成，努力为教育事业发展提高教育质量服务。随着义务教育公共财政体制的逐步确立，学校预算内、外收入不断增加，支出项目资金额度不断加大，学校与社会各单位经济往来频繁，增加了财务管理的难度。因此，必须加强学校财务管理。

---

① 范先佐著：《教育财务与成本管理》，华东师范大学出版社 2004 年版，第 122 页。

1. 加强学校财务工作的领导

校长对学校财务工作负全面管理的责任，除审查批准学校的年度、季度预算，处理有关财务方面的重大问题外，还要经常了解和掌握经费预算执行情况，进行检查和监督。学校管理者要加强学校财务部门的建设和领导，切实赋予财务部门应有的责任和权利，要高度重视账务管理工作，特别要关心财务人员的业务学习，提高他们的业务水平，以适应新形势下学校财务改革工作的需要。

义务教育全面免费之后，学校财务管理工作在观念、指导思想和工作重点上都发生了深刻的变化。特别是学校财务工作的内涵扩大了很多，资金的层次、渠道与数量都有了显著变化。因此，学校财务管理人员必须在观念上做到三个转变：其一，由过去只是单纯地记账、算账、报账等转变到还要重视生财、聚财、用财之道上来，把管理作为财务工作的重心。其二，把过去只注意要钱、花钱，转变到提高资金使用效益上来，以效益为中心，这样才能做好财务管理工作。其三，把只是习惯于事后总结分析转变为兼顾事前控制管理。

2. 合理使用学校的各项资金

管好和用好学校的各项资金，是加强学校财务管理，提高资金使用效益的关键，包含三方面的内容：合理筹集资金，正确调度资金，有计划使用资金。

第一，合理筹集资金。可以通过以下几个方面筹集资金：国家下拨的教育经费和各级政府给予的政策性补贴；办好校办产业；利用学校设施，对外实行有偿服务；港澳台及国外团体、个人、校友、家长和企业的赞助。总之，要积极拓宽筹资渠道，依法筹集尽可能多的办学经费，进一步完善以国家拨款为主，多渠道筹措经费的投入机制。

第二，正确调度资金。财务人员在日常工作中，要积极为教学服务，从资金上保证教学所需。对各项财务开支，只要有利于教学的，就要千方百计地支持。但这并不意味着要多少就给多少，必须讲究花钱的技巧，把钱用在急需之处，尽量做到少花钱，多办事，办好事，务必讲究投资效果。着眼于办学的成本与效益，逐步减少办学中不经济、低效率的现象，是世界各国财务管理的新要求。①

第三，有计划使用资金。国家所拨教育经费和学校筹集的预算外资金，都是学校实现事业计划，开展各项教学活动的财力保证，合理安排、有计划地使用资金是财务管理的首要任务。

3. 合理分配收入，调动各级岗位教师的工作积极性

学校分配制度改革不仅要注重教师的工作量，更要注重工作绩效，对教学工作量大，教学效果好的教师在收入分配中应体现对其贡献的激励。教师收入分配，应与评定职称级别逐步脱钩，强化岗位，淡化身份，突出重点，鼓励冒尖，严格考核，注重实绩，拉开差距。在同一职级岗位上，教师收入可设一定弹性制度，根据岗位要求的完成情况予以分配，不同职级工资可有一定交错，低职级教师如果工作出色，其收入可以超过表现平平的高职级教师，以激励各级岗位教师的工作进取心。

4. 建立健全学校财务管理的规章制度

学校的财务管理是一项复杂细致的工作，因此，学校的财务管理制度是统一思想认识、协调行动、分清职责、健全组织，使财务工作有条不紊进行的依据。一切经费支付和报销，各种教学、办公用品的采购和验收，校舍的维修，职工福利等工作牵涉面广，如果缺乏一定的制度保证是很难进行的。因此，学校应根据教育和财政部门的有关规章制度，结合学校的实际情况，制定学校内部切实可行的财务制度和实施细则，并坚持按照制度办事，这是管好财务工作的重要措施。现将各项财务管理制度列出如下：

(1) 财务人员规章制度；

(2) 财务人员岗位制度；

(3) 财务计划和财务决策等方面的制度；

(4) 基本建设财务管理制度；

(5) 收费标准管理制度；

(6) 费用开支标准管理制度；

① 林文达著:《教育财政学》，台湾三民书局1986年版，第211页。

(7) 财产物资管理制度;

(8) 工资资金管理制度;

(9) 资金结算管理制度;

(10) 学校基金管理制度;

(11) 收据和发票管理制度;

(12) 会计档案管理制度;

(13) 校办产业财务管理制度;

(14) 经营承包财务管理制度。

1998 年,财政部、教育部制定了《中小学校会计制度(试行)》,该制度规定:会计核算基础主要采用收付实现制,对实现内部成本核算的勤工俭学收支可采用权责发生制,学校会计采用借贷记账法。

5. 加强学习财务控制和监督,维护财务纪律

学校财务监督是按经济管理要求,根据国家的方针政策、法律、制度和计划对学校预算收支计划的完成情况,资金的组织、分配和使用进行指导、督促和检查。具体内容包括:监督学校经济业务是否真实、合法;财务收支是否符合财政制度和财经纪律;考核资金的使用效果,检查财产的安全和完整。加强学校财务监督的作用是:(1) 通过财务监督使学校领导及时了解学校执行国家和主管部门制定的有关方针政策、事业指标的情况,掌握第一手资料,及时发现问题,保证国家的法律、制度和计划顺利实施;(2) 通过财务监督和日常检查,能及时纠正违反财务制度的行为和不正之风,防微杜渐;(3) 保证公共财政的安全和完整;(4) 能促进财务管理,提高经济效益,促进教育事业的发展。

6. 加强学校资产管理,防止国有资产流失

资产管理是学校财务管理的重要内容。因此,必须加强管理,维护国有资产及其权益不受侵害,防止资产流失和损失。各学校应根据各自不同的情况,搞好清产核资工作,摸清和掌握学校资产家底,正确划分经营性和非经营性资产界限,确保国有资产的保值增值,并努力提高学校现有资产利用效率。

三、小学综合财务管理

小学办学的经费来源大体上可以分为两部分，即政府投资和多渠道、多形式筹措的资金，也就是常说的预算内、外资金。为学校筹措资金和管理各种资金的来源渠道越来越成为学校领导者肩负的复杂任务。[①] 在国家财力有限，教育投入难以满足办学需要的情况下，学校财务部门必须加强对预算内、外各项资金的综合平衡，编制出反映学校全部财力来源和投入去向情况的综合财务计划。这对于贯彻勤俭办学，减少损失浪费，渡过资金短缺难关等具有现实意义。

实行综合财务计划，是从学校总体计划角度出发，把学校各种不同渠道的资金收入全部纳入综合计划的轨道，经过统筹考虑、全面安排，实现学校总体财力平衡，保证学校教学和科研持续、稳定地发展。它规定着学校财务内部经济活动的范围和方向，反映学校事业建设的项目、规模、经费来源、使用的内容和限度，是进行经费划拨、使用、制约、分析、审计的基本依据。所以说，综合财务计划是学校最大限度提高资金使用效益的重要手段，也是学校管理工作的重要组成部分。实行综合财务计划的作用表现为：

第一，有利于缓和资金的供需矛盾。目前，虽然国家对教育事业的投入逐年增加，但仍不能满足办学的资金要求，学校办学仍有较大困难。实行计划开支，用计划管理的形式，控制各项费用的支出，既能基本上解决教育教学需要的经费，又能保证财务上不超支，利国利校。

第二，提高资金使用效益。有的学校，政府投入较多，经费浪费现象严重，办学效果反而不太好；而有的学校虽然资金投入数量不大，但效果显著，这个现象值得研究总结。教育事业虽然不能像企业一样过于强调经济效率，但也需要讲究资金使用效益最大化。用一定的投入，努力培养较多的高质量学生，这是学校办学效益的主要标志。这也就需要学校计划理财，少花钱，多办事，办好事。

---

① [美]C. W. 盖纳尔著，孙志军等译：《学校财政：战略规划和管理》，中国轻工业出版社 2005 年版，第 3 页。

第三，为完成教育教学任务提供必备的物质条件。教育教学是学校的主要工作，在学校工作中具有核心地位，因此资金投向应向这方面倾斜，确保必要的开支，这是学校财务工作贯彻为教育教学服务思想的具体表现。资金计划安排时，非教育教学活动的费用支出从严掌握。只有这样，才有利于教育教学计划的实施，有利于学校开展各项教育活动。

如何实行综合财务计划管理？实践证明，应该努力做好两个方面的工作，即编制财务计划，执行财务计划。

(一) 编制财务计划

编制财务计划是为了有效发挥资金作用，使有限的资金得到充分利用，而对学校财务收支做出的事先安排。编制财务计划的依据为：上学年度学校教育、教学、办公、设备、维修等各项工作经费开支情况；本学年度预算内上级拨款基数，另外估计增拨数额，预算外勤工俭学、商品房出租和其他创收情况；本年度学校发展所需消耗资金；等等。

1. 编制财务计划的原则

学校编制财务计划的基本原则是量入为出，收支平衡，即不搞赤字预算。这一基本原则，在执行过程中，可以细分为以下具体原则：

(1) 积极稳妥、留有余地的原则。在编制预算时，既要考虑到收入的增加，又要严格核实，避免风险，减少赤字隐患。计划安排不能太满，必须留有余地。具体地说，在安排前，先按各项基本数字(包括学生数、教职工数)、事业计划、各项标准或专项补助的指标数，然后在指标数以内适当地预留少量，以备预算不足时进行调整。

(2) 保教育教学、保重点、保急需的原则。在保障行政、后勤正常营运资金的前提下，向教学、科研特别是重点学科和项目予以资金上的倾斜，而在安排资金使用方面搞平均分配，撒胡椒面的做法，效果必然不佳。

(3) 勤俭节约的原则。编制财务计划前要搞好调查研究，摸清情况。在计划审定时对于各项费用的支出要精打细算，严格把关，可花可不花的费用不列入计划。

(4) 完整性原则和连续性原则。前者指在大收大支的理财观念指导下，将学校全部收入和全部支出纳入预算，以利于在全校范围内对资金统筹安排，达到资金优化配置。后者指考虑到资金分配的刚性，在各年度对各学科、各项目、各部门进行资金分配时，要力争连续平稳，避免额度的大起大落。

2. 编制财务计划的程序

一般而言，学校编制财务计划的基本程序为：基本预算单位提出预算要求数报财务部门——财务部门核定基本预算单位数据并提出预算建议数后下发给基本预算单位——基本预算单位调整其预算要求数再次上报财务部门——财务部门与基本预算单位协商后，确定预算草案报学校最高财务管理机构审批后正式下达。预算即一项财政计划，它至少应包含四个要件：计划，资金取得，资金支出和结果评估。①

2005 年 12 月 24 日，国务院印发了《关于深化农村义务教育经费保障机制改革的通知》，正式启动农村义务教育经费保障机制改革。为确保农村义务教育经费保障机制的顺利实施，国家要求建立健全农村中小学校预算编制制度，并与新机制同步推进，逐步完善。农村中小学的预算管理体制，是在县级人民政府统一领导下，由财政、教育行政部门共同组织，以独立设置的农村中小学为基本预算编制单位，将农村中小学各项收支都纳入预算管理的体制。在不改变学校经费使用权的前提下，对农村中小学实行“校财局管”。农村中小学预算编制流程可以概括为“两上两下”过程。

“一上”：县级教育行政部门编报预算建议数。在这一阶段，根据地方财政部门关于编制年度预算的统一部署，农村中小学校根据学校的基本情况和事业发展需求，编制年度预算建议数，上报县级教育行政部门，由县级教育行政部门审核、汇编成部门预算建议数，报送县级财政部门。学校和教育行政部门要提供与预算编制相关的基础数据和相关材料，如涉及基本支出核定的编制人数和实有人数，增人增支的文件，必保项目的文件依据等。

“一下”：县级财政部门下达预算控制数。县级财政部门根据教育行政

① ［美］布里姆莱、贾弗尔德著：《教育财政学：因应变革时代》，中国人民大学出版社 2007 年版，第 266 页。

部门汇编上报的预算建议数，结合财力可能，统筹安排农村中小学义务教育经费，编制县本级财政预算初步草案报县级人民政府审定，经批准后下达预算控制数。

“二上”：县级教育行政部门上报预算草案。教育行政部门将财政部门下达的预算控制数，分配下达到所属各农村中小学校，安排布置各学校年度预算草案编制工作。各学校根据预算控制数，结合“一上”阶段编报的预算建议数，编制预算草案，按规定时间报教育行政部门。教育行政部门对各学校预算草案进行审核、汇编成教育部门预算草案，报送同级财政部门。

“二下”：县级财政部门批复预算。县级财政部门审核、汇总各部门预算草案，送县级人民政府审批后，报县级人民代表大会审议。在县级人民代表大会审议通过一个月内，县级财政部门向县级教育行政部门正式批复年度预算；县级教育行政部门在接到年度预算批复的 15 日内，批复到各学校。

（二）编制财务计划过程

由于小学预算编制体制是一项新生事物，通过完整的程序有助于我们清晰地了解其预算编制的全部过程。

1. 学校的基本信息

例如，有一所农村完全小学，辖教学点一个，基本情况如下：编制人数为 34 人（含教学点 4 人），在职教职工人数 35 人（含教学点 4 人），其中专任教师 29 人（含教学点 4 人），离休人员 2 人，退休人员 18 人，长休人员 1 人，临时工 4 人（其中代课教师 3 人），享受遗属补助人员 5 人，享受独生子女补助费 6 人，现有教学班 14 个（含教学点 2 个教学班），在校生 550 人（含教学点 70 人），其中住宿生 50 人，贫困学生 180 人。该校占地面积 10 000 平方米（含教学点 2 000 平方米），建筑面积 3 600 平方米（含教学点 600 平方米），其中教学及教学辅助用房 3 100 平方米（含教学点 500 平方米），行政办公用房 200 平方米（含教学点 50 平方米），生活服务用房 300 平方米（含教学点 50 平方米）。校舍建筑总面积中危房面积 140 平方米（全部为 D 级危房）。该校有机动车 1 辆，办公电话 1 部，教学仪器设备总值 50 000 元，图书 5 000

册，课桌椅 550 单人套。[1] 要求编制该校下一年度教育经费预算。

2. "一上"阶段工作

学校根据县级教育行政部门部署，编制下一年度教育经费预算建议数（预算建议数的编制过程属于"二上二下"预算编报程序中的"一上"阶段工作）。具体步骤如下：

(1) 准备工作

准备工作主要包括以下步骤：

一是在校长的统一领导下，成立由教务、总务、财务和教师代表参加的预算编制小组，根据学校实际情况和事业发展需要，共同讨论研究预算年度学校收支建议计划。经讨论，拟定该校在保证教职工工资发放和正常运转的前提下，按照轻重缓急的原则，安排如下项目支出：消除 140 平方米危险校舍，即 D 级危房 140 平方米；按照"普九"达标的要求，解决学校图书、仪器不足问题；装备多媒体教室 1 个。

二是根据预算编制要求，收集资料、审核数据、统计学校基本情况。该项工作既是预算编制的必要准备工作，也是预算编制的主要内容之一。主要包括：基本情况；近三年（至少近一年）经费决算报表；预算编制所在月份的上一月学校（含教学点）教职工工资发放表和离退休人员离退费发放表。

三是根据县级教育行政部门编制预算的有关要求，整理有关政策规定和相关定员、定额比例。该校收集整理的有关政策规定主要包括：预算内公用经费拨款标准每生每年 60 元（该项标准为农村义务教育经费保障机制改革实施以前当地政府已执行的预算内公用经费定额标准和农村义务教育经费保障机制改革实施后预算内公用经费补助标准之和）；免杂费补助标准每生每年 160 元；职工福利费提取比例为教职工基本工资的 2.5%；工会经费提取比例为教职工工资总额的 2%；教师培训费提取比例为学校年度公用经费总额的 5%；医疗保险缴费比例为教职工基本工资的 8%；住房公积金缴存比例为教职工基本工资的 10%；奖金的发放额度为一个月基本工资总额；离

① 教育部：《"农村义务教育学校预算编制"实例》，http://www.moe.gov.cn/publicfiles/business/htmlfiles/moe/moe_1382/200708/25677.htm，2007 年 8 月 22 日。

休人员按每人每年增发一个月或一个半月离休费；退休人员按每人每年增发 300—500 元退休费；遗属补助按每人每月 100 元发放；寄宿生生活补助按每人每月 30 元发放；独生子女费按每人每月 10 元发放；离退休人员特需费按离休人员每人每年 500 元，退休人员每人每年 50 元发放。

(2) 编制预算基表

首先，填制学校基本情况表。即根据统计审核的有关基本情况数据填制学校基本情况表(表略)。

其次，测算并编制学校预算收入情况。该校前三年平均收入为 1 000 000 元，其中财政补助收入 963 000 元，事业收入 13 000 元(其中杂费收入 11 000)，勤工俭学收入 13 000 元，其他收入 11 000 元。以上各项收入均包括教学点收入。参照该校前三年平均收入，考虑本年增资因素、学校发展项目支出资金需求和国务院免杂费政策的出台，初步确定该校本年度总收入 1 270 000 元，其中财政补助收入 1 240 000 元(含免杂费财政补助部分、学校项目支出资金需求与事业收入的差额部分)，事业收入 2 000 元(剔除杂费收入)，勤工俭学收入 15 000 元，其他收入 13 000 元。

最后，测算并编制学校预算支出情况。

其一，编制工资福利支出预算。根据预算编制所在月份的上一月学校(含教学点)教职工工资和离退休人员离退休费发放汇总表中在职教职工工资发放数额(假设预算年度无人员增减变化，如果预算年度有人员增减变化或工资标准增加要给予考虑)，计算工资福利支出预算。

其二，编制对个人和家庭的补助预算。根据预算编制所在月份的上一月学校(含教学点)教职工工资和离退休人员离退休费发放汇总表中离退休人员离退休费发放数额、助学金和住房公积金等计算标准(假设预算年度无人员增减变化，如果预算年度有人员增减变化或工资标准增加要给予考虑)，编制对个人和家庭的补助预算。

其三，编制商品和服务支出预算。商品和服务支出按定额标准和有关政策规定的项目开支标准计算填制。首先，根据当地政府实行农村义务教育经费保障机制后执行的预算内公用经费拨款标准、免杂费补助标准和在校学生数计算预算年度商品和服务支出总额。其次，根据政策规定的提取、使用比例计算确定福利费、培训费、工会经费、离退休人员特需费等有关商品和服务支出数额。最后，参考上年度支出情况，考虑预算年度变化因素，将剩余商品和服务支出数额分配到办公费、印刷费、水费、电费等预算科目。

其四，编制其他资本性支出预算。以满足基本办学条件和事业发展需要为目标，按照“以收定支、收支平衡”的预算安排原则和“保工资、保运转、保安全”的要求，根据该校预算编制小组的讨论意见，按照轻重缓急的原则，编制其他资本性支出预算。

根据以上预算编制情况，该校预算年度收入合计为 1 270 000 元，依次安排工资福利支出 542 600 元、对个人和家庭的补助 465 000 元、商品和服务支出 121 000 元、其他资本性支出 141 400 元。至此，该校预算建议编制完成，学校收入/支出预算表如表 8-1。

表 8-1　学校收入/支出预算表

编号	项目	单位	金额
甲	乙	丙	01
01	收入合计	元	1 270 000
02	1. 财政补助收入	元	1 240 000
03	2. 事业收入	元	2 000
04	3. 勤工俭学收入	元	15 000
05	4. 其他收入	元	13 000
06	支出合计	元	1 270 000
07	一、工资福利支出	元	542 600
08	1. 基本工资	元	372 000
09	2. 津贴补贴	元	76 800
10	3. 奖金	元	31 000
11	4. 社会保障缴费	元	42 800
12	5. 伙食补助费	元	4 000
13	6. 其他工资福利支出	元	16 000

（续表）

编号	项目	单位	金额
甲	乙	丙	01
14	二、对个人和家庭补助	元	465 000
15	1. 离休费	元	52 000
16	2. 退休费	元	352 800
17	3. 退职费	元	
18	4. 抚恤金	元	
19	5. 生活补助	元	6 000
20	6. 医疗费	元	
21	7. 助学金	元	15 000
22	8. 奖励金	元	720
23	9. 住房公积金	元	37 200
24	10. 提租补贴	元	
25	11. 购房补贴	元	
26	12. 其他对个人和家庭的补助支出	元	1 280
27	三、商品和服务支出	元	121 000
28	1. 办公费	元	15 000
29	2. 印刷费	元	2 000
30	3. 咨询费	元	
31	4. 手续费	元	
32	5. 水费	元	6 500
33	6. 电费	元	10 000
34	7. 邮电费	元	3 500
35	8. 取暖费	元	30 000
36	9. 交通费	元	6 500
37	10. 差旅费	元	2 000
38	11. 出国费	元	
39	12. 维修(护)费	元	10 000

（续表）

编号	项目	单位	金额
甲	乙	丙	01
40	13. 租赁费	元	
41	14. 会议费	元	3 000
42	15. 培训费	元	6 050
43	16. 招待费	元	
44	17. 专用材料费	元	1 000
45	18. 劳务费	元	1 000
46	19. 工会经费	元	8 976
47	20. 福利费	元	9 300
48	21. 其他商品和服务支出	元	6 174
49	四、其他资本性支出	元	141 400
50	1. 办公设备购置	元	
51	2. 专用设备购置费	元	9 400
52	3. 交通工具购置	元	
53	4. 信息网络购建	元	50 000
54	5. 其他资本性支出	元	12 000
55	6. 房屋建筑物购建	元	70 000
56	7. 大型修缮	元	

其五，编制政府采购预算表。按照政府采购目录和有关要求，该校商品和服务支出预算中安排的取暖用煤采购，其他资本性支出预算中安排的图书购置、仪器设备购置、多媒体教室装备和新建校舍均应进行政府采购，因此，上述支出项目需填报《政府采购预算表》，具体填报如表 8-2。

表 8-2 政府采购预算表

编号	项目	计量单位	数量	金额(元)	拟采购时间(年月)
甲	乙	01	02	03	04
000	合计			165 400	
001	取暖用煤购置	吨	60	24 000	9月份
002	新建校舍	平方米	140	70 000	3月份
003	图书资料购置	册	6 000	12 000	3月份
004	仪器设备购置	台、件	1 000	9 400	3月份
005	装备多媒体教室	套	1	50 000	3月份

(3) 录入生成预算报表并撰写预算编制说明

学校基本情况表、学校收入/支出预算表、政府采购预算表编制完成后，进行数据录入校验，由软件自动生成总表。同时，根据上述预算表内容起草预算编制说明，预算编制说明一般包括以下要点：学校基本情况；学校收支预算情况和影响预算年度收支的主要因素(包括学校的发展变化情况、上级出台的影响收支的政策等)；预算年度收支预算的测算依据和项目支出基本思路；对今后预算工作的建议和意见。

(4) 审核上报

以上工作完成后，由校长负责组织预算编制小组进行审核，如审核无误，形成学校预算建议，由校长和填报人员签字并加盖学校公章，在规定的时间内按程序上报县级教育行政部门。

至此，该校在"二上二下"预算编报程序中的"一上"阶段工作全部完成。

3. "二上"阶段工作

县级教育行政部门和财政部门按预算编报程序，审核汇总该校预算建议(具体审核、上报过程略)，下达该学校预算控制数 1 198 000 元，其中财政补助收入 1 168 000 元，事业收入 2 000 元，勤工俭学收入 15 000 元，其他收入 13 000 元。

根据县级教育行政部门下达的预算控制数，结合学校"一上"阶段编报的预算建议，编制该校下一年度教育经费预算草案(预算草案的编制过程属于“二上二下”预算编报程序中的“二上”阶段工作）。具体步骤如下：

第一步，校长召集学校预算编制小组会议，研究讨论预算控制数安排使用具体意见。经研究，按照“保工资、保运转、保安全”和轻重缓急的原则，确定项目支出中只安排学校D级危房改造项目和购置仪器设备项目，原预算建议中购置图书、装备多媒体教室项目待以后年度再安排。

第二步，根据县级教育行政部门下达的预算控制数和学校预算编制小组研究讨论确定的预算支出项目，对原编制上报的预算建议进行适当调整，重新编报学校预算草案。

(1) 填报学校基本情况表。学校基本情况与原编制上报的预算建议计划一致，直接抄录即可。

(2) 编制学校收支预算。根据县级教育行政部门下达的预算控制数和学校预算编制小组研究讨论确定的预算支出项目，对原编制上报的收支预算建议计划做如下调整：① 在房屋建筑物购建项目中调减用于新建D级危房的10 000元；② 在信息网络购建项目中调减用于装备多媒体教室的50 000元；③ 调减其他资本性支出——图书资料购置费12 000元，待下一年度再申请。在此基础上，调整《学校收支预算表》。

(3) 编制政府采购预算表。按照政府采购目录和有关要求，填报调整后的《政府采购预算表》。

第三步，录入并生成预算报表，重新撰写预算编制说明。

第四步，审核上报。

以上工作完成后，由校长负责组织预算编制小组再次进行审核，如审核无误，形成学校预算草案，由校长和填报人员签字并加盖学校公章，在规定的时间内按程序上报县级教育行政部门。

至此，该校本年度预算编报工作全部完成。

(三) 执行财务计划

学校财务计划制定后，则重在执行。只有通过认真地执行，才能体现预算精神，保证学校的教学、科研事业按预定的目标发展。执行财务计划要注意如下几点：

1. 执行财务计划，时刻不忘勤俭办学

遵照勤俭办学的原则，对每项支出都应精打细算，厉行节约，避免开支的随意性，努力提高资金使用效益。

2. 执行财务计划，既要认真严肃，又要灵活处理

落实财务计划要强化计划的约束力，严格按计划办事，凡列入计划项目的资金要保证，不得挪作他用。没列入计划的项目不列支，已列计划内的项目，如无特殊情况，不得随意更改。落实财务计划还要注重灵活性。当前，社会经济发展速度不断加快，学校执行财务计划要根据当地社会经济变化灵活处理，在专款专用的前提下，互为调剂，增减相宜，以保持财务计划的基本平衡。

3. 执行财务计划，要处理好平衡与不平衡的关系

执行财务计划，实现收支平衡，是学校财务人员的职责，不可粗心大意。如果出现不可抗拒的情况，原来安排的财务收支平衡格局被破坏，财务人员要及时向上级汇报实情，同时采取必要的措施，力求达到新的平衡。学校应从实际出发，具体情况具体对待。

4. 执行财务计划，要定期通报执行情况

任何工作都应有布置有检查，基本预算单位应定期向主管领导通报财务计划情况。主管领导随时管理计划报告情况，包括上级拨款是否按时到位，收支活动中贯彻法律法规的情况如何，各项支出的经济效益如何，以及往来资金的清理结算情况等等。在特定情况下，如果基本预算单位执行预算的情况与预算编制偏差较大，则必须通过财务部门发挥其监控职能，这样才能保证基本预算单位按预算计划全面执行。财务计划执行结束，年终决算后要及时总结经验，写出书面分析报告，考查、分析超支或节余的原因，提出改善财务管理的建议，为下年度编制综合财务计划做好准备。

第三节　小学资产与后勤管理

加强小学资产管理，充分挖掘物资潜力，是保证学校顺利完成各项教学、科研任务的物质基础，也是提高学校财务管理水平和各项资金使用效果的关键，各级各类学校都必须加强领导，认真做好这一工作。

一、小学资产管理概述

(一) 学校资产管理的意义

学校资产，即学校财产物资，是指那些单位价值较高，使用期较长，在使用过程中基本保持其原有实物形态的设备物资。它是学校为完成教育教学任务，搞好教育服务所必需的物质条件。它包括固定资产、材料和易耗品。具体而言，有房屋及有关设施、现代化技术教学设备、教学实验设备、生活服务设备、图书、音像、各种材料物资和低值易耗品。此外，在市场经济条件下，学校资产管理还应当包括无形资产的管理。[①] 加强学校各种有形和无形资产的管理具有十分重要的意义，主要表现在以下两个方面：

1. 学校的所有财产都是保证教育、教学、生活的重要物质条件

随着教育优先发展战略地位的确立和全社会对教育的重视程度日益加强，教育投入逐年增大，义务教育学校教学设备逐步得到改造、更新。许多小学都拥有大量的现代教学设备，多媒体教学使用率普遍提高，各种实验室纷纷建立，有条件的学校还建立了校园网络。学生们可以在实验室做实验，在微机室上机创造设计，在劳技室动手实践。这说明，教学设备越完善，现代化程度越高，它对教学的影响就越大，对教育质量的提高就越显著。

① 范先佐著:《教育财务与成本管理》，华东师范大学出版社 2004 年版，第 140 页。

2. 管理好学校财产有利于提高办学效果

小学办学条件在逐步改善，更需要使用好、保管好、维护好各种物质资产，不断提高设施使用期。比如，许多学校添置了宣传横幅，有的使用后及时收藏，以备下次活动再用；有的则不然，久挂不收，任其日晒雨淋，以致残破色褪，需用时只好买新的，几十元、几百元就这样白白流失。如果管理得当，就能将有限的财力用来充实急需的设备，改善办学条件，增强办学实力，提高办学效果。

(二) 小学资产管理任务

小学资产管理的任务主要有以下几个方面：

其一，根据经济、实用的原则，对学校内部各部门的需求进行核算，然后确定保证完成计划中的教学、教育、生活等各项任务所需的基本数量，从而进行有计划的添置工作。

其二，努力采取各种有效措施，提高学校财产物资的利用率，降低物资消耗，减少资源浪费。

其三，建立健全各项规章制度，加强对学校财产物资的清理、重估，保证学校财产物资合理稳定地增长。

其四，培养学生养成爱护公物的良好习惯，通过对校产的管理和使用，使学生得到生动具体的爱护公物的教育。

(三) 小学资产管理要求

小学资产管理应按以下要求进行：

1. 讲求实效，厉行节约

建造、购置财产物质，必须讲究实际效果，充分考虑本校原有基础和经济能力。在校舍建设和教学设备的配置方面，既要满足国家规定面积定额和教学大纲的要求，又要反对不顾实际需要和可能，单纯追求高标准、讲排场和摆阔气的倾向。既要注意数量，更要注意保证质量。克服和防止只管买、不管用，只求价格便宜，不问质量好坏，不管使用效果的片面观点，使建造、购置的各种财产物资，具有适用、耐用、实惠等特点。

在财产物资管理中，要着眼于用，着眼于服务，使物尽其用，确保为教学服务，为师生员工生活服务，为学校生产经营服务。在财产物资管理中，要克服重钱轻物、重建设轻管理的错误倾向。

2. 健全制度，清楚家底

在财产管理中，要做到家底清楚，必须健全核算制度和管理制度，建立必要的管理制度和完备的账务核算制度。财产物资账目是财务物资数量和价值的集中反映，学校的财产物资种类繁多，规格复杂，性能各异，存放分散。只有健全账目，才能做到家底清楚。

3. 加强维修，注意保养

在财产物资管理中，要做好对财产物资的维修、维护和保养工作。重视并做好这项工作，不仅可以延长校舍、设备的使用年限，提高利用效率，而且可以节约学校的经费支出。

4. 加强领导，明确责任

要加强财产物资管理，加强领导，建立健全科学的财产物资管理体系和责任制度。建立一套切合学校实际的组织管理制度，是搞好财产物资管理的组织保证。

分管总务工作的领导，应对全部财产物资负责，并实现统一领导。总务部门在分管校长的领导下，对全校财产物资负责管理工作。对行政领导关系不属总务的部门，如仪器保管室，图书室，音、体、美教研组，医务室等部门，应由总务部门统一组织，明确责任，归口管理。即按照财产物资的类别和使用情况，将财产物质交给各使用部门负责管理，把"用"和"管"结合起来。不能归口的设备、房屋、建筑物等，仍由财产物资管理部门管理。在归口管理的基础上，还要划分财产管理的部门、财务部门和使用部门之间的职责范围，做到明确分工，密切配合，切实做好财产物资管理工作。

二、小学资产管理方法

小学资产管理是指对学校固定资产和低值易耗品的计划、采购、使用、保管、检查的活动，其目的是使物尽其用，提高利用率，降低损耗率，为学校提供充足的和良好的物质条件，其基本要求是：力争实现管理的科学化、制度化、规范化。①

(一) 固定资产管理

学校固定资产是指使用时间较长,单位价值较大,并在使用过程中基本保持其原有实物形态的物质资料,以及单位价值虽没有达到规定标准(5万元),但使用期限在一年以下的大批同类物资(如图书)。学校固定资产主要有如下种类:

(1) 房产:教学用房、办公用房、生活住房、辅助用房;

(2) 家具设备:办公桌椅、课桌椅、柜架、实验桌椅、沙发、床铺等;

(3) 教学设备:教学仪器、标本、模型、电教设备等;

(4) 图书(包括声像资料);

(5) 文体设备:体育器材、乐器、服装等;

(6) 炊具器皿;

(7) 文物陈列品;

(8) 医疗器械;

(9) 办公与事物用品:电器设备、计算机、打印机、复印机、计算器等;

(10) 生产劳动设备:指机械和工具等;

(11) 其他。

学校固定资产的管理主要涉及以下几项内容:

1. 清查校产

固定校产的清查,是保证学校财产安全完整,挖掘现有固定资产潜力,提高其利用率的重要手段。固定资产清查是一项复杂的工作,必须加强领导,规范管理。

在清查过程中,除了查明固定资产的实有数与账面余额是否相符外,还应注意各项固定资产的保管、使用、维修、保养等情况,如有保管不善,使用不当,应及时采取措施加以改进。固定资产如有盘盈、盘亏,必须查明原因,按有关规定处理。

① 范先佐著:《教育财务与成本管理》,华东师范大学出版社2004年版,第146页。

固定资产的清查要定期进行,财务部门、财产保管和财产使用部门,至少每半年要相互核对一次账目,以保证账账相符,账实相符。年终要对固定资产进行全面清查,编制报表上报校行政。

2. 整理建账

在清理校产的基础上,根据被查物品的特点、数量,进行分类登记。本着便于查找物品,又便于记账的原则,形成入账方法:① 总账;② 分户分类账;③ 单位卡片。做到账实相符,账账相符,登记卡片式样与账簿基本相符。各单位建立卡片,一式两份,双方签字,校产管理员存查一份,单位保存一份。若单位的资产有增减变化,必须持卡到校产管理组织办理变更手续。

3. 建立并严格实施学校资产管理制度

规章制度是管理学校财产的保障。健全的规章制度标志着学校财产的管理水平,也是促进广大师生员工参与管理的基础。规章制度一旦宣布就具有权威性,管理人员在工作中要以此为据,师生员工也有章可循。学校财产管理制度主要包括:班级财产管理制度,学校财产领用、借用、赔偿制度,物品设备购置制度,各类器材使用维修制度,图书管理制度,实验室操作制度,校车使用制度,学校财产管理员岗位责任制度,爱护公共财产的奖励制度等。学校领导要教育全体师生员工自觉遵守各项管理制度。

4. 抓管理质量,把好"五关"

(1) 把好计划关。管好财产物资,要严格审查设备购买计划,每年的购买计划首先由各部门根据需要提出,部门领导审查后,上报校领导,逐级审查,层层把关。审查计划时,应坚持优先教育教学,优先急需的原则。

(2) 把好采购关。在采购中要严格遵守按计划采购,要确保采购物资的质量,坚持货比三家。高档贵重物品,要向有关专家咨询,考察供货厂商,指定方案,集体决策;大额和批量较大的物资一律采用投标招标方式进行。

(3) 把好验收关。购入的设备入库时要经过检查,由采购员、保管员和使用单位三方面当场开箱验收,与样品不符当即退货,合格后才填写入库单,办理入库手续。

(4) 把好责任关。为了加强财产物资管理,必须建立严格的责任制,全校各部门层层分解，层层负责，责任到岗，责任到人。如有丢失、损坏，按学校有关规定处罚。

(5) 把好设备保养维修关。设备保养维修的目的，是为了延长使用期限，保养维修工作，贵在坚持及时。

5. 对学生进行爱护公物的教育

在管理中要渗透思想教育，利用管理工作进行育人。

(1) 爱护公物教育常抓不懈。对学生进行爱护公物的教育，是德育的主要内容之一，应纳入教育计划。在思想工作、班主任工作中，进行爱护公物的教育，应占有一定的地位，常抓不懈，充分发挥学校各部门(如工会、共青团、少先队、学生会)的作用，特别是要依靠教导处、政教处、班主任配合工作。这是进行爱护公物教育的主要途径。

(2) 提倡文明用物，培养良好习惯。由于小学生不懂得如何操作和使用设备、设施和用具，财产物资的管理人员、老师应当不断教会学生这方面的知识，教育他们养成正确、文明使用各类物品的良好习惯。如为安全节约用电，开关要轻拉轻放，课桌平起平放，不拉不推，桌面保持平整光洁，不乱刻乱画等。只有从细微处要求学生，才能延长公物的使用年限，才能对学生的精神文明教育和良好习惯的培养产生潜移默化的影响。

(3) 建立奖励与赔偿制度。在学校教育活动中，必然会涌现一批爱护公共财物的先进集体和先进个人。学校应当定期进行检查评比，对于评选优秀班级和三好学生的内容，也可以专项进行评比。对于先进班级和个人，在进行荣誉奖励的同时，应予以一定的物质奖励，树立榜样，形成爱护公物的好风尚。对于损坏财产的人，应当进行严肃的批评教育，并根据情节轻重和接受教育态度的好坏，加以适当的经济方面的赔偿。

(二) 低值易耗品管理

低值易耗品指价值低，使用期限短，或由于物理性能易于损耗不宜列为校产而按材料管理的工具、器皿和设备等。对低值易耗品的管理，要遵守如下要求：

1. 建立低值易耗品的库房，使之商店化

存储一般低值易耗品的库房应充分利用空间，使低值易耗品全部上货架，使之商店化，一目了然。这样做的好处是东西容易寻找，而且整齐干净。

2. 低值易耗品的分类

根据具体情况，可将低值易耗品大致分成电料、水暖、五金、工具、化工、劳保、文具、日杂八大类。这八大类物品基本能满足学校的办学需要，如遇特殊情况需要的特殊物件可另行购买。

3. 建立低值易耗品的账本

上述八大类，每一类建立一本账，从账本上要反映出库存量、进货时间、数量、金额和使用一定时期盘存后的结存。

4. 入库办法

低值易耗品采用专职员工采购的办法。入库时，由库房管理人员凭发票在采购员的监督下上账，写清楚时间、数量、金额等，采购员应在发票上签字。

5. 出库办法

按类别设立八大类领物账本，凡是需要领物，都要登记日期、数量、用途、本人签字。凡属维修项目的，要由维修专职人员来领，特别是电料、水暖件及化工用品。

6. 定期盘库及购物

一个学期采取两次盘库的办法：期中一次，期末一次。某种物品用了多少，要在账本上减去，并在领物本上画红线，表明盘库的时间。红线之后领的东西，作为下一次盘库所使用的数目。盘库后，账本上能反映出各种物品的剩余数。要及时根据实际情况，按类别开出购物单，要求购物人员按类别购买。

三、小学后勤财务管理

在计划经济体制下，学校不仅要负责学生的教学、思想品德教育，还要统包统管负责解决学生的住房、吃饭、医疗和生活困难等问题。不仅要负责教职工的教学、科研和管理服务工作，还要负责教职工的住房、医疗甚至子女读书、就业问题。学校后勤服务模式陈旧落后、经费负担沉重的情况，严重制约了中小学的发展。随着教育体制改革的不断深入，学校后勤社会化改革实现了学校办学模式的重大转变，打破"学校办社会"的格局，使学校把全部精力集中到教学、育人上来。[①] 在小学后勤社会化改革中，其财务管理制度也应进行相应的变革和完善，具体如下：

(一) 财务机构设置

后勤社会化改革的目标是，改变原来学校统包统管的局面，逐步实现完全社会化，最后完全走向市场，走向社会，成为独立的法人实体。在没有经当地工商行政管理部门验资和注册之前，学校的后勤经济实体仍需要依赖学校而生存，因此仍然是学校的后勤。后勤实体的财务管理可采用统一领导、集中管理、逐级审批、分级核算的运转模式。现阶段，一些学校后勤实体财务在许多方面与学校保持着诸多联系，因此有必要在校级财务与后勤实体财务之间建立财务通报制度，后勤实体财务应按会计制度要求，及时向学校财务部门报送真实准确的会计报表及财务分析，重大财务事项要及时向校级财务部门汇报。

(二) 会计核算

后勤中心是由若干个经济实体组成，涵盖了商业、交通运输业、饮食服务业等多个行业，就经费来源而言，既有学校的行政拨款，又有后勤中心通过自身经营而获得的收入。对于学校拨入的那部分资金的收支，学校是以预算的形式拨付，按照规定的项目使用，不需要后勤中心核算成本和利润，完全是按照预算会计的要求进行核算的，年终转入事业节余，根据学校的规定上缴或进行分解。对于经营性收支必须按照企业化管理进行成本核算，年终转入经营结余。后勤中心的会计报表需按月向学校财务部门上报，经财务部门汇总并上报财政部门。

凡是属于学校的行政拨款以及与此有关的支出，其核算应以预算会计的管理模式进行核算，通常以收付实现制为基础；而经营性的收支，按企业

① 范先佐著:《教育财务与成本管理》,华东师范大学出版社 2004 年版,第 163 页。

会计的管理模式进行核算，以权责发生制为核算基础，应遵循权责发生制原则、配比原则、历史成本原则划分收益性支出与资本性支出。由于后勤中心的收支具有多样性的特点，所以要通过拨入经费、事业收入、补助收入、经营收入等科目来核算后勤中心所取得的收入，通过事业支出、经营支出、其他支出、上缴学校支出等科目核算中心发生的费用以及与学校的缴拨关系，各科目可以根据需要设立明细科目进行明细核算。

(三) 财务监督

后勤经济实体要建立健全内部会计监督制度，制度应当符合下列要求：(1) 记账人员与经济业务事项和会计事项的审批人员、经办人员、财务保管人员的职责权限应当明确，并互相分离、互相制约；(2) 重大投资、资产处置、资产调度和其他重要经济业务事项的决策和执行的相互监督、相互制约程序应当明确；(3) 财产清查的范围、期限和组织程序应当明确；(4) 对会计资料定期内部审计的办法和程序应当明确。

后勤经济实体实行企业化管理后，学校财务部门应掌握后勤经济实体的经营运作方式、执行的会计制度、会计核算方法等，并协助审计部门加强对后勤经济实体的指导监督和审计，提高后勤经济实体的会计核算和财务管理水平。

在后勤改革的过渡时期，后勤财务仍是学校的二级单位，此时期学校应继续执行财务监督职能，校级财务要定期或不定期地检查后勤实体的会计核算和财务管理状况，及时发现问题，提出改正建议，督促后勤实体加强内部财务管理，完善会计核算和成本核算体系，逐渐向完全企业化管理过渡。

(四) 国有资产监管

在后勤社会化改革的过程中，要管好用好国有资产，确保国有资产安全、完整和保值增值，提高国有资产的运营效益。为此，应做到以下几点：

1. 建立国有资产管理机构

许多学校在资产管理方面缺乏产权意识或成本核算观念，由学校财务、设备、物业等部门多头管理国有资产。而后勤改革必然涉及清产核资、非经营性资产转为经营性资产、资产评估确认、资产保值增值考核等，国有资产多头管理的模式不能适应后勤改革中国有资产管理的需要。学校要建立一个统筹协调、责权分明、集中管理国有资产的专门机构。

2. 建立健全国有资产管理体制体系

根据国家国有资产管理制度、法规，结合后勤改革的实际，应建立一系列国有资产管理的管理制度，如：资产清查制度、非经营性资产转为经营性资产申报审批制度、资产评估及产权管理制度、资产转让制度、资产管理核算制度、资产保值增值考核制度、资产有偿使用及收益分配制度。

3. 加强国有资产管理

一要加强后勤机构调整中的国有资产管理，对后勤改革前的设备资产进行认真全面的清查核对，核实后勤经济实体各项设备资产的种类、数量、价值，做好资产登记，并用科学的方法进行评估。按照评估后后勤经济实体占有资产的实际价值办理资产转移手续，进行产权界定，按所有权与使用权相分离的原则，明晰产权关系，签订国有资产租赁合同。评估确定学校对后勤服务实体投资的价值后，可据此计算学校投资收益比例，并以此作为国有资产保值增值的基数。二要对后勤经济实体使用学校的房产和土地按有关规定进行价值评估，可将此作为学校对后勤实体的投入，按双方合同以租赁关系给后勤实体使用。对后勤原有的往来款项、债权债务、各项流动资产进行核对清理、划分归属，按国家有关规定，进行正确的账务处理。三要做好校企分离转制中的国有资产评估工作，通过评估核实后勤服务实体占用国有资产价值总量，维护固有资产的所有者和经营者的合法权益，实现资产的优化配置和有效经营。

第九章 小学公共关系管理

现代学校公共关系伴随着学校与社会各部门的联系日益紧密、民主政治的逐步完善、信息传播技术的进步、社会发展的需要应运而生。为了协调好学校与社会的关系,为学校自身发展创造有利条件,学校公共关系观念一经问世,就显示出强大的生命力。但是,小学公共关系的内涵和基本要素是什么?它的工作过程如何?小学公共关系管理应从哪几方面入手?这些都是我们需要研究和解决的问题。

第一节　小学公共关系概述

一、小学公共关系的界定

小学公共关系作为一门新兴的理论与实践领域,可以说是以公共关系理论和实践为土壤和母体发展起来的。对于什么是小学公共关系,首先必须弄清公共关系这一概念。

(一) 公共关系的定义

"公共关系"一词的英文表述是 public relations,中文可译为"公共关系"

或"公众关系",指组织机构与公众环境之间的沟通与传播关系。

公共关系学作为一门新兴的综合性学科,尽管思想体系不甚复杂,但在理论上涉及众多学科范畴,在实践上则被广泛应用于各种不同组织和不同领域,由此形成了众多的公共关系定义和学派。20世纪70年代中期,美国公共关系研究和教育基金会的哈洛(Rex Harlow)博士整理到472个公共关系的定义;不同研究者从各自学科和认识角度,对公共关系的理解也不尽相同。

1. 管理职能说

这类定义特别强调了公共关系的管理属性,突出了公共关系的基本功能和核心作用。其中美国著名的公共关系学者哈洛博士的定义便是典型代表。他认为:公共关系是一种独特的管理职能,它能帮助建立和维护一个组织与其各类公众之间传播、理解、接受和合作的相互联系;参与问题或事件的管理;帮助管理层及时了解舆论并且做出反应;界定和强调管理层服务于公共利益的责任;帮助管理层及时了解和有效地利用变化,以便作为一个早期警报系统帮助预料发展趋势;并且利用研究和健全的、符合职业道德的传播作为其主要手段。①

国际公共关系协会同样认为公共关系是一种管理职能,公共关系活动具有连续性和计划性。通过公共关系,公立的和私人的组织机构试图赢得与它们有关的人们的理解、同情和支持——借助对舆论的影响,尽可能协调它们自己的政策和做法,依靠有计划的、广泛的信息传播,赢得更有效的合作,更好地实现利益相关者的共同利益。

美国著名公共关系学者卡特李普(Scott M. Cutlip)和森特(Allen H. Centre)认为:公共关系是一种管理功能,它能建立和维护组织与公众之间的互利互惠关系,而一个组织的成功或失败取决于公众。

2. 社会关系说

此类观点强调公共关系是一种公众性、社会性的关系或活动。

---

① [美]斯科特·卡特李普、阿伦·森特著,明安香译:《公共关系教程》,华夏出版社2001年版,第5页。

《韦伯斯特新国际词典》第三版认为：公共关系是通过传播大量有说服力的材料，促进社会上人与人之间，或人与公司之间，或公司与公司之间亲密友好关系。①

美国普林斯顿大学的资深公共关系教授希尔兹（H. L. Chils）认为：公共关系是我们所从事的各种活动所发生的各种关系的通称，这些活动与关系是公众性的，并且都有社会意义。

英国公共关系学会的定义是：公共关系是在组织和它的公众之间建立和维持相互了解的、有目的、有计划的持续过程。

许多公共关系学者在运用或解释公共关系时常常认为公共关系就是处理社会组织与其相关的社会公众之间的关系。从这一角度来看，这一定义似乎过于抽象，难以道出公共关系的真正内涵。

3．传播沟通说

这类定义强调公共关系是组织一种特定的传播管理行为和职能，公共关系离不开传播沟通。持这种观点的人认为，“关系”体现公共关系的本质属性，公共关系是一种特定的社会关系，正确认识公众关系、处理公众关系是开展公共关系的出发点和归宿。在国外，持这种观点的学者不在少数，美国大学中的公共关系专业就常常设在新闻传播学院内。

英国学者弗兰克·杰夫金斯（Frank Jefkins）认为，公共关系是由各种有计划的沟通联络所组成的，强调了公共关系在动作方式上和手段上依赖沟通联络的特点。②

国外一些大型的百科全书或词典是从这一角度来定义公共关系的。《美利坚百科全书》的定义是：公共关系是关于建立一个组织同其既定公众之间相互了解的活动。《不列颠百科全书》的定义是：公共关系是旨在传递有关个人、公司、政府机构或其他组织的信息，并改善公众对其态度的种种政策或行动。

我国学者廖为建认为，公共关系是发生在组织与公众之间的一种信息

① 李志军、王晓乐著：《公共关系教程》，浙江大学出版社 2009 年版，第 8 页。

② 李志军、王晓乐著：《公共关系教程》，浙江大学出版社 2009 年版，第 7 页。

交流、沟通与传播的行为与状态。①

4. 经营艺术说

公共关系学是一门新兴学科，公共关系研究尚处于探讨阶段，许多公共关系问题尚存许多争议。公共关系在实际运作中要讲究创造性，讲求形象思维，需要从整体上来把握公共关系及其工作。因此有学者认为，公共关系本质上是一种艺术。

1978 年在墨西哥城召开的世界公共关系协会大会上，学者们提出：公共关系是一门艺术和社会科学，公共关系的实施是分析趋势，预测后果，向机构领导人提供意见，履行一连串有计划的行动，以服务于组织和公众利益。②

5. 本书的观点

上述诸多见解反映了人们对公共关系研究不断深入的历程，但对于公共关系这样一个内涵极其丰富的概念，试图用一句话完全概括实属不易。综合来说，笔者认为，公共关系是指组织为了实现组织目标，树立良好形象，综合运用现代沟通、组织、传播等技术手段与组织公众协调和平衡各种关系的组织管理职能活动。

(二) 小学公共关系的定义

小学公共关系作为公共关系的一种特殊形式，它既有体现公共关系的共性，又有区别于其他类型组织公共关系的特性。由公共关系的定义可知，小学公共关系是指小学在国家制定的教育方针的指导下，为了实现教书育人的目标，综合运用现代沟通、组织、传播等技术手段与学校公众协调和平衡各种关系的学校管理职能活动。

二、小学公共关系的基本要素

从小学公共关系的定义中，我们不难发现小学公共关系由小学、公众、传播三个要素构成。小学公共关系的主体要素是小学，是公共关系工作的承担者、发起者；客体要素是社会公众，是公共关系的对象；连接主体与客体

---

① 廖为建：《公共关系管理的性质和意义》，《公关世界》1998 年第 5 期，第 11 页。

② 许丽遐主编：《现代企业公共关系实务》，北京航空航天大学出版社 2009 年版，第 1 页。

的中间环节、手段要素是信息传播，这也是公共关系工作的主要内容。这三个要素构成了公共关系的基本范畴。三者的关系可用图 9-1 表示。

小学 ⟷ 传播 ⟷ 公众

图 9-1　现代小学公共关系要素构成图

(一) 小学

小学作为小学公共关系的主体，对小学公共关系状态、公共关系活动起着决定性作用。小学的每一个组成部分，都直接影响到小学整个公共关系活动的成效和公共关系状态的优劣。与大多数的营利性组织不同，小学是一类不以营利为目的，而以服务对象的利益为目标的服务性组织。它的首要公众是学生，其目的则是教书育人。

(二) 公众

小学公共关系公众，是指与小学相互联系、相互作用的个人、群体或组织的总和，是公共关系传播沟通对象的总称。

小学公共关系公众有多种标准分类，其中广泛使用的按组织的环境标准分类将小学公共关系公众分为内部公众和外部公众。小学内部公众是那些与小学有着归属关系的内部成员，其中主要的内部公众有教师、学生。内部公众是小学的重要公众，它是实现小学目标和利益的重要依靠力量，是树立小学良好形象的决定因素，也是处在对外公关前沿的哨兵。小学外部公众是指与小学不存在直接的利害关系，但有着利益关系的外部组织或个人。其中重要的外部公众有家长、校友、社区公众、大众传播媒介等。处理好外部公众的关系问题，实质上是理顺左邻右舍和上级与下级之间的公众关系，创造有利于小学发展的良好的外部条件。

(三) 信息传播

小学公共关系信息传播是小学和公众联系的中介，是小学利用各种媒介与公众进行双向沟通和交流的行为。小学与公众的相互适应，必须通过信息传播，公共关系就是通过传播沟通等手段，在小学和公众之间建立有效的双向联系与交流，促成相互间的理解与合作。信息传播是公共关系的基本要素，是公共关系活动的中心内容。小学公共关系的信息传播必须使用各种人际传播、组织传播和大众传播等形式，运用各种语言沟通、文字沟通的方法，通过各种印刷媒介、电子媒介、实物媒介的技术，去建立和完善小学与公众间的关系。

信息传播作为联接小学和公众的纽带，既是小学公共关系的方式，也是小学公共关系的过程。小学公共关系作为一种管理艺术，其特点就是运用信息传播手段去适应环境、影响公众、建立形象。由此可见，对各种传播媒介和沟通方法的特点和作用的具体研究，对它们在公共关系中的应用方式的研究，对小学和公众间的信息传播过程与模式的研究，构成了小学公共关系管理的核心内容。可以说，没有信息传播也就没有公共关系。

三、小学公共关系的基本职能

在学校运行中，公共关系的积极作用就在于发挥其有效的职能，这些职能的发挥既可以保证公共关系活动的顺畅运行，又可以推动学校公共关系目标的实现。小学公共关系的职能就是公共关系在小学中所应发挥的作用和应承担的职责。我们认为小学公共关系的职能从广义上讲，就是调动一切可以调动的力量，运用各种手段，塑造良好的学校形象，赢得良好的生存环境，促进学校的生存与发展，使学校在竞争中取胜。而从狭义上讲，小学公共关系职能主要包括信息采集职能、咨询建议职能、关系协调职能和形象树立职能。

(一) 信息采集职能

小学公共关系首先要发挥采集信息、监测环境的职能，即作为学校的预警系统，通过各种调查研究的方法，把握和改善组织的公共关系状态的多种信息(产品形象信息、组织形象信息、组织运行信息)，以帮助学校对复杂、多变的公众环境保持高度的敏感性，维持学校与整个社会环境间的动态平衡。

采集信息是公关工作的必要前提。无论是内部公关还是外部公关，任何策划都应从采集信息开始，这样才能做到知彼知己，百战不殆。制约和影响组织生存和发展的公众环境包括内部公众和外部公众两个方面，因此，公共关系工作所需要的信息就包括内源信息和外源信息两个部分。采集信息的职能要求公关人员具备信息意识，注意随时采集有关学校的信息。

所谓监测环境,是指观察和预测影响组织目标实现的公众情况和各种社会环境的情况,使组织对环境的发展变化保持清醒的头脑和敏锐的感觉以及灵敏的反应,从而保证科学地塑造组织形象,实现组织目标。

(二)咨询建议职能

这是公共关系最有价值的职能,因此公共关系也称"咨询业"或"智业"。学校公共关系咨询建议职能,是指通过对学校重大活动的策划、管理、决策及对这些工作的指导与建议等所能发挥的促进组织发展和增强组织吸引力的公共关系活动。

公共关系的咨询建议与采集信息是密切相联的。获取信息是咨询建议的前提,而采集的信息只有通过向组织提供咨询和建议,才能实现其价值。学校公共关系咨询建议职能的主要内容包括:咨询建议,决策参谋;发现问题,加强管理;防患未然,危机处理;创造效益,寻求发展。

(三)关系协调职能

学校公共关系要发挥协调关系的职能,即公关人员为了使组织系统中所有要求的活动同步化与和谐化,以便达到共同目标的管理行为。

公共关系中的协调是在沟通的基础上,经过调整,达到组织与公众互惠互利的和谐发展。学校公共关系主要是从协调组织内部领导与职工之间的利益与关系,协调组织内各部门、各环节之间的利益与关系,协调组织与外部公众之间的利益与关系三个领域来发挥平衡、协调关系职能。

(四)形象树立职能

树立学校良好的形象,是学校公共关系工作的目标,也是提高社会效益的必要条件。学校公共关系工作可以利用传播媒介和组织各种活动等方式来宣传学校形象,求得各方面公众对学校的了解,树立学校领导集体、教职员工和学生的良好形象,提高学校的知名度和美誉度,从而提高学校的社会效益。

第二节　小学公共关系过程

公共关系是有计划、有系统、有着自身所固有的规律性的活动，这种规律性体现为公共关系工作具有一定的程序。现代小学公共关系作为由一系列的职能活动组成的动态职能系统，这个工作程序的步骤与它的职能活动的序列基本上是相适应的。因此，在考察了小学公共关系的职能活动序列后，还需要进一步考察它的工作程序，以便揭示它的操作规律，为实践中制定小学公共关系原则和规范提供科学支持。1923 年美国公关专家爱德华·伯纳斯(Edward L. Bernays)总结前人实践经验后，提出公共关系工作的程序，称为“四步工作法”，包括调查、策划、实施和评估四个环节。①

一、小学公共关系调查

小学公共关系调查是社会调查的一种表现形式。它是运用一定的方法，有计划、有步骤地考察小学的公关状态，收集必要的资料，综合分析各种因素及相关关系，以掌握实际情况、解决小学面临的实际问题的一种社会实践活动。

它是公共关系工作的一项重要内容，是开展公共关系工作的基础和起点。通过调查，能了解和掌握社会公众对学校决策与行为的意见。公关调查是为了解公关环境，制定公关战略，调整公关计划，安排公关活动，协调内外关系等各方面的公关工作服务的。

(一) 小学公共关系调查的内容

小学公共关系调查，是小学公共关系工作过程的起始环节。小学公共关系调查的目的，在于弄清小学与公众环境之间的关系状况，测量舆情民

① 张静容、张月娥主编:《新编公共关系实务》，北京大学出版社 2009 年版，第 16 页。

意，进行形象分析，寻找差距及原因，以便为小学公共关系指明方向。小学公共关系调查内容广泛，其中最重要的就是小学形象调查。

小学形象是小学的表现和特征在社会公众心目中的投影，是社会公众对学校的总体印象、看法、评价。一方面，小学形象源于学校自身的表现，树立良好的学校形象有赖于学校自己的良好工作；另一方面，社会公众往往是学校形象的评定者，树立良好的学校形象也必须做好社会公众的工作。

小学形象的调查研究可分为三个步骤：小学自我形象调查、小学社会实际形象调查和小学形象差距分析。

1. 小学自我形象调查

小学自我形象调查是指通过对学校内部各种环节、各种要素的调查分析，对小学形象所做出的自我评价和判断。由于学校形象是学校教学质量、管理水平、办学条件、校容、校纪、校风等的综合反映，小学自我形象调查就是要对上述各方面的情况做出科学的分析评价，这是小学公共关系调查的第一步或称第一个环节。

2. 小学社会实际形象调查

社会公众和社会舆论对小学的认知和评价，就是学校在社会公众中的实际形象，即小学社会实际形象。它通常体现为学校在社会公众中的知名度和美誉度。小学公共关系调查的第二个环节就是通过舆论调查和民意测验，了解学校在社会公众中的知名度和美誉度，以测定和分析学校在公众心目中的反响如何。

知名度指一所学校为公众所知晓、了解的程度，它是衡量学校形象的量的指标，是评价学校名气大小的客观尺度。而美誉度指一所学校获得公众信任、赞许的程度，它是衡量学校形象的质的指标，是评价学校社会影响好坏程度的指标。

知名度和美誉度共同构成小学社会实际形象评价指标体系。其中，知名度反映学校影响力的大小，但其本身只是一个中性的评价指标，与学校的美誉度不一定都是同步增长的，也就是说，学校的知名度高但公众对其评价并不一定就好，有时甚至会出现知名度与美誉度相悖的情况。例如，学校发生负面事件被曝光，学校的知名度虽提高了，但这种负面印象会严重影响学校形象。美誉度则涉及价值评价的范畴，对于树立学校形象的意义十分重大。假使学校的知名度低，在一定范围之内学校也可能赢得较高的美誉度，但是，这种较高的美誉度没有相应的知名度作基础，学校的影响范围有限，其形象难以做到完美。因此，在进行学校公共关系调查和设计时，我们需要把二者结合起来加以考察。

3. 小学形象差距分析

不论是进行小学的自我形象调查还是社会实际形象调查，都是为了科学地找出学校现有的状态，即找到学校自我认定的形象与公众心目中的差距。这一方面可以帮助我们掌握学校的形象地位的要点和特征，另一方面也为学校进行公共关系决策提供更为细致具体的依据。

小学形象差距分析一般分两步来进行。第一步，使用李克特量表制作“小学形象要素调查表”，调查有关学校形象的各个项目，如办学方向、教育质量、管理水平、办学条件、校风、社会效益等。如表 9-1 为例，请 100 名被调查者就自己的看法为各调查项目给出评价，小学公共关系人员对问卷进行统计，从中计算出每一个调查项目各种不同程度的评价所占的百分比。

表 9-1　小学形象要素调查表

评价 调查项目	非常好	较好	稍好	一般	稍差	较差	非常差	评价 项目调查
办学方向正确		50	30	20				办学方向错误
教学质量高			75	15	10			教学质量低
管理水平高					28	42	30	管理水平低
办学条件好					35	20	45	办学条件差
校风好					40	30	30	校风差
社会效益好					65	25	10	社会效益差

第二步，将公众心目中的小学实际形象与小学自我形象分析比较，从中找出两者间差距及其形成原因，以便为小学公共关系指明工作方向。在具体操作中，我们常以“小学形象要素差距图”为分析工具。方法是把“小学形

象要素调查表”中表示不同程度评价的 7 个档次相应数字化为数值标尺，如 1 表示非常差，2 表示较差，……7 表示非常好。据此根据表 9-1 的统计结果计算公众对每一个调查项目评价的平均值，连接各点即成为公众心目中的小学实际形象曲线。① 图 9-2 是以表 9-1 中的某小学调研数据为例，绘制的小学形象要素差距图，实线部分表示某小学的公众社会形象，虚线部分表示该学校的自我形象分析。两条曲线之间的差距就是公众心目中的小学形象与学校自我形象分析之间的差距。

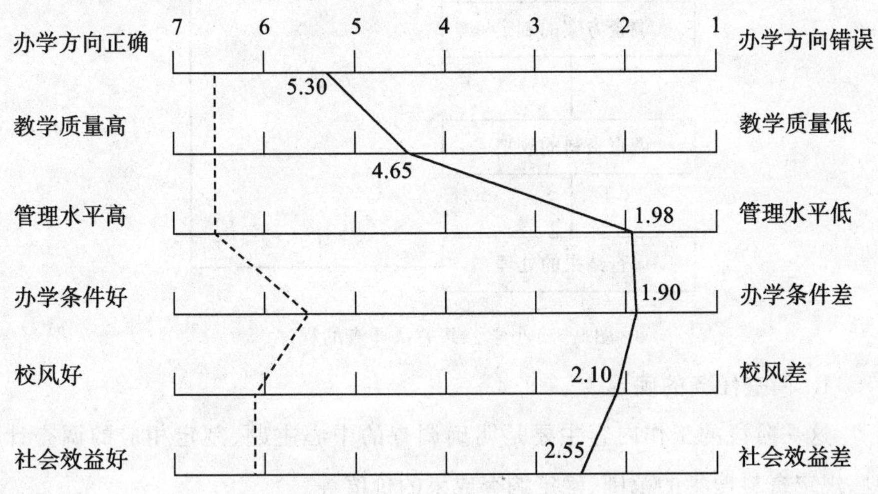

图 9-2　小学形象要素差距图

(二) 小学公共关系调查的程序

公关调查是一个程序性、技巧性很强的工作，了解公关调查的操作程序及其运作策略，是我们提高公关调查工作艺术水平的保障。

---

① 小学形象要素公众评价平均值计算法：

(1) 计算某一项目中各档次评价总分＝该档次数值标尺 * 评价人数(如表 9-1 中的第一项“办学方向正确”：6 * 50＝300，5 * 30＝150，4 * 20＝80)

(2) 计算每一调查项目的评价总分＝该项目各档次评价总分之和(如表 9-1 中的第一项“办学方向正确”的评价总分为：300＋150＋80＝530)

(3) 计算该项目评价的平均值＝项目评价部分/调查人数(如表 9-1 中的第一项“办学方向正确”评价的平均值为：530/100＝5.3)

(4) “办学方向正确”一项公众评价平均值为 5.3，将这一数值标明在图 9-2 中标尺的相应位置上。

小学公共关系调查的程序指的是对小学客观存在的公共关系现象进行科学调查的基本过程,它是调查工作的实施阶段。小学公共关系调查的一般程序可以分为调查任务的确定、调查方案的制定、调查资料的收集和调查结果的处理四个基本阶段(详见图 9-3)。

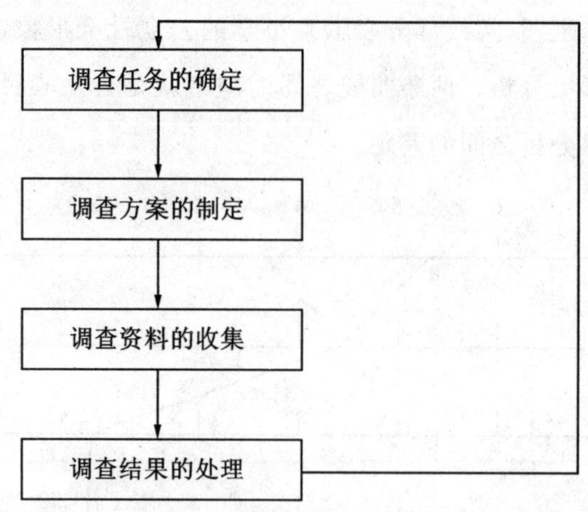

图 9-3　小学公共关系调查的程序

1. 调查任务的确定

这一阶段的工作内容主要是明确调查的中心主题、制定相应的调查计划、规定资料搜集的范围、确定调查成果的价值等。

2. 调查方案的制定

明确调查任务之后的工作就是制定调查方案。这一阶段的工作内容主要是拟订调查提纲、选择调查手段、确定调查对象和排定调查时间。

3. 调查资料的收集

收集调查资料的过程,实际上就是调查方案的实施过程。这一阶段的工作内容主要是组织公共关系调查的对象群体及展开资料收集工作。

4. 调查结果的处理

这是公共关系调查的最后一个环节。这一阶段的工作内容大致有两个部分:一是整理分析调查资料,得出调查结果;二是撰写调查报告,即用以反映公共关系调查所获得的主要信息成果或初步认识成果的一种书面报告。

(三) 小学公共关系调查方法

小学公共关系调查的方法，是指用以保证公共关系调查目的得以顺利实现的手段、途径、措施等。公共关系调查方法对于公共关系调查任务的顺利完成具有非常重要的作用。在公共关系调查中，调查任务确定后，下一步最关键的问题就是要解决方法的问题。公共关系调查的方法多种多样，经常使用的有访谈法、观察法、问卷调查法、文献调查法等几种。

1. 访谈法

访谈法是公关人员按照预先设计好的题目，有目的、有计划地与被调查对象进行访谈，直接收集信息的方法。访谈法按照有无严格设计的问题可以分为结构性访谈和非结构性访谈，按照访谈对象的多少可以分成个别访谈和集体访谈，按照访谈的形式可以分成当面访谈和电话访谈。

2. 观察法

观察法是调查人员进入调查现场，利用感官或借助科学工具，在调查对象中直接收集信息的方法。观察法最大的特点是直观性，可以排除其他调查方法的间接性所造成的误会和干扰。同时，观察法简便易行，灵活多样，随时可以进行。

3. 问卷调查法

问卷调查法是调查员运用统一设计的问卷，利用书面方式回答问题，向被调查者收集信息的方法。问卷是公众调查的主要工具。问卷设计有很强的专业性、科学性和艺术性，所以有人说：一个好的问卷设计就是成功的一半。问卷要围绕调查的主题提问，以测定公众的情况、认识和态度。问卷根据问题的构成特点可分为封闭式问卷和开放式问卷两种。

4. 文献调查法

文献调查法是在第一手资料难以得到或不够用时，通过组织内部或外部的文献资料分析所要调查问题的方法。文献调查法效率高、花费少，可用于其他调查过程之前，以尽量减少调查的开支。文献调查法的来源主要是历史上遗留下来的资料，缺乏具体性和生动性，经常需要与其他调查方法配合使用。

二、小学公共关系策划

公共关系是一项长期性工作，合理的计划是公关工作持续高效的重要保证。所谓公共关系策划，就是指公共关系人员为了实现公关目标，对公共关系活动的性质、内容、形式以及行动方案进行谋划与设计的过程。公共关系策划是以公关人员为主体进行的一种艰苦细致、复杂有趣的创造性思维活动。这一工作是公共关系工作的核心。策划的好坏直接影响着公共关系工作的效果和水平，也体现了公共关系人员的素质和水平。

小学公共关系人员首先依据公共关系调查中确定的学校形象塑造愿景，制定学校公共关系的目标，并在此基础上设计公共关系活动的主题。以客观的公众分析为前提，通过对学校主客观方面的人员、经费、时间等具体条件的分析，提出若干个可行性方案，通过对方案进行比较、筛选，确定出最满意的行动方案。

（一）制定目标

在对小学组织环境及其发展状态充分调研的基础上，开始确定学校公共关系活动的目标。小学公共关系策划工作从制定公共关系目标开始。学校公共关系工作就是为实现公共关系目标而进行的，没有明确的公共关系目标，学校公共关系工作也就失去了方向。

从内容上看，几乎有多少种公关活动就有多少种公关目标。常见的公共关系目标的几种定位领域是：维持学校形象、改变学校形象、加强与公众的沟通、提高学校知名度、重获公众信任、引起行动、举办社会公益活动、联络感情、寻求合作与支持、克服舆论危机等。

（二）拟定主题

任何一项活动，都应有一个明确的主题，即想通过活动为公众留下怎样的印象，取得怎样的效果，达到怎样的目的。公共关系活动的主题是对活动内容的高度概括，它对整个公共关系活动起着指导作用。主题设计得如何，将直接关系到公共关系活动的成效。它的表现形式可以多种多样，既可以是口号，也可以是表白或陈述。拟定公共关系活动主题时，应对公共关系目标、信息个性、公众心理给予充分的考虑。

（三）选择传播方式

传播方式的选择是小学公共关系活动实现目标和主题的形式。为确保公共关系实施的效果最佳，正确地选择公共关系媒介和确定公共关系的活动方式是十分必要的。学校公共关系赖以影响公众的手段就是信息的传播与交流，如何巧妙地传播公共关系信息，是学校公共关系工作成功与否的关键。公共关系信息传播要借助一定的传递工具，如报纸、刊物、广播、电视等，这些信息传播工具称为传播媒介。而可供选择的传播方式有自身传播、人际传播、组织传播、大众传播等。公关媒介应依据公共关系工作的目标、要求、对象和传播内容以及经济条件来选择；确定公关的活动方式，宜根据学校的自身特点、不同发展阶段、不同的公众对象和不同的公关任务来选择最适合、最有效的活动方式。

（四）编制预算

小学公共关系预算是公共关系人员在公共关系财务上的考虑。小学公共关系预算是将公共关系活动所需的时间、人员、资金等因素按一定的方式合理配置，以保证学校公共关系活动的顺利开展。它既是公共关系活动选择各种传播媒介、确定公关活动规模及范围的先决条件，也为最后评估学校公共关系活动效果，从事成本——效益评价提供依据，为整个学校公关活动制定了经济角度的工作表。

（五）小学公共关系策划书

小学公共关系计划方案经过认证后，必须形成书面报告——策划书。制定公共关系策划书，是对整个公共关系的任务和过程做出的一种主动设计和系统安排，是经过选择的最优方案和最佳途径所形成的书面材料，它为公共关系工作的展开提供了一个蓝本和标准，以确保时间的安排、人力的配置、资金的使用等，从而纳入良性的轨道。

一般而言，小学公共关系策划文案包括以下几项基本内容：

1. 封面

封面一般包括题目、策划者学校或项目负责人名称、策划文案完成的日期、编号。在需要的情况下，还考虑在封面上简洁地加以文字说明。如：策划方案尚属草稿或初稿,应在标题下括号注明“草案”“送审稿”“讨论稿”“意见征求稿”“修订稿”等字样,如策划方案已确定,可注明“实施稿”“执行稿”等字样。

2. 序言

如果方案内容多,而且比较复杂,有必要以内容提要,简洁清晰地作为一个引导。如果方案比较简单,可以省略序言。

3. 正文

正文是对主要要素的表述和演绎。其主要内容是:活动背景分析、活动宗旨与目标、活动主题、基本活动程序、传播与沟通的方案、经费概算、效果预测等等。

4. 附件

附件包括:活动筹备工作日程推进表、公关人员职责分配表、经费开支明细预算表、活动所需物品一览表、场地使用安排表、辅助性材料(主要是提供给公关活动负责人参考的相关资料,如:调查报告、新闻文稿范本、演讲词讲稿、相关法规文件、电视片脚本、纪念品设计图等)、注意事项(将策划方案实施过程中应当注意的事项做出重点集中的提示)。

三、小学公共关系实施

公关计划的实施是整个公关活动的“高潮”。小学公共关系实施是在公共关系策划方案确定后,将方案所确定的内容变为现实的过程。公共关系人员如果能够根据实际情况,选择有效的途径和采用多种方法和技巧,就能保证任务的完成。一项公共关系策划方案的制定到方案中的目标实现之间,还有相当一段距离。公共关系方案的实施是解决学校公共关系问题的关键点,它决定了公共关系策划方案能否实现以及实现的程度和范围,它的实施结果也为之后的公共关系策划提供重要依据和参考。

(一) 小学公共关系实施的方法

在公共关系实施过程中,为了使目标导向的原则得到正确的运用,人们常常采用线性排列法和多线性排列法,将所有公共关系行动和措施按先后顺序有机排列组合起来,然后再加以实施。运用这两种方法,辅以图表方式解释和说明，便于内部员工清晰明了地了解实施过程，可以使他们认清本组织的利益和实现的方法，自觉将实现本组织的战略目标与自己的本职工作紧密地联系在一起。

1. 线性排列法

线性排列法是指以公共关系行动、措施的内在联系为先后顺序逐一排列起来，一步一步向目标迈进的小学公共关系实施方法。[①] 具体实施路径如图 9-4 的排列所示：

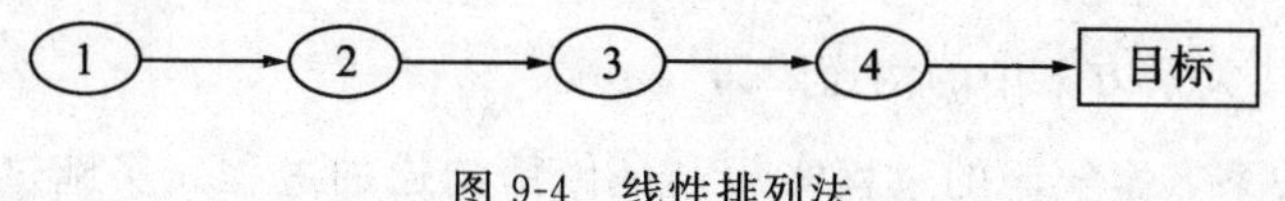

图 9-4 线性排列法

2. 多线性排列法

多线性排列法是将几个行动同时展开，共同向目标迈进的排列方法。[②] 这种排列方法可以缩短实施的总时间，但花费的人力、物力、资金相对第一种排列的方法要多，而且前面一步的工作若不能获得成功，将对下一步工作造成浪费。具体实施路径如图 9-5 的排列所示：

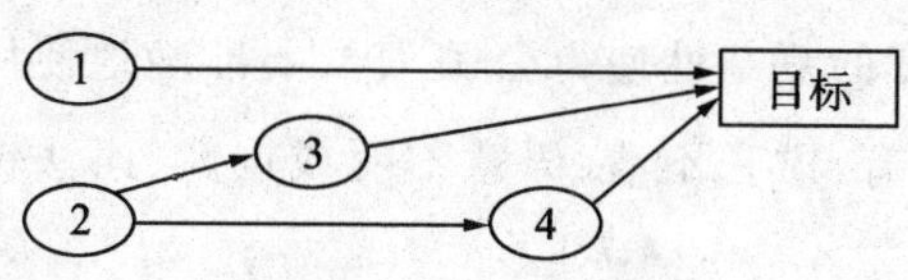

图 9-5 多线性排列法

（二）小学公共关系实施障碍分析

公共关系实施过程中，由于种种原因会与预定计划产生偏差，从而妨碍公共关系活动的正常进行，公关人员必须了解出现偏差的原因，防止偏差对活动实施带来的不利影响。一般来说，小学公共关系实施可能出现以下两方面的障碍：

1. 公共关系方案中的目标障碍

目标障碍是指公共关系活动方案中由于目标定位不明确甚至不正确，缺乏可操作性或由于方案制定的活动偏离目标而给实施所带来的困难。在

① 龙新明编著：《公共关系原理与实务》，中国传媒大学出版社 2008 年版，第 113 页。

② 龙新明编著：《公共关系原理与实务》，中国传媒大学出版社 2008 年版，第 114 页。

公共关系活动实施的过程中,无论实施的例外情况有多少,实施的原则还是要基本根据方案所规定的内容进行。因此,公共关系活动的实施必然要受到方案的多方面影响。如果方案目标不明确或不正确,那么尽管实施人员尽心尽力,也会给实施带来种种障碍。排除目标障碍的根本途径是要求计划的制定者尽量使计划目标具有正确性、明确性和具体性。正确的、明确的、具体的计划目标是实施人员行动的依据和树立信心、赢得公众支持的重要源泉,也是对计划实施进行控制、监督和评估的基础。

2. 公共关系方案中的沟通障碍

公共关系方案实施的过程实际上是传播沟通的过程。实施过程中的传播沟通并不是一帆风顺的,其主要的障碍是,信息无法被原原本本地接受。从沟通的角度来看,信息的发送者、信息的接收者和所传递的信息内容构成了一个完整的沟通系统。造成障碍的可能原因包括:语言障碍、文化习俗障碍、观念障碍、心理障碍、环境障碍或组织障碍。

(1) 语言障碍。语言是公共关系传播用以表达情感、交流思想和协调关系的主要工具,语言的复杂性使得公关人员要准确地使用它并非易事。常见的语言沟通障碍有:语音不清、语意不明或误解、语法错误、用词不当、文字标点错误。

(2) 文化习俗障碍。习俗是指在一定社会群体中约定俗成、世代相传的风尚、礼节和礼仪习惯等。习俗对人们的物质生活和精神生活产生持久的影响,是传统文化的基本形式。常见的习俗障碍主要表现为公共关系实施中违反传统礼仪道德和风俗习惯。

(3) 观念障碍。观念是由一定的经验和知识积淀而成,是一定条件下人们接受、信奉并用以指导自己行动的理论和观点。有的观念是促进沟通的巨大动力,有的观念则是沟通的障碍。

(4) 心理障碍。指的是人的认识、情感、态度等心理因素对沟通产生的障碍。公共关系实施的心理障碍主要有消费心理、交际心理、文化心理、情感心理、偏见心理等。

(5) 组织障碍。组织是指职责、权限和相互关系得到安排的一组人员及设施。合理的组织安排能有效地促进内外沟通,反之则成为阻碍沟通的因素。常见的组织障碍主要表现为公共关系实施中传递层次过多造成信息失真、机构臃肿造成沟通缓慢、条块分割造成沟通"断路"、沟通渠道单一造成信息量不足等。

四、小学公共关系评估

小学公关计划实施效果的评估,主要依据社会公众的评价。公共关系评估是改进公共关系工作的重要环节,是开展后续公共关系工作的必要前提,它能有效地鼓舞员工士气,并能促进公共关系评估体系的创新。这是小学公共关系工作过程的终止环节,在整个学校公共关系工作过程中起着承前启后的作用。

(一) 小学公共关系评估的程序

公共关系评估是公共关系活动的最后一个程序,它是对活动实施结果的总结、衡量和评价。评估的目的是在肯定成绩的同时发现新的问题,以便不断调整学校的公关目标、公关政策和公关行为。评估过程的一般程序是:

1. 明确评估标准

它是对公关计划实施过程与结果的客观衡量尺度,是评估人员开展评估工作的参照系。评估标准不明确或含糊不清,就无法对公共计划的最终结果做出切合实际的判断。因此,明确评估标准是进行科学评估的基础性条件。

2. 衡量公共关系工作绩效

依据评估标准对公共关系项目的实施过程、工作方式、工作效果、存在的问题,以及其带来的社会效益与经济效益进行判断、估价。

3. 纠正工作偏差,确定下一个工作过程

学校公共关系活动是一个持续不断的过程,评估的目的是在总结经验、发现问题的基础上,使公共关系活动的每一个周期都比前一个周期表现出更大的影响力。

(二) 小学公共关系评估的方法

1. 三阶段层次分析法

著名的美国公共关系学者卡特李普和森特在所著的《有效公共关系》一

书中，提出经典的项目评估的层次分析法，将评估分为3个阶段13个层次（见图9-6），对不同的阶段，提出相应的评估标准和方法。①

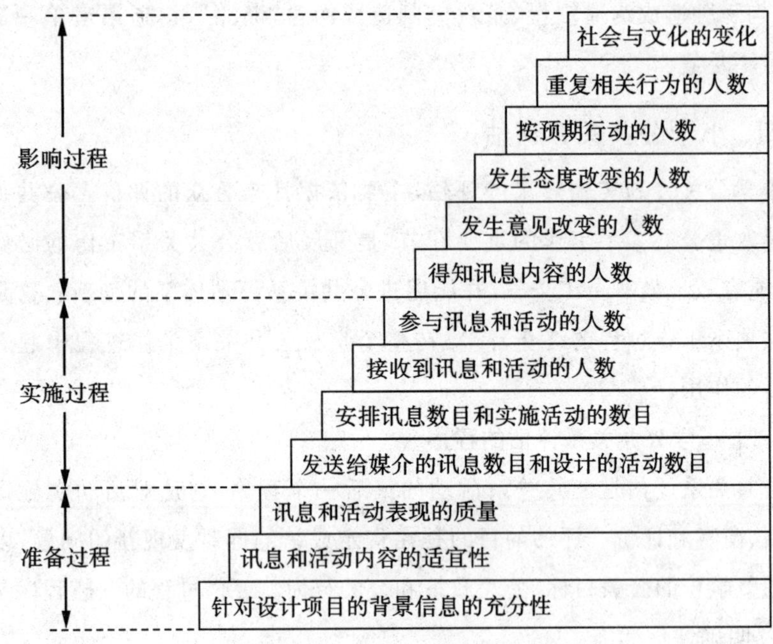

图 9-6　评估阶段和层次图

公共关系评估的每一阶段都有助于提高对评估效果的理解程度，同时为其评估效果增加信息量。准备过程的评估测评了信息和战略性计划的质量和完备性，实施过程的评估要用文件证明策略和努力是否充分适当，影响过程的评估则提供了对项目结果的反馈。每一层次都有不同的评估标准，这13项评估标准组成了完整的公关计划实施效果的评估。

2．专家意见法

专家意见法，又名德尔菲法，是依据系统的程序，采用匿名发表意见的方式，通过多轮次调查专家对问卷所提问题的看法，经过反复征询、归纳、修改，最后汇总成专家基本一致的看法，作为预测的结果。② 这种方法具有广

① ［美］卡特李普、森特著，汤滨译：《有效公共关系》，中国财政经济出版社1988年版，第297页。

② 韩岫岚、王绪君主编：《管理学基础》，经济科学出版社1999年版，第130页。

泛的代表性,较为可靠。不足之处在于专家意见的获取较为困难,数量和质量都不易保证。

3. 目标管理法

目标管理(management by objectives,MBO)源于美国管理专家杜拉克(P. F. Drucker),他于 1954 年首先提出了“目标管理和自我控制的主张”。他认为,所谓“目标管理”,就是“管理目标”,也是依据目标进行的“管理”。①概括来说,目标管理乃是一种程序或过程,它使组织中的上级和下级一起协商,根据组织的使命确定一定时期内组织的总目标,由此决定上、下级的责任和分目标,并把这些目标作为组织运营、评估和奖励每个单位和个人贡献的标准。目标管理法属于结果导向型的考评方法之一,以实际产出为基础,考评的重点是员工工作或方案实施的成效和结果。

第三节 小学公共关系管理

一、小学公共关系机构设置

小学公共关系机构是专门执行公关任务、实现公关功能的行为主体,是公共关系工作的专业职能机构。小学公共关系机构是学校内部从事公关工作的部门和社会上提供公关服务和代理的组织的总称。小学公共关系机构主要分三类:一是学校内部设立的公共关系部门;二是社会上成立的公共关系公司;三是公共关系界成立的公共关系协会。

(一) 小学内部的公共关系部门

建立内部部门是用以服务组织的公共关系需要的最常见结构。公共关系部门是社会组织内部自行设立的专门负责处理公共关系事务的部门或机

① [美]杜拉克著,苏伟伦编译:《杜拉克管理思想全书》,九州出版社 2011 年版,第 318 页。

构。专门从事公共关系工作的部门多被称为公共关系部、公共事务部、对外关系部、外联部、市场推广部等。一个学校内部的公关单位可以仅由一个人组成(如在大多数普通公立小学中),也可是一个大的团队(如在民办教育集团中)。小学公共关系部门的规模、作用及其在组织结构图中的位置是随着学校的不同而变化的。

1. 公共关系部的作用

(1) 搜集信息。公共关系部搜集的信息主要有:学校教育质量和效果的信息;关于学校自身总体形象的信息;关于社区、家长的民意和舆论情况。公关部要及时、准确地向学校提供环境变化的信息,帮助学校准确分析并预测环境的变化,从而进行适当的行为和目标的调整。

(2) 决策参谋。在采集、整理、分析信息的基础上,为学校目标的实现提供选择的决策方案。或对已有的决策方案提出咨询的意见,协助组织决策者进行科学决策。

(3) 协调关系。借助各种媒介有效地与公众进行信息交流,获得公众的理解和信任,支持与合作。学校内部的公关机构要不断地向教职员工、学生及学生家长、媒介、政府及教育主管部门、社区公众等宣传学校的理念、学校的行为,增加学校的透明度。

2. 公共关系部的类型

通常可将公关部分为以下几种类型:

(1) 部门直属型。这种类型的公关部与学校的教导处、德育室、总务处、教研室等部门处于同一层次,是二级部门,地位十分突出(详见图 9-7)。积极与其他部门密切配合是成功开展工作的必要保证。

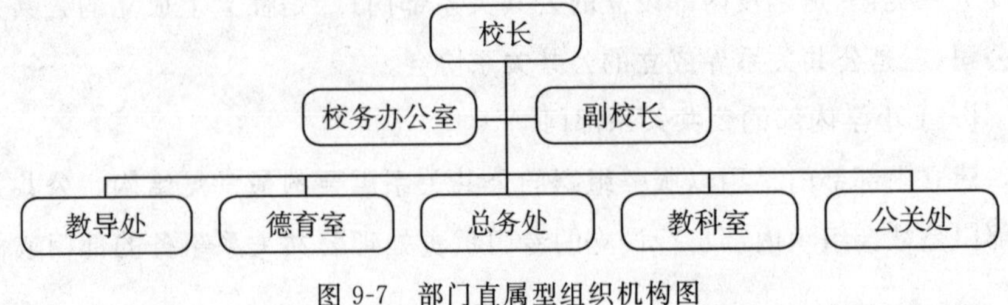

图 9-7 部门直属型组织机构图

(2) 部门所属型。这种类型的公关职能通常附属于校务办公室、招生办公室等，其地位不是很突出（详见图 9-8）。公关工作只是一种偶然性的活动。

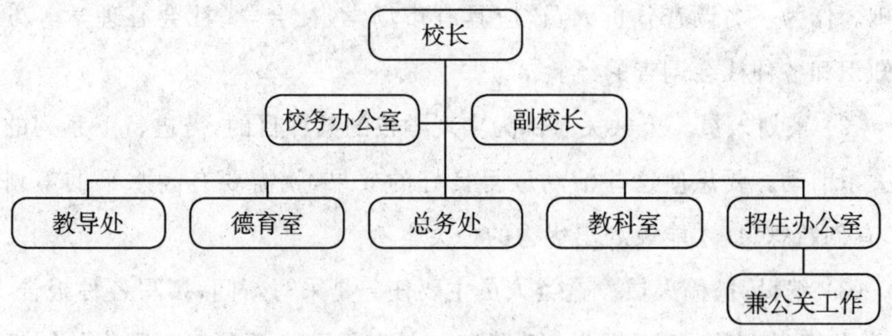

图 9-8　部门所属型组织机构图

（3）领导直属型。这种类型的公关部从组织系统和组织地位来看，属于第三级机构，公关部归属于某部门负责领导，是一个有相当自主权的职能机构（详见图 9-9）。这种设置类型综合以上两种类型的优点，有利于公关工作灵活全面开展。

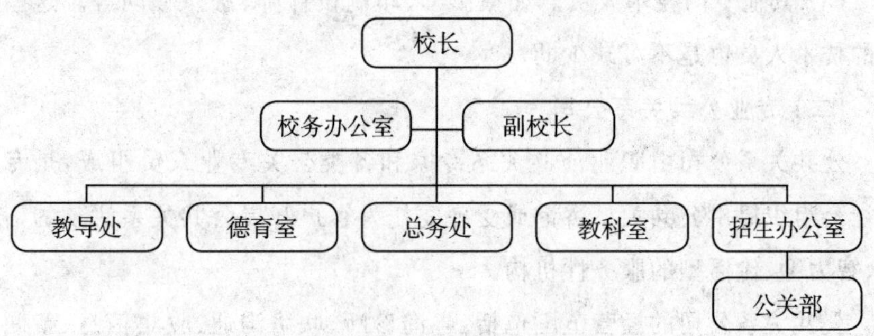

图 9-9　领导直属型组织机构图

（4）职能分散型。在许多学校的机构设置系列中，尚未设公共关系部，但可将公共关系的职能分解在其他部门。如有的学校的校务办公室专门负责学校形象宣传和调研工作，在宣传部门中，有专门负责与新闻媒介联系的工作等。

3. 公共关系部的人员配置

公共关系部的人员配置应视学校的规模和公共关系部的工作量而定，当然也要本着机构精简、人员精干的原则来设置。根据公共关系部的工作要求，通常需要配备以下人员：

(1) 调查分析人员。公共关系调查分析工作，是开展公关工作的前提和基础。作为一名调查分析人员，应具有市场学、社会学、社会心理学等方面的知识和各种社会调查的经验。

(2) 策划人员。公共关系部为实现学校的某种目的，需进行一系列的公共关系活动。要想使这些活动取得良好的效果，就需要有高水平的策划人员，有创新思想，才能策划出优秀的公关案例。

(3) 编辑、撰稿人员。这类人员主要任务是采写新闻，撰写各种报告、请示，编辑各种刊物、年度报告、年鉴等。这类人员需要有新闻写作的知识和经验。

(4) 组织人员。其任务主要是具体组织、管理公共关系活动。他们一方面要充分了解公共关系实务的工作原则、方法和技巧；另一方面，还要有组织管理能力及处理日常事务的能力。

(5) 其他专门技术人员。如摄影师、印刷设计师、法律顾问等。这些专门的技术人员也是不可缺少的。

(二) 专业公共关系公司

公共关系公司由职业公共关系专家和各类公关专业人员组成，是专门为社会组织提供公共关系咨询或受理委托为客户开展公共关系活动的信息型、智力型、传播型的服务性机构。

公共关系公司的经营范围包括：咨询诊断、联络沟通、收集信息、新闻代理、广告代理、推介产品、会议服务、策划活动、礼宾服务、印刷制作、音像制作、培训服务等。公共关系公司以其专业性著称。利用公共关系公司来开展公关工作，往往比自己开展公关活动具有更高的效率。尤其是在学校受人、财、物、编制等条件限制时，利用组织外的专业机构，有可能比在组织内部建立机构更加经济高效。

(三) 公共关系协会

公共关系协会也称公共关系社团，指社会上自发组织起来的、非营利性的从事公共关系理论研究和实务活动的群众组织或群众团体。行业性协会的建立和发展，是公共关系成熟程度的一个标志。随着公共关系的深入发展，公关组织的行业化势在必行，发达国家许多行业都有了自己的公关组织。

二、小学公共关系人员的素质

公共关系人员是指专门从事组织机构公众信息传播、关系协调与形象管理事务的调查、咨询、策划和实施的人员。公关人员应以自信、热情、开放的职业心理为基础，配之以公共关系专业知识结构和能力结构，这样才能成为一个合格的公关人员。①

（一）良好的心理素质

根据小学公关工作的实际需要，公关人员必须具备以下心理素质：

1. 自信的心态

自信是公共关系人员基本的心理素质要求。公共关系工作是一项创造性很强的工作，因此，一个成熟的公共关系人员必须有敢为人先的工作方法和工作态度。从心理学的角度讲，性格外向或多血质的人比较适合从事这一项工作。

2. 开放的心态

公共关系工作是开放型工作，要用宽广的心理包容与之交往的各类公众，与他们建立良好的关系；要保持愉快的心境，懂得适度地表达和控制自己的情绪。

3. 乐观的心态

热情乐观的心态能使公共关系从业人员充满想象力和创造力，保持广泛的兴趣，用真诚的热情和乐观的精神去与人打交道，帮助和感染对方，这样才能结交众多的朋友，更好地完成公关工作。

（二）广博的知识修养

公共关系既是一门多学科的理论，也是一门实践性强的实务，作为公关

① 何莉：《论公共关系人员应具备的基本素质及其培养》，《技术与市场》2008 年第 9 期，第 60—61 页。

从业人员，必须掌握多方面的知识，具体指：公关理论和知识、经营管理知识、传播沟通知识、社会交往知识。

1．公关专业知识

不可否认，专业知识越深厚扎实，其思维空间就越开阔，创造性能力也就越强。

2．与公共关系相关的学科知识

公共关系是边缘性、综合性的学科，要求公共关系人员具有广博的知识，包括传播学、社会学、心理学、管理学、行为学、市场学、新闻学、广告学和决策学等；不同组织的公共关系人员，必须掌握和懂得本行业的基本专业知识，懂得行业的业务和管理特点，这是公共关系人员必备的看家本领。掌握了这些学科的基本原理和方法，在公共关系工作中，方能得心应手。

3．方针政策

公共关系人员应熟知党和政府的有关政策、法律、法规，了解社会的政治、经济、文化诸方面的知识及未来的发展趋势。

（三）多方面的能力

能力是人们运用知识和智力成功地进行实际活动的本领，是人的基本素质和智力因素在各种不同条件下的综合表现。公共关系人员应具备多方面的能力：

1．组织领导能力

公共关系人员要有很强的组织领导能力，即充分地做好计划、组织、指挥、协调和控制的能力。公共关系活动是群体智力活动，公共关系人员在开展活动中，其组织领导能力主要体现在工作的计划性、工作的周密性和工作的协调性等方面。

2．宣传表达能力

公共关系人员应具备宣传表达能力，即运用语言和文字明确、有效地将信息传播给公众的能力。在日常的公共关系工作中，公共关系人员要做编辑材料、撰写报告和总结等大量的文字工作。

3. 社会交往能力

公共关系人员应具备良好的社会交往能力，懂得社会交往的各种礼仪。社会交往能力是衡量一个现代人能否适应开放社会的标准之一。社会交往能力主要表现为自我推销能力，介绍他人的能力，与人相处的能力，倾听、理解、赞美他人的能力，吸引、影响、改变、支配别人行为的能力等。

4. 应变创新能力

公共关系人员应具备较强的应变创新能力。公共关系人员在开展公关活动时，常会遇到各种意想不到的突发事件和问题。因此，公共关系人员的工作是一种富于创造性、开拓性的工作，要求公共关系人员思维活跃，不断开创新局面。

三、小学的危机公关

学校危机是指发生在校内或与学校的成员有关，是已经爆发的或潜伏尚未发作，对学校声誉、运作或部分学校成员造成严重影响，必须紧急应变处理的事件或情景。近年来，学校食物中毒事故、校园暴力事件、学校大规模的传染病爆发等事件时有发生，这些紧急的负面事件给学校管理者敲响了警钟，对学校管理提出了新要求，学校已经开始越来越重视危机管理。

(一) 小学危机事件分类

对发生在学校的危机事件进行合理的界定和分类，是树立危机管理理念、增强危机管理意识的基础环节。根据潘东良的划分，小学可能发生的危机事件，大致可分为以下几类：

1. 灾难性危机

指由自然灾害和社会灾害所造成的学校危机，包括地震、洪水、台风、雷电、战争、火灾、房屋倒塌、食物中毒、传染病流行等事件。这种灾变性危机主要危害到学校人员的身体健康和生命安全，扰乱正常的教育秩序，给学校财产造成一定的损失。

2. 管理决策危机

指由于学校管理者决策失误或管理不当造成的危机，如因学校管理者在招生问题上发生重大决策失误而导致生源剧减并由此带来的连锁影响，从而产生的危机。此类危机多是由于长期隐藏着管理决策上的失误，经过一段潜伏期后爆发的。如不及时做出应对策略，会带来严重后果。

3. 信誉危机

指学校信誉和形象受到严重损害的危机。这种危机常常是由于学校不能履行合同或教育教学质量不断下降，达不到校方向有关单位或个人所做承诺而造成的。这种危机不仅使学校失去众多家长的信任，而且因社会舆论产生的不利影响，使学校失去社会各方的信任和支持，从而使学校的发展面临举步维艰的局面。

4. 形象危机

一般多指学校因内部发生丑闻而使学校形象受到严重损害的危机。例如，学校领导因在学校基建过程中贪污受贿而被他人指控，教师因严重体罚学生而导致被罚学生的身体或精神遭受伤害等事件而使学校形象遭受严重破坏，从而产生形象危机。学校形象危机是本质的危机，若不采取针对性强的措施，学校很难渡过此类危机。

5. 人事危机

指由于学校关键人物的辞职或死亡等原因而危及学校的正常教育秩序，如学校的一些优秀教师（省市名师、学科带头人、教学能手）纷纷跳槽到教学科研环境和工资福利待遇均较优越的学校任教，由此引发学校其他教师思想上的波动和行为上的松懈，从而影响到正常教学秩序的维持，进而影响学校教育质量的提高。

（二）小学的危机公关策略

为全面提高我国小学学校应对校园危机事件的能力和水平，可从以下几个方面着手进行系统的危机公关：

1. 心理准备

当前的生存环境复杂难测，会给学校和个人带来意想不到的灾难和危机，因而学校管理者应树立强烈的危机意识和危机应变的心理准备。管理者应当视危机的发生为必然，就像死亡与纳税一样不可避免，必须未雨绸缪。只有具备了这种心理，才能建立学校危机预警，预见学校管理过程中有可能产生的危机,并做好相应的预案,真正做到防患于未然。

2. 建立学校危机预警系统

学校危机大都在爆发前就会出现某些征兆,因此学校可通过建立预警系统来及时捕捉这些危机的预兆。建立预警系统的工作可由学校办公室协同各个职能部门进行。学校公共关系部门在平时的工作中,要注意收集、分析各种信息,重点应该放在分析、预测学校发展过程中可能发生问题的环节以及这些环节中可能出现的各类突发事件。对于可能出现的突发事件,要分析想办法避免其发生,并拟定好应付措施。

3. 制定危机应对预案

建立重在预防的危机管理体系。学校对可能发生的不测事件,都应在总结经验和吸取相关预防研究成果的基础上,制定出应对措施和计划,并使之制度化。对于一些较容易定性的主要灾难事件,如地震、火灾、大面积食物中毒、爆炸、恐吓、室外活动中意外伤害等,更应制定具体的应对预案。要尽快从"事后动员型"危机处理模式转变到"事先预防型"的危机管理理念和机制。

4. 危机教育及应急救助训练

学校公共关系部门应该将对可能出现的突发事件的应对方式及应急措施,通过各种有效的渠道进行危机教育和应急训练。可将有关知识印成小册子发放给教职员工和学生,还可针对性地请有关方面人士做专门讲座和演习。学校危机管理的基础环节是提高师生自我防护、救护的知识和技能,不提倡学生"忘我"地投入危险场地的旧有做法,以确保学生在危机中尽量处于安全境地。

第十章
小学品牌创建与管理

小学品牌是一种教育现象，是学校教育发展到一定阶段的产物。在封建专制时代，教育资源被高度垄断，官办学校没有生存压力，也就不会产生品牌意识。私立学校产生后，彼此之间的办学条件和质量水平有了差别，学校之间的竞争产生了，小学品牌的萌芽也就随之出现了。时代发展到今天，教育越来越显示出它在国民经济和人的发展过程中的重要地位和作用。人们对优质教育的需求越来越强，而且也具有了选择"好学校"的机会、权利和能力。我们可以看到，学校硬件的影响力是有限的，而品牌形象越来越引领着学生、家长和社会公众的目光。学校之间的竞争逐步演变为一种品牌形象的竞争。在学校的经营管理过程中，独特鲜明的品牌形象就是办学质量的符号，就是学校传递给教育消费者的"感觉"。创建小学品牌，不是某个人的一厢情愿和异想天开，而是已经成为一种共识和一种趋势；不是要不要和行不行的问题，而是如何认识和如何操作的问题。

第一节　学校品牌管理概述

对于"品牌"，在东西方的经济发展历史中都能找到源头。英语中品牌

brand 一词源于古挪威语 brandr，意思为“打上烙印”，用以区分不同生产者的产品或劳务。中国早期陶瓷的生产，手工匠们在陶瓷上打上印记。早期意大利威尼斯的金匠银匠在器皿上铭刻自己的姓氏，以证明产品的真实性和可靠性，后来逐步演化成商品贸易时打在外包装上的印记。这些其实就是一种原始的品牌意识。然而，对品牌和小学品牌的理论研究却是 20 世纪中后期才开始的。

一、品牌是什么：见仁见智的本质解说

20 世纪 50 年代，美国的大卫·奥格威（David Ogilvy）第一次提出品牌的概念；而在中国，直到 90 年代才有学者开始系统地研究品牌并界定这个概念。翻开关于“营销”“广告”“品牌”等方面的辞典、著作以及论文，有关“品牌”的定义可谓众说纷纭，仁者见仁，智者见智。

（一）符号说：从品牌外在的名称和标识的角度界定品牌

品牌之所以能够被识别，首先是因为它具有特定的名称与标识，这是品牌存在的前提条件。有些学者强调品牌的识别功能，从最直观、最外在的表现出发，将品牌看作是一种标榜个性、区别其他的特殊符号。他们往往从这个角度界定品牌。例如：

菲利普·科特勒（Philip Kotlen）认为：“品牌是一个名称、名词、标记、符号、设计或是它们的组合运用，其目的是借以辨认某个销售者或某群销售者的产品或劳务，并使之同竞争对手的产品或服务区分开来。”①

屈云波认为：“品牌包括品牌名称和品牌标志两个部分。品牌名称是指品牌中可用语言称谓表达的部分，包含文字、字母和数字；品牌标志是品牌中可以识别但不能用口语发音表达的部分，包括符号、设计样式、特殊颜色或字体。”②

林俊明认为：“品牌是一个名称、名词、符号、象征、设计或其组合，其作用在于区别产品或服务。对一个消费者而言，品牌标志出了产品的来源，并

① ［美］菲利普·科特勒著，梅汝和译：《营销管理：分析、计划与管理》，上海人民出版社 1996 年版，第 164—313 页。

② 屈云波著：《品牌营销》，企业管理出版社 1996 年版，第 67 页。

且它同时保护了厂商和消费者的利益,可以防止竞争对手模仿。”①

韩光军认为:“品牌是指能够体现产品个性,将不同产品区别开来的特定名称、标志物、标志色、标志字以及标志性包装等的综合体……它是消费者记忆商品的工具,是有利于消费者回忆的媒介。”②

薛可认为:用“设计、注册、个性、信心、识别”五大要素构建一个一体化模型,方为完整的品牌定义。因此,品牌可表述为:“是经过设计和注册,显示产品个性和受众信心的识别系统。”③

在信息充分涌流的“注意力经济”时代,能否吸引顾客的“眼球”关乎企业的生死存亡。从“卖方市场”到“买方市场”,企业的命运决定于顾客的选择。消费者对一个品牌的认识往往是从视觉或听觉开始的。一个成功的符号,能够整合和强化对一个品牌的认同,成为消费者记忆商品的工具。品牌的名称和标识如果能够引起消费者长久而密切的关注,那将产生巨大的威力。譬如,麦当劳那金黄色的拱门,微软那充满动感的视窗,长期以来带给消费者的强烈视觉冲击,已经潜移默化成为其品牌密不可分的一部分。

(二) 品质说:从品牌内在的功能和价值的角度界定品牌

品牌的“品”字意味深长,内涵丰富,它包含“品质、品行、品性、品格、品德”等多种含义,体现了产品的质量水准、风格特色和服务意识,体现了经营者的社会责任、价值取向、精神追求等多方面的内容。有些学者正是从这个角度界定品牌的。例如:

约翰·菲利普·琼斯(John Philip Jones)认为:品牌是能为顾客提供值得购买的功能利益或附加值的产品。在她的调查中,90%的人都认为附加值在购买决策因素中起着重要的作用。④

斯科特·贝德伯里(Scott Bedbury)曾担任过星巴克(Starbucks)高级营销副总裁和耐克(Nike)广告主管,在他看来,星巴克所做的已经超越了单纯的咖啡杯,超越了咖啡的物理领域。星巴克品牌的核心识别与其说是生产

① 转自何佳讯著:《品牌形象策划》,复旦大学出版社 2000 年版,第 69 页。
② 转自陈云岗著:《品牌批判》,广州出版社 1999 年版,第 30 页。
③ 薛可著:《品牌扩张:延伸与创新》,北京大学出版社 2004 年版,第 8 页。
④ [美]约翰·菲利普·琼斯著:《广告与品牌策划》,机械工业出版社 1999 年版,第 38 页。

一杯伟大的咖啡，不如说是提供一次伟大的咖啡体验，一种“咖啡格式塔”，一种“介于家与办公室之间的第三空间”。耐克的广告语“Just Do It”，不是关于运动鞋的，而是有关价值的；不是关于产品的，而是有关品牌个性的。①

莱斯利·德·彻纳东尼(Leslie De Chernatony)认为：“一个成功的品牌是一个可辨认的产品、服务、个人或场所，以某种方式增加自身的意义，使得买方或用户觉察到相关的、独特的、可持续的附加价值，这些附加值最可能满足他们的需要。”②

张锐等人认为：品牌是消费者如何感受一个产品，它代表着消费者在消费活动中对产品与服务的感受而滋生的信任与意义的总和。品牌的发展是因为品牌具有一组能满足顾客理性和情感需要的价值。品牌的创建要超越功能主义，注重开发一种个性价值。③

品牌文化中的社会责任、精神追求和价值取向使得它成为沟通内部员工和外部消费者的纽带。当一种品牌文化被特定的群体认同之后，它就会以一种“润物细无声”的方式来沟通人们的思想，使人们产生对品牌的认同感，从而形成强大的凝聚力量，使“品牌张力”不断放大。诺基亚的“科技以人为本”，飞利浦的“Let's make things better”，海尔的“真诚到永远”，联想的“致力于客户的满意与成功”，这种强烈的心理暗示使人们不知不觉地选择它、靠拢它，形成恒久的品牌忠诚度。

(三) 关系说：从消费者认知的角度界定品牌

品牌是一种基于被消费者认可而形成的资产。没有消费者就没有品牌。这种资产必须置于市场之中，获得市场的认可，才能发挥作用。品牌的“品”由三个“口”组成，既可能形成“有口皆碑”的局面，也可能造成“众口铄金”的影响。一项产品是不是称得上一个知名品牌，是大家说了算的。品牌价值是抵押在消费信任基础之上的，其实际价值应当是品牌评估价值与消费者信任之乘积，若后者为零，前者数额再大也无济于事。有些学者正是从

---

① 斯科特·贝德伯里著：《品牌新世界》，中信出版社 2004 年版，第 39—50 页。

② [美]莱斯利·德·彻纳东尼著：《品牌致胜》，中信出版社 2002 年版，第 11 页。

③ 张锐等：《国内外品牌本性理论研究综述》，《北京工商大学学报(社会科学版)》2004 年第 1 期，第 50—54 页。

这个角度界定品牌的。例如：

余明阳等人认为："品牌是在营销或传播过程中形成的，用以将产品与消费者等关系利益团体联系起来，并带来新价值的一种媒体。"①

大卫·艾克(David Aaker)认为："品牌就是产品、符号、人、企业与消费者之间的联结和沟通。也就是说，品牌是一个全方位的架构，牵涉到消费者与品牌沟通的方方面面，并且品牌更多地被视为一种'体验'，一种消费者能亲身参与的更深层次的关系，一种与消费者进行理性和感性互动的总和，若不能与消费者结成亲密关系，产品就会从根本上丧失被称之为品牌的资格。"②

梁中国认为："品牌是凝聚着企业所有要素的载体，是受众在各种相关信息综合性的影响作用下，对某种事或物形成的概念与印象，它包括着产品质量、附加值、历史以及消费者的判断。在品牌消费时代，赢得消费者的心远比生产本身重要，品牌形象远比产品和服务重要。"③

苏晓东、郭肖华、洪瑞舁等人认为："品牌是一种复杂的关系符号。它包含了产品、消费者与企业三者关系之间的总和。品牌即是这三种关系属性在一定时期的商业整合与互动过程中所形成的相对统一的符号化的关系模式，并为关系三者创造和带来价值的一种商业行为。品牌最根本要素是人。"④

品牌是在市场中成长起来的，是消费者认可的结果，没有消费者就没有品牌。这种鱼与水的互动关系，使得品牌要以顾客为上帝，以市场为先导。也正因为如此，要创建一个品牌，就要针对特定的消费群体，表达一种生活态度，引导一种消费观念，积极培育市场。品牌是在引导消费和培育市场的过程中建立起来的。未来企业应该是品牌驱动性企业。

(四) 资产说：从经营者运作的角度界定品牌

"品牌资产"(brand equity)是 20 世纪 80 年代在营销研究和实践领域新

---

① 余明阳等著：《品牌学》，安徽人民出版社 2002 年版，第 7 页。

② Aaker，D.，Building Strong Brands. New York Free Press，1996. p. 25.

③ 刘凤军著：《品牌运营论》，经济科学出版社 1994 年版，第 1 页。

④ 苏晓东、郭肖华、洪瑞舁著：《720°品牌管理》，中信出版社 2002 年版，第 1 页。

出现的一个重要概念。90 年代以后，特别是大卫・艾克所著 Managing Brand Equity：Capitalizing on the Value of a Brand Name 于 1991 年出版之后，品牌资产就成为营销研究的热点问题。有些学者正是从这个角度界定品牌的。例如：

有人认为："通常按经济学术语的定义来说，品牌资产是一种超越生产、商品及所有有形资产以外的价值。""品牌资产可视为将商品或服务冠上品牌后，所产生的额外进账"。"品牌带来的好处，是可以预期未来的进账远远超过推出具有竞争力的其他品牌所需要扩充的资本"，"从或许不尽周全，但实用的角度来看，品牌资产是同样的商品或服务，因为挂上了品牌，而让消费者愿意付出更高一些的价钱"。①

也有人认为："品牌是个名字，而'品牌资产'则是这个名字的价值……品牌资产的重要性不论对本地方或全球各地企业，都变得越来越重要。企业界为了建立品牌价值，不惜投注几十亿美元的资本，随之而来的是有些公司转手出让，买主旋即放弃这些公司旗下原来的产品，因为他们要的是这些卖方公司的'名字'，而不是产品。"②

还有人认为："品牌就是一种类似成见的偏见。""成功的品牌就是长期、持续地建立产品定位及个性定位的成果，消费者对它有较高的认同。一旦成为成功的品牌，市场领导地位及高利润自然就会随之而来。"③

黄合水和彭聃龄在分析了众多品牌资产定义的基础上，指出，品牌资产有三个主要特点：第一，品牌资产是一种无形的东西。品牌资产不是物体，而是一个条件，像温度和湿度一样。第二，品牌资产是由品牌名字带来的，品牌名字是一个公司拥有的最重要的资产。第三，品牌对公司的价值是通过品牌对消费者的影响产生的。鉴于品牌资产定义的这些共同点，他们认

① [美]大卫・艾克等著：《品牌经营：如何创造品牌资产》，台湾朝阳堂文化事业股份有限公司 1995 年版，第 5—6 页。

② [美]乔・马克尼著：《品牌创销创造价值与魅力》，台湾麦田出版公司 1994 年版，第 7 页。

③ [美]大卫・阿诺德著：《品牌保姆手册：十三个名牌产品推广重建范本》，台湾时报文化出版企业有限公司 1995 年版，第 10 页。

为,品牌资产就是消费者关于品牌的知识。①

品牌是企业内在属性在外部环境中创造出来的一种资源。它会沁人心脾,从而形成不可泯灭的无形资产,可以给企业带来无穷的财富。在市场营销过程中,一种产品或服务因其品牌名称不同而产生不同的结果。有资料显示:一件同类的具有知名品牌的产品往往要比没有品牌的产品贵15%—30%,其销量前者是后者的2—3倍。② 可口可乐公司的一位经理曾经骄傲地说:我们卖的是水,但顾客买的是品牌。即使可口可乐在全世界的厂房一夜之间化为灰烬,我们也不用担忧,无数的银行会争相贷款给我们,因为他们相信投资可口可乐一定会有丰厚的回报。“ ”,这个简洁明快、充满动感的符号,连小学生都认识。耐克公司从1972年起把它注册为品牌标识,并不断注入主动进取、生气勃勃的体育精神和时代内涵,使它产生了巨大的品牌资产价值。从20世纪80年代初开始,耐克产品的销售量就以每年递增2—3倍的速度增长,1976年1 400万美元,1998年96亿美元。2004年在“全球100个最有价值的品牌”排行榜中位列第30位,其品牌价值为101.14亿美元。据网络报道,吉林长春一所小学有一个“耐克班”,全班40多名学生,竟然有30多人穿耐克,刚刚转学来的小刚因为没有穿耐克,同学们都不太理他,使他感到“很郁闷”,后来缠着父母买了一双580元的耐克运动鞋,由此可见其品牌的影响力。

二、品牌不是什么:若干概念的异同辨析

前面分析了“品牌是什么”,这里再分析“品牌不是什么”。通过比较“品牌与产品”“品牌与名牌”“品牌与商标”的异同,我们可以进一步认识品牌。

(一) 品牌不等于产品

品牌包含产品,产品表现品牌。产品是品牌的载体,但不是品牌本身。一个品牌的名下至少有一个产品甚至多个产品,但一个产品却未必能够成为一个品牌。产品是工厂生产出来的东西,品牌是消费者带来的东西;产品

---

① 黄合水、彭聃龄:《论品牌资产:一种认知的观点》,《心理科学进展》2002年第10期,第350—359页。

② 叶明海著:《品牌创新与品牌营销》,河北人民出版社2001年版,第21页。

可以被竞争者模仿，品牌却是独一无二的；产品极易过时落伍，而成功的品牌却能够长盛不衰。产品是具体的，而品牌是抽象的，它存在于消费者的意识中。产品是通过某种特定功能来满足消费者的需求，而品牌则是消费者在使用了产品后所产生的一种认知。品牌作为一种无形资产，即使其物质载体消失了，还可以凭借其在市场中的影响力重振旗鼓。

（二）品牌不等于名牌

名牌并无准确的概念，但名牌一定是有一定知名度和美誉度的品牌，名牌代表着优良品质，但名牌并不代表高价位，它可以是高质高价，高质中价，甚至高质低价。名牌是有时效性的，昨日的名牌未必是今日的名牌。“秦池酒”“爱多 VCD”曾登中央电视台黄金段位广告“标王”宝座，如今却早已销声匿迹。所以，品牌可以转化为名牌，名牌若不注意宣传或经营不当就会失去名牌效应，甚至消失。

在品牌的知名度、美誉度与忠诚度三个向度之中，知名度只是其中之一。一个品牌的知名度可能很高，也可能不高，而且是变动和发展的。在理想状态下，名牌应该是得到社会公众充分认可的著名品牌，应该是具有极大市场影响力的强势品牌，应该是知名度、美誉度与忠诚度等三个向度完美统一的品牌。知名度不是品牌的全部，拥有高知名度的品牌并不等于强势品牌。知名度并不能完全支撑起品牌的价值和营销力。知名度越高，品牌就越“脆弱”。“众目睽睽”之下，稍有闪失，就会影响巨大，可能导致“臭名远扬”，从此一蹶不振。因此，品牌的知名度并不是越高越好，它要与美誉度和忠诚度相匹配才好。

（三）品牌不等于商标

商标（trade mark）是被卖方所采用且被法律保护的一个标识，从这个意义上讲，商标是一个法律术语，是国家权力机关授予生产经营单位从事某种活动的权力。而品牌更多的是一个管理（或营销活动）中的概念，它包含了商标，商标只是品牌要素中的显性成分，而不是全部。

商标是产品文字名称，图案记号，或两者相结合的一种设计，经向有关部门注册登记后，经批准享有其专用权的标志。商标一经商标局核准即为注册商标,商标注册人享有商标专用权,受法律保护。假冒商标、仿冒商标、抢先注册都构成商标的侵权。商标与品牌都是无形资产,具有一定专有性,其目的都是为了区别于竞争者,有助于消费者识别。品牌不是通过注册而形成的,而是在市场打拼过程中与消费者互动而形成的。商标一般都要注册(我国也有未注册商标),它是受法律保护的。品牌是一种"购买偏好",是消费者"给予"的,而商标是一种"产品标记",是国家授权机关依法"登记"的。

第二节　学校品牌的含义与特性

组织和产品是品牌的基本载体,一个品牌的背后必定有相对应的组织和产品。组织包括营利性组织(如企业)和非营利性组织(如学校),产品包括有形的(如汽车、衣服、饮料等)和无形的(如劳务、课程、信息等)。

在信息高度发达的现代社会,很多的内容和形式已经被"符号化"了,或者说被"品牌化"了。因此,"品牌"并不是一个纯粹的商业概念。品牌作为一种"消费印象"和"购买偏好",它涉及的领域非常广泛。比如:选择到哪个城市投资,选择到哪一家医院就医,选择到哪一所学校上学,等等。这实际上也是在选择一种品牌:城市品牌、医院品牌、小学品牌。

学校,不管是公办学校还是民办学校,要想在激烈的竞争中求得生存和发展,就不能不关注品牌问题。然而,"品牌",作为一个经济学的概念,它能否适用于教育领域?如何理解小学品牌?与商业品牌相比,小学品牌的独特性是什么?这是小学品牌研究的"出生证",是小学品牌理论大厦的"奠基石"。

一、小学品牌的多维透视

查阅有关品牌方面的辞典、著作以及论文,有关商业品牌的定义很多,而有关小学品牌的定义很少。综合各类研究，可以从以下几个角度分析小学品牌：

(一) 小学品牌的显性因素

学校品牌的显性因素是指人们可以通过耳闻目睹感受到的东西，如：学校名称、学校标识、学校色彩及其校园整体视觉环境等识别符号。任何一个品牌都具有其特定的识别符号，这是品牌必不可少的组成部分。品牌之所以成为品牌并能够被记忆和区分，首先是因为它具有独特的识别符号。一个富有个性的识别符号，能够整合和强化人们对一个品牌的认同，成为人们记忆品牌的工具。当人们感知到某种特定的符号时，就会产生相关的"品牌联想"。如：当某个人看到或听到"北京大学"这四个字时，可能会想起蔡元培先生，想起"五四运动"，想起"一塔湖图"，或者其他。人们对品牌的认知程度不同，所产生的"品牌联想"也就不同。从显性的层次看，品牌是一种名称、标志及其组合运用，一种显示产品个性并与他人区分开来的识别系统。①

学校的名称和标志是小学品牌最重要的识别符号。有关研究表明，在人们头脑中的品牌认知是一个"网络结构"，其核心是品牌名称，围绕着它的是人们所形成的诸多"概念节点"。因此，经过长期的接触和品牌经验后，人们一看到特定的品牌名称和标志，就会激起这个以品牌名称为核心的"记忆结构"，唤起关于该品牌的各方面的联想。② 品牌名称是指品牌中可用语言称谓表达的部分，包含文字、字母和数字；品牌标志是品牌中可以识别但不能用口语发音表达的部分，包括符号、设计样式、特殊颜色或字体。③ 一所学校的名称和标志的背后可能隐含着很多动人的品牌故事。名校之"名"是一代又一代师生员工用智慧和汗水写就的。精心设计学校名称和标志，并依法登记注册，重视校名校史教育，是创建小学品牌的基础工作之一。

---

① [美]菲利普·科特勒著，梅汝和译：《营销管理：分析、计划与管理》，上海人民出版社 1996 年版，第 164—313 页；薛可著：《品牌扩张：延伸与创新》，北京大学出版社 2004 年版，第 8 页。

② 黄合水、彭聃龄：《论品牌资产：一种认知的观点》，《心理科学进展》2002 年第 10 期，第 350—359 页。

③ 屈云波著：《品牌营销》，企业管理出版社 1996 年版，第 67 页。

（二）小学品牌的隐性因素

学校品牌的隐性因素是指学校的内在品质与文化底蕴。文化是品牌的灵魂，品牌是文化的载体。文化与品牌的结合是灵与肉的结合。学校文化丰富了小学品牌的内涵，小学品牌展现了学校文化的魅力。成功的品牌之所以成功，不仅仅是因为其功能效用和视觉感受，而更多的是因为所蕴含的价值取向契合了消费者的心理需求。当人们想起南开中学时，几乎都不会忘记张伯苓先生和他题写的著名校训“允公允能，日新月异”；当人们想起清华大学时，几乎都会想起梅贻琦先生，想起“厚德载物，自强不息”；……所以，一所称得上知名品牌的学校，一定具有其特定文化内涵。这种文化特质，对内作为小学品牌的内核与灵魂，能够起到凝聚人心，构筑学校精神的作用；对外作为一种“品牌承诺”“品牌主张”，能够起到传播推广，寻求价值认同的作用，它是人们认识、辨别小学品牌个性的“一面旗帜”。

学校从事的是一种“通过人培养人”的活动。这种“精神生产”不是按照设定的程序去生产相同规格的部件，而是在特定的文化氛围中熏陶逐渐“养成”。印度诗人泰戈尔说得好：不是锤的打击，而是水的载歌载舞，才使鹅卵石臻至完美。北京大学和清华大学在同一个城市，都是百年名校，但两所学校的学生却有着不同的个性气质。伊顿公学（Eton College）的学生总是表现出一种“绅士风度”，而哈佛大学的学生毕业多年还“带着哈佛口音”。为什么会这样呢？这是因为，一个人在一所学校“浸润”了若干年后，就不可避免地被“烙下”深深的“文化印记”。人是文化的人，文化总是以一种“润物细无声”的方式影响着人的成长。一个缺乏文化底蕴和核心价值的小学品牌，是没有生命活力的，是难以感动心灵的。品牌文化中的社会责任、精神追求和价值取向则是沟通内部师生员工和外部公众的无形纽带。当一种小学品牌文化被认同之后，它就会以一种独特的方式来沟通人们的思想，产生对小学品牌的认同感，从而形成强大的凝聚力量，使“品牌张力”不断放大。所以，学校的“牌子”要想得到公众的认可，就必须有“文化品位”。

（三）小学品牌的互动因素

学校品牌的互动因素是指学校品牌的“口碑”，即公众对学校的一种“印象与评价”。一所学校能否称为一个品牌，不是由学校自己说了算的，而是由公众决定的。学校公众是指与学校相互联系相互影响的个人、群体或组织的总和。公众可以分为内部公众和外部公众。学校内部公众主要是指师生员工，而外部公众则主要是指与学校有关的社会各界人士，包括上级领导、学生家长、历届校友、社区人士、友邻单位、兄弟学校、专家学者、新闻媒介等等，他们与学校有着千丝万缕的联系，小学品牌正是基于他们的认可(认同)才形成的一种无形资产。

“品牌资产是品牌与消费者的一种关系状态。”[①]这种“关系状态”存在于学校与社会的人际网络之中，需要通过了解、沟通、对话、交往等形式来积累。有形资产因使用而损耗，而无形资产则恰恰相反：它会因不用而枯竭，会因使用而增值。在今天这样一个时代里，学校不再是孤立的行动个体，而是整个社会网络中的一个“节点”和“知识源”。学校组织是一个保有自身边界的开放系统，它需要不断地与外界交换物质与能量，获得赖以生存和发展的资源。善于通过这些关联获取学校发展所需要的资源是一种“学校能力”。[②] 任何一所学校都有自己特定的目标公众和人际资源，挖掘、盘活和利用好这些资源，有利于优化和拓展学校生存和发展的空间，为学校赢得更多的发展机遇。要做到这一点，一方面，学校的教育教学质量要高，校风校纪要好；另一方面，要始终保持与公众的互动交流。学校的办学主张、发展规划、改革举施，需要得到公众的理解和支持，而公众对学校的感受、评价、建议，是学校品牌建设的重要决策依据。小学品牌就像是在公众的大海中航行的一叶小舟，“水能载舟，亦能覆舟”。缺少了与公众的互动和交流，得不到公众的理解和支持，创建小学品牌将无从谈起。

综上所述，笔者认为，小学品牌是一所学校在长期的教育实践过程中逐步形成并为公众认可，具有特定文化底蕴和识别符号的一种无形资产。如果把小学品牌喻为一座“冰山”，那么，显性的“识别符号”就像浮在水面的

① 卢泰宏：《品牌资产评估的模型与方法》，《中山大学学报(社会科学版)》2002 年第 3 期，第 88—96 页。

② 庄西真：《学校资本论》，《教育研究与实验》2004 年第 3 期，第 15—19 页。

“冰山之尖”，隐性的“文化底蕴”就像藏于水底的“冰山之基”，而“公众认可”则是这座“冰山”的“生存环境”。三者彼此依存并有机结合，小学品牌这座“冰山”就形成了，“无形资产”也就累积起来了。

二、小学品牌的教育特性

学校作为一个社会组织，不同于工厂、医院、商场、政府等其他任何一种社会组织，它从事的是一种“通过人培养人”的活动。因此，离开了人和人的培养，谈论小学品牌是没有意义的。这是小学品牌区别于其他品牌的本质所在，正是因为这一点铸就了小学品牌的“教育性格”。

(一) 小学品牌是一种以人为目的的品牌

企业创建品牌的目的是为了卖产品，追求利润最大化，从而在竞争中立于不败之地。学校则不然，学校创建品牌的目的不是为了卖产品，不是为了增加利润，而是为了培养人。学校是一个“人—人”系统，而不是一个“人—物”系统，它的一切工作都是为了“培养人”而展开的。“育人”是学校的根本职能，因此，小学品牌必然是以育人为目的的品牌。倡导小学品牌不是倡导“教育产业化”，不是要去追逐学校的“名利双收”而使得教育“目中无人”，而是要关注每一位师生的“生存状态”，为儿童建构“可能生活”，[①]为“人的全面发展”(完整的、和谐的、多维的、自由的)[②]创造条件。“育人”是衡量小学品牌的首要尺度。只有以育人为目的的品牌，才是符合“教育本性”的品牌，才能称之为真正意义上的小学品牌。

(二) 小学品牌是一种以人为载体的品牌

任何一个品牌都有相应的产品或服务作为载体，如，海尔品牌的载体是各种家用电器，可口可乐品牌的载体是各种饮料产品。小学品牌的载体与商业品牌的载体很不一样。学校是通过培养学生为社会服务的，学生不仅是这种服务的直接“消费者”和“评判者”，更是这种服务质量高低的“承载者”和“体现者”，是在这种服务中“不断发展和成长”的。从这个意义上说，

① 翟天山:《教育:为儿童建构“可能生活”》,《教育研究与实验》2001 年第 2 期,第 15—18 页。

② 扈中平:《“人的全面发展”内涵辨析》,《教育研究》2005 年第 5 期,第 3—8 页。

学生(包括在校学生和历届校友)是小学品牌最重要的载体。因此,学生品牌形象是小学品牌形象最生动、最直接的体现,小学品牌形象的最终检验是对人才培养质量的检验。当然,学校中的“人”,不仅仅包括学生,还包括校长和教师。校长是小学品牌形象的代言人和设计师。有些时候,正是校长的教育理想和人格魅力成就了一所学校的品牌。蔡元培之于北京大学、竺可桢之于浙江大学、陶行知之于晓庄师范,不正是这样的吗？杰出的学生是由杰出的校长带领一批杰出的教师培养出来的。梅贻琦先生说得好,所谓大学者,非有大楼之谓也,有大师之谓也。名校培养名师,名师造就名校。谁拥有高质量的师资队伍谁就拥有高质量的教育。所以,德高望重的校长,学识渊博的教师,是小学品牌形象最显著的标识,也是创建小学品牌的根本保证。

(三) 小学品牌是一种以课程为核心的品牌

学校是一个“人—人”系统,是一种“通过人培养人”的社会组织,而连接“人”(教育者)与“人”(受教育者)的“中介”就是课程,这是学校作为一个社会组织所特有的现象。工厂制造物品靠的是设施设备,医院救死扶伤靠的是药物或外科手术,而学校,也只有学校,要完成培养人的任务,是通过实施课程来进行的。什么样的课程造就了什么样的人才。所以,观察学校品牌,课程是一个非常重要的因素。例如,清华大学的土木工程、厦门大学的高等教育、北京新东方学校的英语培训,正是这些“品牌课程”,使得这些学校声名卓著,影响深远。当然,学校的课程不仅仅是指这些学科课程,也包括环境课程(如北京大学的“一塔湖图”,深圳市西乡中学的“大榕树文化场”,成都草堂小学的“诗意的方向,最好的自我”等),还包括活动课程(如剑桥大学和牛津大学每年一度的划船比赛,培正系列的中小学每年校庆日举行的“加冕仪式”和“薪火相传”等)。学校品牌有一个核心竞争力,这个竞争力在哪里？其实关键就在于学校的课程。如果一所学校有了知名的品牌教师和品牌课程,学校的教学质量就会高,科研成果就会多,校风校纪就会好,人才培养的质量上去了,学校整体的品牌形象在公众的心目中就会得到充分的认可。

(四) 小学品牌是一种以未来为指向的品牌

教育评价的“迟效性”决定了小学品牌的“未来指向”。育人是一项具有综合性、复杂性和长效性的工作,它不是短期内可以准确评量的。学校给予学生的不能仅仅是分数。学生在学校的应“试”能力很重要,但走上社会的应“世”能力将更重要。教育要为未来生活做准备,“面向未来”是教育与生俱来的一种“天然性格”。因而,教育必须是面向现在同时又面向未来。教育既要立足于今天,又要为学生“预备将来的生活,不是很远的生活,是一步步过去的生活,步步都是生活,步步都是预备”。[①] 所以,评价小学品牌,升学指标可以作为指标之一,但不是核心指标,更不是唯一指标。一所能够称之为知名品牌的学校,应该是那些能够为学生一生的幸福奠定基础的学校,是那些能够不断激励人生和始终引以为自豪的学校,是那些能够让人有着美好回忆和充满精彩故事的学校。

教育的“文化性格”也决定了小学品牌的“未来指向”。商业品牌凭借着过硬的技术、准确的定位和有效的传播,可以很快地发展起来,甚至一夜成名,小学品牌则不行。小学品牌是具有深厚文化底蕴的品牌,而文化是难以速成的。教育需要“沉淀”,小学品牌需要假以时日才能得到证明。世界上任何一所名校的炼成,都经过了一段漫长的岁月。豪华的校舍可以在一夜之间拔地而起,优秀的师资可以在短期内高薪聘请,考试的成绩也有可能迅速提高,唯有学校的优良传统和校风校纪必须经过长时间的磨砺才能够形成,就像陈年佳酿,要够年头才能芬芳四溢。“十年树木,百年树人。”小学品牌是“树人”的品牌。所以,小学品牌的评价不能急功近利,只有坚持科学发展观,用心做教育,小学品牌的创建才有希望获得成功。

---

① [美]杜威著,胡适译:《五大演讲》,安徽教育出版社 1999 年版,第 121 页。

第三节　小学品牌的创建策略

创建小学品牌是一个复杂的系统工程，涉及方方面面的因素，不是一蹴而就的。借鉴企业创建品牌的理论成果和实践经验，根据学校教育的特性和规律，笔者认为，创建小学品牌应注重以下几个方面的工作。

一、小学品牌的个性定位

个性定位是创建小学品牌的首要环节。定位决定地位，思路决定出路。无论是一项产品或服务，无论是一个组织或个人，若定位不当，其发展就会受到阻碍。定位，“从某种意义上讲，就是企业根据实际情况，以消费者为关注焦点，塑造产品的特殊形象，寻求在市场上拥有一个特定位置”。这种位置“不是指产品本身，而是指产品在消费者心目中的地位”。“定位，就是要为品牌找到一个合适的‘字眼’或‘概念’嵌入消费者的心中”，其精髓就在于舍弃普通平常的东西而突出富有个性特色的东西，把拥有优势发挥得淋漓尽致，即扬己所长，走一条适合自己发展的路。

一所学校之所以能够称得上是品牌学校，首先是因为其别具一格、个性鲜明。只有个性鲜明并得到公众认可的品牌才是“真品牌”。如果“千校一貌”“万生一面”，则毫无品牌可言。每一所学校都是唯一的和具体的，都有不同的文化传统和内外环境。不同的学校所具有的优势与劣势不同，所面临的机遇和挑战有异，因而所选择的创建品牌的突破口和侧重点也就不一样：有的学校在传承历史中超越，有的学校在反思实践中建构，有的学校在借鉴经验中创新，有的学校在验证理想中生成，有的学校在放大亮点中彰显，有的学校在革除弊端中发展。由此可见，每所学校都可能从某种特色切入，并且把这种特色发展为一种办学优势而最终成就品牌。不同类型、不同级别的学校应该是千姿百态、丰富多彩的，一定不能把小学品牌的样式单一化，不能把品牌的形象凝固化。

二、小学品牌的形象识别

形象识别策略源于20世纪50年代初兴起的CIS理论。CIS是Corporate Identity System的简称，可以译为“组织识别系统”或“组织形象战略”，它是指组织为了形成并彰显其个性形象，将其所秉承的理念，与行为和视觉等要素整合起来，进行统筹策划和精心设计而形成的一种具有认识和辨别功能的综合体系。CIS使小学品牌形象具有两个鲜明的特征：一是形象的个性化和专有化。CIS是根据学校特有的个性和内涵来设计形象要素的，它使学校形象具有鲜明的个性，与其他学校显著地区别开来。因此，CIS设计的一整套识别要素必须是一所学校所专有的，不能与其他学校雷同或相似。二是形象的统一化和序列化。CIS要求根据既定的形象构思和学校潜在的精神意念，将所有的形象要素有机地统一结合起来，按照一定的标准和规范形成系列，使学校的形象能够做到内外一致、处处统一，从不同的角度和层次输出同一形象信息，给予公众连续的、潜移默化的信息刺激，使学校的形象具有更强烈的渗透力和感染力。

完整的CIS包括三个子系统：理念识别系统(MIS)、行为识别系统(BIS)和视觉识别系统(VIS)。理念识别系统是CIS的主导要素，是构建行为识别系统和视觉识别系统的基础和依据。行为识别系统是理念识别系统的动态表达，是践行办学理念的可靠保障。视觉识别系统是理念识别系统的静态传达，也是行为识别系统的必要补充。这三个子系统相互影响和相互作用构成了一个密不可分的有机整体(CIS)，小学品牌的个性形象由此得以彰显而易于识别。所以，不管是商业品牌还是小学品牌，任何一个品牌都有自己独特的形象识别系统，这是小学品牌营建的基础性工作。

三、小学品牌的传播推广

传播是小学品牌形成的必要条件，甚至可以这样说，没有传播就没有小学品牌。因为，一方面，小学品牌是一种公众认可，一种复杂的关系符号，学校与公众的互动关系已经成为一个品牌最常见的形态。现代意义的品牌，是对产品和消费者之间的全部体验。小学品牌形成的过程实际上是“消费者”不断“体验学校”的过程。而另一方面，人们每天都面临着各种资讯的重重包围和挤压，资讯的供给（生产）远远超出了资讯的需求（消费）。当资讯过剩时，注意力就变成了稀有而珍贵的资源，酒香也怕巷子深。所以，如何让公众知晓小学品牌信息就成为一个值得关注的问题。小学品牌传播就是学校通过选择运用多种沟通媒介，与相关公众分享交流信息，建立良好的互动关系状态，吸引公众注意力，以促进公众认知、体验学校的过程。

与商业品牌传播有所不同，小学品牌传播在媒体选择、内容制作、时机把握和受众分析等方面，要充分考虑到教育的特性，频繁的促销，密集的广告，过度的宣传，是不适合学校的。教育作为一种准公共产品（或服务），公众具有知情权和参与管理权。学校要善于通过文字与声像（如常用公文、书刊报网、图片画册、橱窗陈列等）传播媒介及时发布信息，反馈公众建议；也要善于通过人际交往与相关公众（如上级领导、学生家长、历届校友、专家学者等）进行良好的沟通和交流，以增进相互之间的理解和支持；还要善于通过策划专题活动（如家长会、周年庆典、主题活动节、学校开放日等）邀请公众亲身体验学校，展示小学品牌形象，形成良好“口碑”（word of mouth），以缔结品牌忠诚。总之，小学品牌传播不是一种单向的告知，也不是一时一事就能够完成的，而是一种运用多种媒介与公众良好互动的复杂过程。

四、小学品牌的维护创新

品牌是有生命的。在世界知名品牌排行榜上，座次年年在变。十几年前红极一时的品牌，有些早已销声匿迹了。可见，品牌管理不是一劳永逸的事。对于立志创建品牌的人来说，“品牌应该是个动词，而不是名词”，即动态地管理品牌，保持与时代发展的同步。创建小学品牌永远都是“现在进行时”，需要校长和全体师生员工悉心维护和不断创新。因此，学校要注意做好“品牌预警、品牌跟踪、品牌建档和品牌诊断”等工作。品牌预警可以视为小学品牌的“天气预报”，通过对品牌赖以生存的社会环境进行监控，预示和警觉小学品牌可能会出现的问题，加强危机管理。品牌跟踪的主要内容是对小学品牌的知名度、美誉度和忠诚度进行监测，了解小学品牌发展变化的趋势。品牌建档是将获得的数据与信息储存并进行统计分析,建立小学品牌知识库。品牌诊断是在品牌档案的基础上进行的,根据学校所具有的优势和劣势,面临的机遇和威胁,及时调整品牌战略和策略。

小学品牌要想在急剧变化的环境中求得生存和发展,就必须有很强的创新能力。任何品牌的产生与发展都有一个生命周期曲线:由孕育期、生长期、发展期直到高原期,高原期之后就逐步进入衰败期。信息时代到来以后,这种高原期(辉煌期、鼎盛期)也会缩短。为了摆脱衰败期的到来,我们必须在高原期的初期就要选择“第二曲线”(新的增长点)。第二曲线是另一场爬山运动,我们必须先从第一曲线上下来,然后爬上第二曲线,这是一场冒险的游戏,中间要经过死亡之谷。在两个时代交替的时候,人们往往迷恋前一个时代的辉煌,当达到顶峰时,才发现下边是万丈深渊,而另一个高峰就在前面。若要攀登新的高峰就要付出很大的代价。新一代的学校领导人在接替老一代学校领导人时,就遇到了这类问题。工业文明塑造出来的优秀学校如何被网络时代学校所替代呢?现在,这座新高峰还在被云雾所笼罩,人们还看不清楚。谁是第一个敢于攀登新的高峰者,谁就是赢家;谁最先提出新的“游戏规则”,然后,谁就领着大家玩。计划经济体制下,依靠政府教育资源配置政策扶持起来的“重点学校”,如何自我超越,与时俱进,发展成为优质教育品牌;如何把握生命周期,选好第二曲线,这些都要看管理者的智慧和创造能力了。

参考文献

[1] 孙耀君.西方管理思想史[M].太原:山西经济出版社,1987.

[2] 陈孝彬.外国教育管理史[M].北京:人民教育出版社,1996.

[3] 吴志宏,冯大鸣,魏志春.新编教育管理学[M].上海:华东师范大学出版社,2000.

[4] 黄崴.教育管理学:概念与原理[M].广州:广东高等教育出版社,2002.

[5] 王如哲.教育行政学[M].台湾:五南图书出版公司,1998.

[6] 萧宗六,贺乐凡.中国教育行政学[M].北京:人民教育出版社,2004.

[7] 杨颖秀.学校管理学[M].北京:人民教育出版社,2003.

[8] 张新平.教育组织范式论[M].南京:江苏教育出版社,2001.

[9] 余雅风.新编教育法[M].上海:华东师范大学出版社,2008.

[10] 申素平.教育法学原理、规范及应用[M].北京:教育科学出版社,2009.

[11] 鲁洁,王逢贤.德育新论[M].南京:江苏教育出版社,2002.

[12] 郑航.学校德育概论[M].北京:高等教育出版社,2007.

[13] 吴康宁.教育社会学[M].北京:人民教育出版社,1998.

[14] 唐迅.班级社会学[M].南京:南京大学出版社,1990.

[15] 刘良华.校本行动研究[M].成都:四川教育出版社,2002.

[16] 魏新.教育财政学简明教程[M].北京:高等教育出版社,2000.

[17] 范先佐.教育财务与成本管理[M].上海:华东师范大学出版社,2004.

[18] 周金玲.义务教育及其财政制度研究[M].北京:经济科学出版社,2005.

[19] 郭文臣.公共关系管理[M].大连:大连理工大学出版社,2005.

[20] 黄德林,李迎新.公共部门公共关系学[M].武汉:武汉大学出版社,2009.

[21] 刘凤军.品牌运营论[M].北京:经济科学出版社,1994.

[22] 屈云波.品牌营销[M].北京:企业管理出版社,1996.

[23] 何佳讯.品牌形象策划[M].上海:复旦大学出版社,2000.

[24] 苏晓东.720°品牌管理[M].北京:中信出版社,2002.

[25] 薛可.品牌扩张:延伸与创新[M].北京:北京大学出版社,2004.

[26] [美]坎贝尔.现代美国教育管理[M].袁锐锷,译.广州:广东高等教育出版社,1989.

[27] [美]科特勒.营销管理:分析、计划与管理[M].梅汝和,译.上海:上海人民出版社,1996.

[28] [美]利康纳.美式课堂:品质教育学校方略[M].刘冰,译.海口:海南出版社,2001.

[29] [美]卡特里普,森特.公共关系教程[M].明安香,译.北京:华夏出版社,2001.

[30] [美]霍伊,米斯克尔.教育管理学:理论·研究·实践[M].范国睿,主译.北京:教育科学出版社,2007.

[31] HALPIN A W, ANDREW W. Theory and Research in Administration[M]. New York: The Macmillan Company, Ltd., 1966.

[32] HODGHKINSON C. Administrative Philosophy: Values and Motivations in Administrative Life[M]. Oxford: Pergamon Press, 1996.

[33] EVERS C W, LAKMOSKI G. Doing Educational Administration: A Theory of Administrative Practice[M]. Oxford: Pergamon Press,

2000.

[34] ENGLISH F W. Educational Administration: The Human Science[M]. New York: Harpercollins College Div, 1992.

[35] HOWELL D A, BROWN R. Educational Policy Making: An Analysis[M]. New York: Harcourt Education, 1983.

[36] AAKER D A. Building Strong Brands[M]. New York: Free Press, 1996.

[37] OLIVA P F. Developing the Curriculum[M]. New York: Longman, 1997.

[38] BURGESS R G. Issues in Educational Research: Qualitative Methods[M]. London: Taylor & Francis, 1985.

[39] CARR W, KEMMIS S. Becoming Critical: Education, Knowledge and Action Research[M]. London: Routledge, 1986.

[40] ELLIOT J. Action Research for Educational Change[M]. New York: McGraw-Hill Education, 1991.

[41] Gall J P, Gall M D, Borg W R. Applying Educational Research: A Practical Guide[M]. Loogwood: Allyn & Bacon, Inc. , 1999.

[42] MCNIFF J. Action Research: Principles and Practice[M]. New York: The Macmillan Company, Ltd. , 1988.

[43] RUDDUCK J, HOPKINS D. Research as a Basis for Teaching: Reading from the work of Lawrence Stenhouse[M]. Oxford: Heinemann Educational Books Ltd, 1985.

[44] SHIPMAN M. Educational Research: Principles, Policies & Practices[M]. 8th ed. New York: The Falmer Press, 1985.

[45] GETZELS J W, LIPHAM J M, CAMPBELL R F. Educational Administration as a Social Process: Theory, Research, Practice[M]. New York: Harper & Row, Publishers, 1968.

图书在版编目(CIP)数据

现代小学教育管理新论 / 葛新斌等著. —济南:山东教育出版社,2013
ISBN 978-7-5328-7908-3

Ⅰ.①现… Ⅱ.①葛… Ⅲ.①小学教育—教育管理学 Ⅳ.①G627

中国版本图书馆 CIP 数据核字(2013)第 132127 号

现代教育管理论丛
现代小学教育管理新论
葛新斌 等著

主 管:山东出版传媒股份有限公司
出版者:山东教育出版社
(济南市纬一路 321 号 邮编:250001)
电 话:(0531)82092664 传 真:(0531)82092625
网 址:http://www.sjs.com.cn
发 行:山东教育出版社
印 刷:山东德州新华印务有限责任公司
版 次:2013 年 7 月第 1 版第 1 次印刷
规 格:787mm×1092mm 16 开本
印 张:19.75 印张
字 数:371 千字
书 号:ISBN 978-7-5328-7908-3
定 价:40.00 元

(如印装质量有问题,请与印刷厂联系调换)
印厂电话:0534-2671218